手東正昭［著］

恩寵燦々と

聖霊論的自叙伝

上

雌伏の時代

キリスト新聞社

上海にて 両親に抱かれる幼い手束牧師

祈る 神学生時代の手束牧師

教会総会にて会堂建設が否決された直後の亡母三十三回忌の席上の手束牧師の家族。
左から、手束牧師、長男信吾、長女恵満、妻美智子、父手束正一、次男聖一

〈推奨の辞〉

人生の秘義にかかわる稀少な自叙伝

――卓越した「文章表現力」の奥にはいったい何が――

元カネボウ特別顧問　大門英樹

この『自叙伝』の特徴は、タイトルの『恩寵燦々と』に如実に表されている。神の祝福につつまれている真っただ中において味わった苦難や悲哀や喜びといった人生につきものの起伏が、克明に記されている。

手束師自ら執筆の意図を「私のこれまでの人生を振り返りながら、そこに燦々と注がれ続けていた神の恩寵の尊さと偉大さに感謝をもって証していきたいと願って筆を執る決意をした」と明言しておられる。

古くから知られた道歌に「吉野山どこでころんでも花の中」というのがある。吉野山（「神は愛である」の信仰）では、どこでころんでも（少年期、青年期、老年期の時間と空間を問わず）、花の中（神の恩寵のただ中）でのことだ、という教示であろう。手束師の半生を端的に言えば、「花の中」にあったとなるのではあるまいか。〝人の一生とは、数多くの逸話の積み重ねである〟という。その逸話を時系列で綴り合わせて「自叙伝」という一巻の物語ができ上がる。私はこれまでにかなりの数にのぼる「自叙伝」を読んできたが、そのほとんどが「自画自讃」型で「説教調」のものであった。あまりにも自己本位の文章に辟易《へきえき》して、最後まで読み通すことができなかった。本書は、そのような臭味がまったく感じられない稀少なものだ。

本書も幼少期の逸話から始まり、神学を学ぶ青年期、そして牧師として立ってからの苦悩が、格調高い文章によって綴られる。決して順風満帆に進まなかったことは、読者の皆さんと何ら変わるところはない。いくつもの難事と難題にも直面する。難事に対応しつつやがて筆は「仕合わせとは何か」「救いとはこういうことだ」「神の愛とはこのように用《はたら》くのだ」という人生の秘義にかかわる主題に及んでいく。まず「事実」をさし出し、つぎに事実を事実たらしめている「真実」を語り、そして真実が「現実」にどう生きているのかを提示する—著者一流の親切心から生まれる筆法である。

本書の「はじめに」の冒頭パラグラフを読んでみよう。

——人生は「自己発見の旅」だと言われている。自分とは何なのか、自分はなぜこの世に存在し、どのような意味と目的を持っているのか、このことを探し求める旅路こそ、人生にほかならない。——

――それは、今日の言葉で言えば「アイデンティティの確立の旅」とも言えるであろう。人間である限り誰でも、それを意識するかしないかに拘わらず「自己発見」や「アイデンティティの確立」を求めてさ迷いつつ生きているのである。（…中略）真のアイデンティティというのは神から来るのである。元来、アイデンティティという語は神を前提としてしか成り立たない。

――

単刀直入に人生の根本テーマが打ち出されている。これで本書は、「自叙伝」の本道である「自己発見の旅路」を目的としていることが判明する。著者が聖職者であるから、「神」や「聖書の言句《ことば》」がいくつも出てくる。だからといって、私はいささかも宗教臭を感じなかった。説得調の自己表現ではないためでもあろう。読者各位はどう受けとられたであろうか。私は、高い霊性に支えられた哲学（知性と論理性）と文学（感性と情緒性）の趣を感じ取ることができた。

さて、改めて申すまでもなく、著者は志操堅固な牧師であり、神学に基づく著書をあらわしている神学者でもある。他方、教会経営においても、めざましい実績を積んでいる経営者、事業家の側面もお持ちだ。これら三面を統括して、私は手束師を「啓蒙家」にして「啓発家」と位置づけたい。こう位置づけることこそ、師を最も正しく評価するものではないだろうか。

手束師の著作はすべて、読者の「蒙」（知識が乏しいこと。偏見）を「啓《ひら》く」知識や情報や見識に満ちている。と同時に、読者に栄養を補給することによって自主的に「自己啓発」（自学自習）することを要請する厳しさも具《そな》えておられる。

ところで、啓蒙啓発家に求められる資質とはいかなるものだろうか。私は次のように考えている。
（1）「楽観家」であること。
ここでいう「楽観家」は周知の〝楽観主義者〟とは次元を異にする。楽観・悲観を超えた大肯定観ともいうべき視座の持ち主といった意味である。前述した「どこでころんでも花の中」だと達観して、現実の人生と世界の真実相を観ていくことともいえる。このタイプには際立った特色がある。いつも希望と永遠を語るということだ。例えて言えば「一寸先は闇だが、一寸下は光《ひかり》だ」と説く人である。「光」は人の心を癒し、状況を好転させるエネルギーでもある。そうしたエネルギーを与えてくれる人を「楽観家」とよぶ。
（2）「危機意識」を常にいだいている。
逆境にあるとき、人は誰でも大小を問わず危機感を持つものだ。ところが、啓蒙啓発家は順境と思われる状況のときに「このままでよいのか。何か見落としているものはないのか」などと自問することを常とする人である。
（3）「祈り」の人であること。
手束師の説教と著作は、むろん本書も含めて「祈り」の所産でないものはない。実は「祈り」そのものが自他共に啓発する力なのである。また、祈りの人は「ことばの力を信じる」人でもある。

（4）広い視野と鳥瞰《ちょうかん》できる眼《まなこ》の持ち主である。
視野の広さは、求道心と向学心によって養われる。鳥瞰とは高い次元から全体を視ることをいうので、「神の視点」を持つことに近い。手東師は、歴史と聖書に学び、神学の修習に精進することで、この域に近づこうと志しているように思われる。


さて、四つの項目を列挙してきたが、手東師にはもう一つ肝心な資質が残っている。それは「文章表現力」に卓《すぐ》れていることである。手東師は、恐らく天成の資質であろうが、卓越した文章力を身につけておられる。さらに「ことば」に対する繊細にして鋭い感覚も具えておられる。私の推察によれば、師本来の能力が聖霊体験を経ることによって磨き上げられたのであろう。

師自身、かつて「ことば」について、こう発言している――「牧師は『言葉の勝負師』と言われる。自らが語るその言葉によって生きもし死にもする存在である。（…中略）聴く人をして生かしもし、殺しもする存在でもある。牧師の語る言葉は、それほどの重みを持っている。それは牧師という存在が『神のことばの担い手』であるからにほかならない」（「心に響いたあの時のあの言葉」〈手東正昭牧師　牧会三十周年記念誌〉）。

みずからの使命と覚悟と自負がストレートに吐露されている。私は以前より手東師の文章にある種の「品格」を感じ取っているのだが、品格とことばを大事にすることとは、どうも密接な関係があるようである。ともあれ、師の文章はかくの如き使命感をベースにして創られていることは確かである。

ところで、「よい文章」とは、どんな尺度で評価できるのか――一言で尽くせば「達意性」の有無ということになろう。「達意」とは、〝読み易く、解かり易い〟ということである。「簡潔で、明瞭で、具体性」の三点が達意の内訳である。つまり「冗長でなく、あいまいさがなく、抽象表現が少ない」――これらの条件を満たす文章を読者は「解かり易い」と評価し、愛好する。肝心なのは、読み手の「共感」を得ることこそが、達文（よい文章）を決定する。とすれば、達意の文を創る人は「共感を形成できる人」でなければなるまい。他者に対しては「思いやり」や「気用《きばたら》き」ができる人である。相手の立場に身を置ける人だ。

「よい文章は、思いやりの深い人によってのみ創られる」

手束師の文章について師の文章にみられる特徴を列記し、各項目に私の寸評を付すことにする。

1　「定義」を明記する

用いる語の意味を必ず記してから文章を作成する態度。語を厳密に用いる態度を持しているからであろう。「とは」で始まるのが「定義文」の典型である。前述したように、「人生とは」「救いとは」「愛とは」「聖霊の用《はたら》きとは」「仕合わせとは」などが、随所にうかがわれる。実際、「共感度」の小さい文章は、往々にして「定義」がみられない。

2　「対比」が活きている

「対比」は達意性を決める重要な条件の一つである。読者がよく知っている事実をまず出す、それから筆者が述べたい事実と対比させるという配慮がみられる。

3　「会話文」が効果的に使われている

会話文は、地の文（非会話文）と比較して、読者をその場面に引き入れる効用が大である。つまり、「共感」を創り出す。読者各位には、大いに活用してほしい文体である。実例を一つご紹介しよう。手束師と美智子夫人との出会いと結婚にまつわる箇処である。

——よく教会員から「牧師先生と美智子先生って恋愛結婚なんでしょ」と聞かれることがある。そこで私は「残念でした。見合い結婚です。だが、強いて言えば〝みこころ結婚〟かな」と答えることにしている。両方共が、神の御旨を知って、それに従った結果の結婚であった。そしてそれゆえに、そこには大きな大きな神の祝福と計画が張り巡らされていたことが、後になればなるほど明らかになり、神の恩寵の凄さにおののくことになったのである。——

これを「地の文」で書いてみよう。

――私と妻とは、見合い結婚である。教会員からよく、恋愛結婚かと聞かれることがある。いくつになっても仲がよく見えるからではないかと思っている。私は、その問いに「みこころ結婚」だと答えることにしている。その理由は……――

ごらんのとおり、内容は同じだが文体を変えるだけで、躍動感と共感度の違いは歴然としている。

4　「引用」が適切に使われている

「引用」は前後の文脈によく調和していれば、文章の〝格〟を上げ、説得力が著しく増す。手束師は「引用の名手」である。引用文を自在に使いこなして、説得の力を高める達人である。本来「引用」とは原文が引用者によって「再生」することである。「引用文」は原著者を離れて、引用者の手腕によって生き直すのだ。

5　「至言」（いい得て妙なる寸言や評言）が要所に配置されている

引用と並んで、文章に「厚み」と「風味」を加え、読み手の心を強く打つ。

6　身近なことがらを提示し、それが次第に発展して、遂には普遍のレベルにまで昇華する

という筆法が使われる

私はこれを「覚醒手法」とよんでいる。「神は細部に宿る」といわれる。手束師は小事の中に大事（真実）がかくれていることに目を向けさせてくれる。凡事の中に非凡なるものが用《はたら》いていることに気づかせてくれる。啓発家である証であろう。

簡略ではあるが、以上をもって本書の推奨の辞に代えさせていただく。手束師の文章を論ずるには、「実例」に語らせるのが最上である。もっと多くの実例を挙げるべきではあるが、紙面に限りがあることと自叙伝という性格を考慮し、割愛せざるを得なかった。

本書が、読者各位の今後の生き方に滋味多き糧となりますよう、期待し、念願してやみません。

はじめに

人生は「自己発見の旅」だといわれている。自分とは何なのか。自分はなぜこの世に存在し、どのような意味と目的を持っているのか。このことを探し求める旅路こそ、人生にほかならない。それは、今日の言葉でいえば「アイデンティティの確立の旅」ともいえるであろう。人間である限り誰でも、それを意識するかしないかに拘わらず、「自己発見」や「アイデンティティの確立」を求めてさ迷いつつ生きているのである。

しかしながら、人生の途上において自己の生きる意味と目的を発見すること、即ちアイデンティティの確立を果たせる人は極めて少ない。多くの場合、これが自分のアイデンティティだと思っても、実はそれは「疑似アイデンティティ」ともいうべきものであることが多い。自分の願望や理想を目指して生きることをもって、「これが自分のアイデンティティだ」と自分自身に納得させているにすぎない。しかし、それは自分自身の内側から起こってくる願いや夢にほかならず、真のアイデンティティとは言い難い。

真のアイデンティティというのは、神から来るのである。元来、アイデンティティという言葉は神を前提としてしか成り立たない。自分を造った方がいてこそ、そのお方が何の目的をもって自分をこの世に存在せしめたかが分かるはずである。それゆえに、神に向かって「私は何者か」と問う時に初めて、神からの答えとして、私が何者であるかが明瞭になるのである。その時に、真のアイデンティティが確立し、私達は意義深い生き生きとした人生を歩み、完《まっと》うしていくのである。

旧約聖書中最大の「神の人」と目されるモーセは、ホレブ山にて「ありてある神」に出会って初めて、自分の何たるかを知る。苦しめるイスラエルの民をエジプトから解放し、〝乳と蜜の流れる地〟へと導き出すという、あまりにも大きな務めと役割を与えられている存在としてのアイデンティティの認識である。しかし当初モーセはこの自己のアイデンティティを受け入れようとはしない。そして神に向かって叫ぶ。「わたしは、いったい何者なのでしょう。私がパロのところへ行って、イスラエルの人々をエジプトから導き出せるのでしょうか」（出エジプト三・一一）。しかし神は執拗にモーセに迫り、神からのアイデンティティを受け入れさせていく。かくして、偉大な「神の人」モーセが誕生するのである。

だがモーセのような形で自らのアイデンティティを確立する人は、稀少《きしょう》である。多くの場合は、例えば祈りのなかで神の声を聴くとか、あるいは自然の思いのうちに神の御旨を悟るとか、更には教会の礼拝説教を聴いて感動するなかで気づかせられるとかということになる。要するに、様々な形での神の啓示あるいは語りかけに触れて、その人のアイデンティティは確立していくのである。そしてこのアイデンティティの確立の強さに比例して、その人生は高められ、深められ、豊かに切り開かれていくことになるがゆえに、アイデンティティの確立こそが人生の鍵を握ることになる。成功者とは、何か事業がうまくいっている人とか、財や名声を博している人とかのことではない。人生の途上で自らのアイデンティティを確立し、それに徹底して生き抜いていった人のことである。そのような人は、その最期を迎える時に、かのカントの最期の言葉の如く、「Es ist gut（これでいい）」と呟くことであろう。そのような人こそ、聖書のいう「幸いな人」なのである。思うに、人は誰でも、このような「幸いな人」として人生を完了することを密かに願っているのではなかろうか。

私は時として友人から「きみはいいなあ」と言われる。亡き父からも「おまえが羨ましい」といつも言われた。何人もの教会員からも「牧師先生って、お幸せですね」と言われてきた。これらは決して、世間的な意味で言っているわけではない。自慢じゃないが、一財産をなしているわけでも、社会的地位があるわけでもない。単なる一介の田舎牧師にすぎない。書物を十数冊ほど書いて、キリスト教会ではまあまあ知られるようになってはいるが、教団の重役を担っているわけでも、NCC（日本キリスト教協議会）の理事でもなく、またキリスト教主義大学の学長になっているわけでもない。私が自らのアイデンティティを強く確立し、それに向かってまっしぐらに進んでいっている姿を見て、そう言うのではなかろうか。その点では、私自身も時として「自分は幸いな人間なのかもしれない」と思ったりもする。その〝幸い〟は決して自らの力によって築き上げたものではなく、神の限りない恩寵によってもたらされたものである。この自叙伝は、このことを伝えたいと企図している。相当な確率の高さで、幼い時に死んでいてもおかしくなかった私が、今日まで生きながらえ、今このようにして幸いな人生を歩んでいる背後には、大いなる神の愛と保護、燦々とした恩寵の注ぎがあったことを証したいのである。

私が関西学院大学神学部の大学院を卒業して初陣《ういじん》の地となったのは、大阪のど真ん中にあった教会、日本キリスト教団東梅田教会であった。後に詳しくこの初陣の地での思い出深い働きを叙述することになるのであるが、ここで私がした主たる働きは〝職域伝道〟といわれるものであった。昼休みに、あるいは会社終了時の夕刻、教会員達を中心にして作られていたいくつかの企業の聖書研究のサークルに出かけていき、主に若いＯＬ達のために聖書の分かり易い講義をしていくことであった。今時、そんなことが許される企業があるかどうか、私は知らない。しかし一九七〇年代の頃は、まだまだ日本企業にも、そのようなサークルの働きを容認する鷹揚《おうよう》さがあった。そのような〝職域伝道〟の中心的存在として、ひとりの五十歳を過ぎた女性がいろいろと助けて下さった。長崎なみゑという方であった。こんなことを言うと叱られそうだが、全然女っけを感じない、実にさばさばとした方であった。家が貧しかったために、義務教育終了後、東洋紡の女性従業員となり、そこから叩き上げて部長付きとなった。一介の女性従業員から部長付きとなるのには、相当の能力と人間性が備わっていなくてはならず、まさにそのへんのヤワな男など吹き飛ばしてしまうような迫力があった。

その長崎さんがある時ふと私に向かって次のような言葉を語った。「先生は、ために生まれてきた方ですね」。そこで私は反問した。「ために生まれてきたって、どういう意味ですか」。彼女は答えた。「先生、ジャイアンツの長嶋、御存知でしょう。あの方は野球をするために生まれてきた人ですよ。野球しかできない。そのように、先生は牧師になるために生まれてきた方です」と。私はその時の会話を今でもはっきりと覚えている。しかしその時には、あまりピンとこなかったが、今になってみると、その洞察の深さに感服せざるを得ない。苦労人であった彼女は、その時既に私という人物が何者であるかをしっかりと見抜いていてくれたのである。

私はこれまで何度も、「あなたは牧師というより学者タイプの人間であり、学者になった方がよいのではないか」と言われたことがある。私が東梅田教会で伝道師を一年した後、大学に呼び戻されて助手に就任した時、「神学者の道も悪くないな」と正直思ったものである。しかし主がそれを許さなかった。そこで私は三年の助手の任期が終わった時、ただちに牧会に立った。それが今の高砂教会である。長崎さんの予言されたとおり、私は牧師になるために生まれてきたのであり、それ以外の道は許されないのである。

また私は、「あなたは牧師になるより、実業家になった方がよかったのではないか。その方が向いている」と何人もの人々に言われてきた。元カネボウ薬品の社長として会長として活躍され、今は、「日本を愛するキリスト者の会」の会長としての重責を負ってくださっている三谷康人師をお迎えして、勧士・執事一泊研修会の講師や主日礼拝で説教していただいたことが二度あった。その最初の機会だったと思うが、当教会のヨシュア会（自営業者達の集まり）で三谷師を囲んで食事をとっていた時、ヨシュア会の面々に向かって「手束先生は牧師にしておくのは惜しい。実業家として立っていたならきっと成功していただろうに」との発言をされた旨、後に漏れ聞いた。恐縮の至りである。

二十九年前にも、今の会堂を完成した喜びのただ中にあった時、大幅な赤字を出しながら工事を完成して下さった殖産住宅姫路支店長が、部下であった義弟の山内正一君に向かって語ったという。「あの人は牧師にしておくのは惜しい。実業家になるべきだ」と。にも拘わらず、長崎さんの予言されたとおり、私は牧師になるために生まれてきたのであり、それにしかなれないのである。牧師以外になってはいけないのである。

かくして、私は牧師として高砂教会に就任して、今年で四十四年目を過ごしている。四年ほど前には牧会四十周年を迎えた。〝四十年〟というのは聖書的には特別な意味を持った数字であるがゆえに、信徒の方々が牧会四十周年祝賀のために大々的なパーティーをホテルで開いて下さった。何とも有り難く光栄なことである。本当に私は「幸いな人間」であり、「幸いな牧師」である。そのことを深く噛みしめつつ、私のこれまでの人生を振り返りながら、そこに燦々と注がれ続けていた神の恩寵の尊さと偉大さを感謝をもって証していきたいと願って、筆を執る決意をしたのであった。

ところが、いよいよ書く段になって、正直いって戸惑いが生じた。というのは、いざいろいろと構想を練りはじめていくと、記憶の喪失と断絶ということに直面したからである。私には日記をつけるという習慣がなかった。仮に学生時代から日記をつける習慣があったとしても、それ以前の幼少期や少年期の記憶についてはいかんともし難い。しかも幼少期、少年期にはあまりにも辛いことが多かったので、そのような辛い悲しい記憶を無意識のうちに沈殿させ、記憶から忘れ去らせようとする心の作用が人間にはある。とすると、これから書こうとすることは今も私のうちに印象深く残っている記憶だけに依存することになる。それでは極めて不公正で偏った描写になるほかはないのではなかろうか。

もしかしたら、私が忘れてしまっている出来事の中に、実は大切な人生のエポックがあったかもしれないのだが、それをパスするほかはない。これで果たして、正確かつ公正な自叙伝が書けるのだろうかと訝《いぶか》ざるを得ないのである。

だが考えてみれば、何びとも正確かつ公正な自叙伝など書けないのかもしれない。仮に、天才的に記憶力のよい人がいて、幼い時からの人生の記憶をほかの人の何倍も覚えていたとしても、それでも全部ではない。しかも、自叙伝というのは、総花式に人生を羅列するものではない。自分の人生に強いインパクトを与えたことについて取り上げつつ、それがいかなる意味を人生にもたらし、また影響を与えていったかを述べなければ、無味乾燥で面白くない。よそ様に読んでもらうに値しないものとなる。

だとすると、仮に大事な記憶を喪失していたとしても、自分のうちに今なお響いている記憶を辿りながら、人生全体に燦々と注がれ続けていた神の恩寵の凄さに目を向けていくこと以外になす術はないのではなかろうか。とすると、牧師の自叙伝ほど、聖霊の助けを必要とする書き物はほかにないのかもしれない。聖霊よ、助け給え。

◆目　次

一　満州での母との死別
――臨終の祈りの声が聞こえる――

私は長い間亡母の顔を知らなかった。母不二子の顔を初めて知ったのは、確か高校二年生の時だったと思う（この時まで、名前も富士子と書くと思っていた）。母の実家、茨城県古河市原町の熊木家は数百坪の敷地に建っている豪壮な屋敷であったが、久々にそこに住んでいた祖父母を訪ねた時であった。祖母のみや子（祖父の名は栄太郎）が数枚の写真を取り出して、私に見せてくれた。若き日の私の父母が赤ん坊の私を抱いて、並んで写っている正式写真が二枚。それに母の娘時代のスナップ写真を三枚渡してくれた。「お母さん綺麗でしょう。一緒に街を歩くと道行く人が振り返って、『いったいどこの女優さんなのか』と言いあってたのよ。あのまま上海にいたら、こんなことにはならなかったのに」と言ってワーッと泣き伏したのであった。その祖母の号泣する姿こそ、愛しい自慢の娘を失った悔しさと悲しみが、止めようもない奔流となってほとばしり出たものであった。

母の顔は、私の娘恵満によく似ている。しかし恵満は男の子のようなサバサバした性格であるが、一方私の母は女らしい、しっとりとした性格であったらしい。父の兵役時代、「同期の桜」であった母の兄達郎伯父を祖母と母が慰問に訪れた時、そこでたまたま母と出会った父はたちまち〝一目惚れ〟をして結婚することになったという。慶応大学法学部を卒業して、当時の日本を代表する企業鐘ヶ淵紡績に首尾よく入社した父は、やがて上海支社に転勤となり、その町で私は生まれた。昭和十九年（一九四四年）六月四日のことである。しかしその頃、戦局は次第に悪化し、日本は次第に追い詰められつつあった。そして私が誕生して約一年後、父は現地召集となり、軍隊に入らなくてはならず、苦悩の挙げ句、父は母と私を満州の親戚のもとに送る決意をしたのであった。満州はその頃事実上日本の領土の一部と見なされており、多くの日本人達が住んでおり、上海よりも安全だと考えたからであった。しかし結果は逆となり、母はわざわざ渦中にはまるために満州に赴いたのであった。

私が神学生時代、集中して懸命に学んだドイツの神学者パウル・ティリッヒは、人間がよかれと願ってしたことが、逆に不幸な結果をもたらしてしまうという、人間存在のどうしようもない現実を「実存の悲劇」という言葉で言い表した。ティリッヒによると、この「実存の悲劇」に巻き込まれた典型的な人物こそ、かのイスカリオテのユダにほかならない。ナザレのイエスに「ダビデ的政治的メシヤ」を期待していたユダは、その期待を速やかに現実化することを願ってナザレのイエスを追い詰め、決起することを促したのであった。しかし彼の目論見は完全にはずれ、敬愛してやまなかった師ナザレのイエスを十字架の死へと追いやるはめになったのである。だが、ユダに起こった「実存の悲劇」は悲劇のままで終わることなく、神の恩寵のなかで用いられ、人類に救いがもたらされることになったのであった。このような神の恩寵の不思議さと偉大さに気づいてこそ、人は人生の深みを体験することができるのである。

一九四五年六月、まだ一歳になったばかりの私を背負い、恐らくは両手に荷物を持ち、母は上海から親戚の者達が住んでいる満州の大連に旅立っていった。その距離は鹿児島から稚内よりも更に遠く、当時は汽車も今のようには速くもなく、交通網も発達していなかったはずであるから、乗り換えに次ぐ乗り換えで行くほかはなく、その旅路は子連れのうら若き女性にとっては難渋を極めたことは想像に難くない。少なくとも数日間はかかったのではなかろうか。しかもその上、その頃には日本の敗戦は中国人達の間では公然の秘密となっており、中国人の日本人に対する態度は日増しに険悪さを加えていたといわれており、随分と辛い目に遭遇したのではなかっただろうか。更に悪いことには、母は二番目の子供を妊娠していたのである。恐ろしさと不安感に苛《さいな》まれながら、まだ二十四歳だった母は、必死の思いで「大連に行けば、何とかなる。大連に着けば楽になる」と自らいい聞かせながら、耐えていったであろう。そして遂に大連に到着し、親戚の者達と再会の喜びを分かち合って間もなく、恐ろしい事態が出現した。満州へのソ連軍の侵略である。

最近の若い人達の多くは知らないであろうが、日本は大東亜戦争に先立つ一九四一年四月、ソ連との間で「日ソ中立条約」（不可侵条約ともいう）を結び、相互の領土保全と不可侵を誓い合っていた。それにより日本にとっては北方からの軍事的脅威を除くことができ、ソ連にとってては対ドイツ戦線に集中できるというメリットがあった。この条約のゆえに、日本は同盟国ドイツのたびたびの要請にも拘わらず、ソ連を東から攻撃しなかったのであるが、一方ソ連のスターリンは「ヤルタ会談」で、ルーズベルト、チャーチル、蔣介石に「日ソ中立条約」を破って日本を攻撃することを密約していたのである。日本はそんなこととは露知らず、何とか戦争を終結させるためにソ連を頼って、アメリカと日本の仲裁を必死になって要請していたのである。何という〝お人好し〟、何という甘さであろうか。そしてこの日本外交の〝お人好し〟と甘さは今日もなお続いている。

かくして一九四五年八月八日、日本敗戦のわずか一週間前、ソ連軍は条約を破って怒濤《どとう》の如く満州へ侵入。満州の日本人達は阿鼻叫喚《あびきょうかん》の地獄へと突き落とされていった。そのいちいちをここで書くつもりもないし、書くスペースもない。しかし私は言いたい。日本のジャーナリズムはこの時に起こったソ連の蛮行の数々と日本人の悲劇をなぜもっと報道し、語り継ごうとしないのか。その悲劇は何と引揚げ船の舞鶴港到着寸前まで続いたという。何人もの女性達が祖国日本を眼前にしながら引揚げ船から海に飛び込み、入水自殺を図ったのであった。ソ連兵の子供を宿していたためといわれている。もう少しで母国の土を踏めるというのに死ななければならなかった女性達の悔しさと無念さが伝わってくる。翻って、ありもしなかった「南京大虐殺」などをあたかも真実であるかのように何度も繰り返し報道し続けてきたことと比べると、その報道姿勢はあまりにも偏ってはいないだろうか（作家五木寛之は彼の告白的人生録『運命の足音』において、少年時代体験したソ連軍の蛮行に憤激をもって活写している）。そこには、戦後七年間にわたってなされたＧＨＱの刷り込み、即ち「日本は侵略国家、犯罪国家である」という洗脳から脱却できていない惨めな有様が映し出されてはいないだろうか。

母の住んでいた港町大連は満州の端に位置していたので、ほかの満州の地と比べるとその悲惨さはまだましであったようだが、それでも多くの避難民が押し寄せ、食糧不足と病気の蔓延に苦しむことになった。そんななかで、母は二番目の子を出産したが、その子は生まれて間もなく死んだ。母の体は急速に衰弱し、やがて病を得た。チフスだったとも結核だったともいわれているが、当時日本人避難民の間でチフスが大流行していたということであるから、チフスの可能性が強い。そして遂に、母は力尽きて死んだ。一九四六年（昭和二一年）十二月二十四日だった。その日大連にあった教会は、御子の降誕を祝うクリスマスの鐘を打ち鳴らしていたであろうか。

恐らく、まだ二歳だった私は母の死の枕辺にはいなかったであろう。母は私に病気が移ることを恐れていたに違いないからである。いったい、その臨終の枕辺には誰がいたのであろうか。そして誰に何を語り、何を考えたのであろうか。今はその有様を知る由もない。しかし私の耳には一つの祈りの声がはっきりと聞こえてくる。臨終の苦しい息のなかで、母が祈っている声である。「神様、あの子を守ってください。正昭だけは助けて下さい」と。よく「死に際の祈りは聞き届けられる」といわれる。母はクリスチャンではなかった。しかしその祈りは確かに聞き届けられ、私は孤児になったにも拘わらず、日本へ生還することができたのであった。そうでなければ、親がいても子供を連れ帰ることができず、捨てたり殺したりしなければならなかった当時の満州の過酷な状況のなかで、どうして、親がいず、しかも栄養失調で死にそうな状態だった私が生きて帰ることができたであろうか。この時、私を背負って茨城県結城市の祖父母のところまで送り届けるという天使の如き壮挙を果たして下さったのは、父の姉（花江）の長男、即ち従兄弟の上野淳という方である。

私の手許に命の恩人ともいうべき淳さんの次男泉君が小学校四年生の時に書いた作文のコピーがある。そこには満州からの引揚げの様子が次のように描かれている。

「父は十五歳の冬、家族と別れ、病気のいとこをおぶって、引きあげ船に乗ったそうです。船のなかでの一週間は、来る日も来る日も船底に閉じこめられて、水も満足に飲めず、米つぶのブツブツついた塩づけの魚が、口に入る物のすべてだったそうです。今にも死にそうないとこを、一日も早く、日本のおばあちゃんの手にわたさなければならない。ぜったいに死なせてはならない。はじめは持ちきれないほどあったおむつも、三枚、五枚とへっていき、船を下りるころには、自分のシャツをおむつに当てて、父ははだかで、真冬のまいづるの港に着いたそうです。そして休む間もなく汽車を乗りつぎ、おばあちゃんの家にたどり着いた時には、安心とつかれで気を失ってしまったそうです。………」

自分のことながら、何という凄まじい状況だったのであろうかと溜息の出る思いである。よくぞ、途中で死なずに帰って来られたものである。そこにはもちろん従兄弟の想像を絶する献身があったのであるが、それを超えて母の臨終の祈りに応えて働いた神の恩寵の御手があったことを思わざるを得ない。私の牧師室には一つの御言葉をしたためた額が掲げられている。イザヤ四二章六節の御言葉である。私の教会が最大の苦難の中にあった時、主が私に与えてくれた約束の御言葉である。「主なるわたしは正義をもってあなたを召した。わたしはあなたの手をとり、あなたを守った。わたしはあなたを民の契約とし、もろもろの国びとの光として与えた」。この中の「わたしはあなたの手をとり、あなたを守った」という約束の御言葉は、あの時から今日に至るまで、否私の全生涯を貫いて、付随しているほかの大いなる約束と共に、現実のものとなっていることを覚える時、私はただひたすら感謝をもって主の前におののかざるを得ないのである。

最後に、蛇足ではあるが、引揚げ体験に起因して長年私を悩ませていたある現象について触れたい。それは、何日間か旅行をして帰ってくると、私はいつも軽いウツに陥ったことである。何とも言い難い不安感に包まれ、他者と話をすることも嫌になり、元気がなくなってしまうのである。私の妻や秘書の人達は、それは私が疲れているからだと理解していたという。一方私の方は、誰もが旅行から帰ってくると、このような現象に陥るのだろうと勝手に思いこんでいた。しかしそうではなく、これは私特有の現象であると悟ったのは、何と六十歳を過ぎてからのことであった。「なぜこんな現象が自分だけに起こるのか」と反問していくうちに、交流分析でいう「気づき」が起こった。それは、私の幼き日の中国大陸での体験、即ち母に背負われて上海から大連に移動していった時の体験や、従兄弟におぶさって大連から結城に帰還した時の体験に根差していることが分かったのである。その時の記憶はまったくないのだが、まだ赤ん坊だった私には、大混乱の中を旅行することはあまりにも過酷な出来事だったのかも知れず、その時のストレスや漠たる不安がしっかりと無意識の中に沈殿していた結果なのであろう。人間とは何とデリケートな存在なのかという思いと共に、深層心理学でいう「幼児体験の重さ」をつくづく覚えさせられたのであった。しかしこれもまた、私が人間理解を深めるために役立ったのである。

二　瞼《まぶた》の父

――際立った好運の人、しかし……――

母不二子が一九四六年クリスマスに、満州の大連において非業の死を遂げた頃、父正一はどうしていたのであろうか。上海で現地召集となった父は、運よく戦地に赴くことなく終戦を迎え、一九四五年秋、早々に帰国できたのであった。それは、ソ連の支配下にあった満州の日本人達がなかなか帰国できず、果ては六十万人以上に及ぶ日本人達が集団拉致されて極寒のシベリアで強制労働を余儀なくされていったのとは対照的な有様であった。いったい、同じように戦時中外地に居留していた日本人なのに、戦争直後のあまりにも異なる取り扱いの差はどこから生じたのであろうか。そこには、ソ連のスターリンの思惑と中国の蒋介石の思惑との相違・対立があったのである。

スターリンという人物はモラルのひとかけらもない人物である。敵対する人物、気に入らない人物を容赦なく粛清し、その数はロシア人だけでも二千万人にも及んだというから呆れる。終戦一週間前の満州への侵略は後に「火事場泥棒」と揶揄《やゆ》されるような卑劣なものであったが、それだけではなく、彼はドサクサに紛れて自国の領土拡大を図り、日露戦争敗北で日本に割譲した南樺太の奪回だけでは収まらず、千島列島ばかりか北海道までもソ連領として編入しようとしたのであった。しかし、このスターリンの野望は蒋介石によって阻止された（残念ながら、今なお千島列島のみはロシアの不法占拠が続いている）。恐らく蒋介石は毛沢東率いる中国共産党との戦いのなかで、共産主義者の狡智《こうち》さと怖さを嫌というほど思い知らされており、これ以上の極東における共産主義勢力の拡大に危機感を抱いていたのであろう。

そのために、蒋介石は日本の敗戦が確定した一九四五年八月十五日、有名な「以徳報怨」のラジオ演説を全中国に流し、「日本人を赦せ。日本人に報復するな」と訴えたのであった。この終戦処理演説は世界史に類例のない寛容で格調の高いものであり、クリスチャンであった蒋介石の面目躍如たるものとして今なお語り継がれている。そして彼はこの演説を速やかに実行に移し、対日賠償請求権を放棄しただけでなく、在留日本人達を一切捕虜にすることなく、早急に日本に送還するという温情溢れる措置をとったのであった。当時の中国在留の日本人達は、このあまりにも寛大な措置に感動して泣いたといわれている。

しかしこの寛大政策は、決して蒋介石という人物が人並み外れて気高い人物であったからということではなかったようだ。台湾人にこの蒋介石の寛大政策について話すと、「そんなの嘘だ」とにべもなく否定されることが多い。台湾においては蒋介石は悪虐非道《あくぎゃくひどう》な人物として今なお記憶されている。にも拘わらず、私はこの寛大政策がなされたのは曲がりなりにも彼がクリスチャンであったこととまったく無関係だと思わない。彼の受洗は牧師の娘であった妻の宋美齢と結婚するためのジェスチャーだといわれているが、それでもこの時、あのイスラエルの民をバビロニア捕囚から解放した異邦人であったペルシャのクロス王に神の霊が働いたように、蒋介石にも神の霊が働いたのであろう。しかし、これもまたクロスと同じく、純粋な人道主義的動機からではなく、政治的思惑がその底には秘められていたのである。即ち、台頭する共産主義勢力に対抗するためには、どうしても日本の協力が必要であり、日本に恩義を売ることによって、味方につけておきたいという思惑である。そしてこの企図はまんまと成功し、共産党との戦いに敗れて台湾に退いた蒋介石を助けるために、戦後総計八十三名にのぼる旧日本軍人達が次々と台湾に渡り、台湾軍の訓練育成のために尽力したのであった（これらの人々は団長の高田直亮少将の台湾名が白鴻亮だったことから、「白団」と呼ばれた）。またこの「白団」とは別に、元北支那方面軍司令官だった根本博中将も数人の者達と共に台湾に渡り、金門島の防衛の戦い（古寧頭の戦い）に参画し、台湾軍勝利へと導いた。大陸のすぐ側にある金門島や馬祖島が今なお台湾領として置かれているのは、この時の台湾勝利によるものである（門田隆将『この命、義に捧ぐ――台湾を救った陸軍中将根本博の奇跡』参照）。「白団」にしろ、根本中将にしろ、彼らの命を賭した台湾への献身的働きは、ただ偏《ひとえ》に、敗戦直後の蒋介石の対日寛大政策による恩義に報いるためであった。こうして彼らは義に生きようとする〝美しい日本人〟の姿を歴史に記してくれたのであった。

「歴史の荒波に翻弄される」という文学的表現がある。まさに私の父も母も、その表現がぴったりと当てはまる。母が飢えと病のなかで大連でひっそりと死んでいったことも知らず、父は蒋介石の温情により元気で早期に帰国して、母と私の帰国を一日千秋の思いで待った。そして待つこと一年有余、帰ってきたのは妻の遺骨と痩せこけて体中腫物《はれもの》でおおわれた死に体の赤ん坊だけであった。その事実に直面した時、父は天を仰いで号泣したという。そして恐らく、心のなかでは溢れ出る悔恨の念と共に、次のような悲痛な叫びを繰り返していたであろう。「あの時、不二子を満州にやらなければよかった。不二子はあんなに嫌がっていたのに無理やり行かせて、こんなことになってしまった。ああ、俺は何という間違いを犯してしまったのか。不二子、赦してくれ」と。それから暫くの間、父は酒びたりになって、その生活は荒れたという。罪責感と後悔の念をうまく処理できなかったのであろう。

短歌や俳句を趣味とした父は、晩年「憂愁」という歌集を自費出版したが、その最後に次のような歌が載せられている。

「許してよ　幾度言ひし　長き日よ
我もいつしか　喜寿を迎えぬ」

この歌を読んだ時、私はすぐに亡母のことを懐かしんで詠んだのだと直感したが、同時に、父の中にあった母への自責の念の強さを改めて思い知らされたのであった。

祖母は時々言っていた。「正昭のお父さんは、本当に運のいい人なんだよ。それに比べておまえは…」と。本人にその自覚があったかどうかはともかく、確かに傍目から見ると、父は運のよい人であった。軍隊に召集されながら、一度も戦地に赴くことなく、まったくの無傷で帰ることができたのもさることながら、サラリーマンとしても稀有の出世を遂げることができた人である。

当時の一流企業であった鐘ヶ淵紡績（後のカネボウ）から始まったサラリーマン生活は、課長時代に、有名な社長派と副社長派の内紛に連座して首にはなったが、すぐに帝国人絹絲（テイジン）から声がかかり、輸出部長として活躍。定年と共に、内外編物（ナイガイ）の筆頭常務（副社長待遇）に転出。数年後社長と経営方針を巡って対立し、辞職を余儀なくさせられたが、すぐに当時最大規模の倒産会社として話題をまいた阪本紡績の再建管財人に抜擢された。不運と思える事柄が、すべてステップ台となって、次の新しいステージへと父を引き上げていったのである。それは他のサラリーマンの人々から見ると、何とも羨ましい歩みではなかっただろうか。

幼い頃の私にとっても、父は眩《まぶ》しい存在であった。周りの人が父を称え、父を頼りにしていたからである。祖父母も親戚の者達も、よく父に家族や知人の就職のことなどを頼んでいた。父は顔が広く、面倒見がよかった。しかも、株式投資などもうまく、経済力もあった。従兄弟達も父のことを「ドル箱おじさん」などと呼んでいた。私はそんな父が誇りであった。

年に三〜四度くらいの割合であったろうか、父は東京出張の折、茨城県結城市の祖父母のもとで育てられていた私を訪ねてきた。たくさんのおみやげを持ってきてくれた。本が多かった。大人のなかで〝ひとりっ子〟のように育っていた私にとって、本は友達であった。成人してから、私が少しばかり文章が書けるようになったのは、この頃から読書に親しんでいたからかもしれない。本以外にも、たくさんあった。まだ貧しい時代の日本で、しかも田舎の子供達には物珍しいオモチャなども買ってきてくれた。それを目当てに近所の子供達が集まってきた。特にそのなかでも、クリスマス・ツリーのデコレーションは人気があり、クリスマスの時期になるとよく近くの森林で友達と樅の木を切ってきては、一緒に飾ることを楽しみにしていた。幼い私にとって、まさに父は年に一度だけでなく、三〜四度やってきてくれるサンタクロースのような存在だった。父は大概一泊して帰ったが、その日のうちに帰る時もあった。そんな時、当時は電話もなかったので、私とすれ違いが起きた。夕方、遊んで帰ってくると、おみやげだけが残されていた。残念だったが、仕方なかった。しかしそれ以外の場合は、祖母や一緒に住んでいた父の末妹である澄江叔母と共に見送りにいった。私の育った家は、かつての結城城の跡地にあった。結城城主水野家の重臣であった先祖は、明治維新の廃藩置県に伴い、城跡の一角を頂戴し、他の重臣達と共に、そこに居を構えた。城跡であるので当然高台にあった。ほんの少し家から南へ歩くと坂があり、その坂を下っていく父を坂の上から見送り、何度も手を振った。父も何度もそれに応えて手を振ってくれた。その姿が見えなくなるまで、私は手を振り続けた。

「瞼の母」という言葉がある。大衆小説家長谷川伸の戯曲に由来する言葉である。幼い時に別れた母の姿を慕い続けることを意味する。しかし私にとっては、「瞼の母」ではなく、「瞼の父」であった。物心ついた時には、もはや母の姿を見ることのできなかった私には、頼もしくやさしい父の姿しかなかった。「お父さん、次はいつ来てくれるの」。口にこそ出さなかったが、私はいつもそんな思いで、父の次の訪問を待ち続けていた。そして、いつの日か父と一緒に暮らすようになることを夢見ていたのである。そして遂に、その時がきた。しかしその刹那、長い間の夢は見事に砕かれ、私は父から精神的に捨てられる体験をしたのである。それは悲しい悲しい体験であったが、今はその詳細について書くべき時ではない。

父の最後の大仕事になった阪本紡績管財人の仕事は、当初は順調に進んでいった。新聞は「阪本紡績の再建順調」と大きく報道していた。しかしこの会社は元来阪本栄一という韓国人の創業した会社であり、それゆえに日本と韓国の両国にまたがった企業として、一筋縄ではいかない要素を持っていた。陽のあたる出世街道をひたすら歩んできた〝お坊ちゃん〟の父には、手に余るものがあった。やがて父の不手際がいくつか重なり、責任の追及がなされ、父は追い詰められていった。その窮状を知った私は、矢も楯もたまらず、高砂から大阪泉南にある会社へと飛んでいった。社長室で、しきりに「死にたい」と嘆く父をなだめながら、ひとしきり話を聞いた後、「お父さん、お祈りさせて」と言うと、まだその頃クリスチャンではなかった父であったが、素直に「頼む」と応じてくれた。そこで、熱い祈りを捧げたのであったが、その祈りが終わりかけた時、父は激しく嗚咽《おえつ》しはじめて叫んだ。「赦してくれ、俺はこれまで正昭を粗末にしすぎた。だから罰が当たったんだ」と。私は意外な言葉にあっけにとられた。私はその時、父の中にある罪責感の深さを再び思い知らされた。

人は誰しも、何がしかの罪責感を心の内に貯め込んでいる。その罪責感があまりに強いと自己処罰として作用してくる。精神的に抑うつ状態を呈したりするだけでなく、悪くすると、肉体的病をもたらす。そこまでいかなくても、罪責感はその人の中にある可能性を封殺する。せっかくの能力、特に潜在能力が罪責感によって抑圧されてしまい、十分に発揮できないことになる。それゆえに、多くの人々は気がついていないのだが、人間の幸・不幸、人生の成功・不成功の鍵はこの罪責感をいかに処理していくかにあるのである。ここに、イエス・キリストの十字架による罪の贖《あがな》いということの重大な意義がある。

母と私に対する深い罪責感を抱き続けていた父は、際立った好運の星の下に生まれていた人であったにも拘わらず、襲いくる罪責感に克てなかったのである。そして一九七六年、遂に管財人の職を無念のうちに辞した。それから六年後の一九八二年、父は高砂教会で洗礼を受けた。実業家としての有終を飾ることはできなかったのであるが、天国行きの切符を手に入れるという、人生の有終は飾ることができたのであった。

三　祖父の愛と気骨

――そこに「父なる神」の原像があった――

一九九五年一月十七日、阪神・淡路大震災が勃発した。大地震は関東・東海地方に起こるものと思い込んでいた私を含めた関西人にとっては、それはまさに「青天の霹靂《へきれき》」ともいうべき出来事であった。すぐに「加古川・高砂キリスト教救援委員会」が組織され、私が委員長に就任した。その翌日、私は被害の最も酷いといわれた神戸市長田区に長時間かけて赴いた。現地の実情把握と妻美智子の父、故三島実郎牧師が創立した日本キリスト教団鷹取教会など二、三の親しくしていた長田区の教会を見舞うためでもあった。

長田の地はかつての面影はまったくなく、延々と続く瓦礫と化していた。その廃墟となった地に立ち尽くし、暫《しば》し呆然となってその荒寥《こうりょう》とした風景を見渡した刹那、「あれっ、これと同じ風景を以前見たことがあるな」と瞬間的に思った。「いったい、いつ見たのか」と記憶を辿っていった時、「あっ、あの時だ」とすぐに思い出すことができた。それは、私がまだ五歳になったばかりの時、祖父に連れられて、その頃再婚して神戸市の塩屋に住んでいた父を訪ねた際の、汽車の窓から見た神戸の下町の風景であった。延々と続く瓦礫の向こうに、青い海が見えた。カーキ色の廃墟の町と海の青さが激しいコントラストをなしていたのが強烈な印象となって残った。汚い格好をした数人の子供達が、線路の傍らで、じっと物欲しげに汽車を見つめていた光景も忘れられない。まだまだ日本が敗戦の悲惨と混乱から抜けられずにいた、昭和二十四年のことである。

そんな中を、なぜ祖父の田鶴男《たづお》は私を連れて結城から神戸までの困難な旅行をしたのであろうか。私はその旅のことを今でもはっきり憶えているのだが、乗客があまりにもギッシリなので、幼い私は汽車の出入口からではなく、車窓から受け渡してもらって外に出たり、あるいは汽車の最後尾の車掌さん達の車両からまず祖父が線路に飛び降り、私を受け取ったりしていた。その時の祖父の姿は、よく映画やTVドラマで出てくる復員兵のような姿であり、リュックを背負っていた。そんな難渋を極めた旅であった。にも拘わらず、祖父が私を父の元に返しにきたのは、医者からも「この子は育たないでしょう」と言われていたのに、祖母と共に見事に育て上げることのできた達成感と共に、父も再婚をして落ち着いたので、これ以上は親元で育った方がよいと判断したからであろう。しかし、そのことは私には知らされていなかった。

父の塩屋の新居は小高い丘の上にあった。今思うと、その頃にしてはハイカラな家であった。玄関を入ると、にこやかに迎えてくれた父と義母佳代子の姿があった。いったい何日間滞在したのかは定かではない。確かなことは、その期間の私は祖父と父と義母の愛に囲まれて、とても幸せだったという感覚だけである。やがて、祖父の帰る日がやってきた。玄関に立って、祖父は私の方を見て、「それじゃ正昭、おじいちゃんはこれから結城へ帰るからな」と言った。私はその時初めて、何が起こりつつあるかを理解した。私は夢中で駆け寄り祖父の足にしがみついた。「イヤだ。ボクもオジイちゃんと帰る。一緒に帰る。置いていかないで」と必死にせがんだ。祖父は私を抱き上げて、父母の方に向けて言い聞かせた。「正昭。ホラお前のお父さんとお母さんだよ。お前はこれからお父さんとお母さんと一緒に暮らすんだよ」。しかし私は祖父の首に抱きついて離れず、大声で泣きながら叫んだ。「イヤだー。オジイちゃんと帰る。結城へ帰る。一緒に行くー」。その時、祖父の眼に光るものがあった。そして祖父は意を決して父母に向かってはっきりと言い放った。「正昭は、わしが育てる。それでいいな」。その有様を呆然として見ていた父は、その声に押されたように、小さな声で「よろしくお願いします」と頭を下げた。かくして、私は祖父と共に再び結城へと帰っていったのであった。恐らく祖父は私の手を握って歩きながら、胸が熱くなるのを抑えつつ、次のように心の内で自分に言い聞かせていたことであろう。「この子は必ずわしが立派な人間に育ててやる。どんなことがあっても、わしが守ってやる」と。今思えば、あの時の私の必死の行動は、幼かった私の本能的直感により、いったい誰が自分を本当に愛してくれているのかを知っていたからであろう。

祖父田鶴男は明治十九年（一八八六年）に結城で生まれている。慈愛深い人であった。こんなことがあった。ある晩、私と祖父母と澄枝叔母とが食事をしていた時であった。急にガラガラと玄関の戸を開けて、ひとりの男が入ってきた。その人はいきなり低い声で、「旦那さん、今日刑務所から出て参りました。いろいろと御心配をおかけいたしました」と言って頭を下げた。祖父は玄関に出て、「よかった、よかった。これからしっかりやるんだよ」と励ましの言葉をかけていた。その人は近所の人であったが、窃盗の罪で一年半服役をしていたのである。その人の家は二間だけの小さな家で貧しく、私より三歳ほど上の女の子と二歳ほど下の男の子がいた。時々遊びにいったが、幼心にも貧しく汚い家だなあという印象を今でも憶えている。あまりにも生活が苦しかったためか、近所の裕福な家に深夜盗みに入った。何軒もの家がやられた。しかし私の家はやられなかった。祖父が何くれとなく世話をし、恩義を感じていたからであろうといわれている。そして刑期を終えた時、真っ先に祖父のところに挨拶に出向いてきたのである。

少し話は飛ぶが、その家の娘さんは器量よしの頭のよい子であった。彼女の父親が逮捕されてすぐに、私は道ばたでばったり出会った。すると彼女は私の顔を見るなり、いきなり逃げるようにして走っていった。恥ずかしかったのであろう。以後、彼女は学校に行かなくなった。私も二度とその娘の姿を見ることはなかった。ところがである。それから七〜八年ほどの歳月が流れ、高校一年生の夏、結城に帰省した折、日曜日に町の教会の礼拝に行った時のことである。何とそこに彼女の姿があったのである。しかも教会学校の教師として幼い子供に教えている姿であった。「クリスチャンになっていたのか」。私は不思議な感動に襲われながら、その姿に見入った。彼女の方も私に気がつき、驚いた顔をして、ニッコリ笑って会釈をした。それだけの再会であった。その後、彼女はいったいどうしているのであろうか。よいクリスチャン・ホームを築くことができたのであろうか。その消息が今頃気になっている。

祖父はこよなく私を可愛がり愛してくれた。今でも憶えているのだが、いつも祖父の慈愛の眼差しが私に注がれていた。私はいつも祖父と一緒のフトンで眠り、一緒に風呂に入った。また祖父は喜んで私の願いごとを聞いてくれた。時々祖母が怒って、「オジイさん、そんなに正昭のいうことばかり聞いていたら駄目でしょ」と文句を言った。しかし祖父は祖母の言うことを無視した。父のすぐ下の妹に美枝子という叔母がいた。その叔母がある時、祖父に抗議をした。「オジイちゃん。そんなに正昭チャンばっかり可愛がらないで、ウチの子達も少しは可愛がって下さいな。同じ孫なんだから」。すると祖父は「何をいうんだ。おまえの子供達にはちゃんと親がいるだろう。正昭には親がいないんだぞ。文句があるか」と語気を荒げた。祖父がとても好きだった美枝子叔母は、この時の悔しかった思い出を私の前で何度も語った。

しかし同時に祖父は愛情深かっただけでなく、「明治男」の気骨と気概をも十分に兼ね備えていた。ある時、その頃一緒に住んでいた父の弟である叔父が、何かに苛立ち祖母を殴ったことがあった。すると、それを見て祖父は激怒して、病床にあったにも拘わらず立ち上がり、「何をするんだ。許さん」と言って、そばにあった鋏《はさみ》を握った。それは親を殴るような奴は、たとえ差し違えて死んでも容赦しないという厳とした剣幕に満ちていた。そこに居合わせた澄枝叔母が必死になって泣きながら「お父さん、やめて。お願い」とその足下にすがった。さしもの粗暴な叔父も、祖父の迫力に押されて怯《ひる》み、悪態をつきながらその場から去っていった。幼かった私は、その修羅場に遭遇し、日頃は寡黙《かもく》で静かな祖父であるのに、その中に秘められていた毅然とした男らしさに、圧倒される思いであった。

子供の〝不登校〟ということが社会問題化して久しい。まだ若いのに働くわけでも勉強するわけでもなく、家に引きこもっているいわゆる〝ニート〟と呼ばれる若者達が二百万人ぐらいいるともいわれている。そしてこのような社会病理現象の背後にあるのは、日本社会の「父性の欠如」にあると指摘され続けてきた。そのとおりであろう。いったい、〝父性〟とは何なのか。それは端的に、信念を貫きとおして動じない力強さと慈愛深さが組み合わされ一つになっている、子供に対する父親の姿のことである。

もう随分前になるが、外国映画であるにも拘わらず、日本でも大いにヒットしたものの一つに、『ゴッド・ファーザー』という映画があった。アメリカのマフィアを描いたものである。このどこにでもあるギャング映画が、あれほど人々を魅了したのは、マフィアの親分の姿の中に現代日本が失ってしまった〝父性〟を人々が憧憬したからであるといわれている。二〇〇六年行われた民主党の代表選挙でも、金権政治家としてマスコミの指弾を受け続けてきた小沢一郎が、党国会議員の半数の支援を得ただけでなく、若い女性議員達が当選のために懸命に動いたのも、小沢一郎の中に、菅直人などにはない〝父性〟を見ていたからではなかろうか。確かに、〝強くかつ優しい父親像〟こそ、今の日本人に欠けており、それゆえに今の日本人達が無意識的に慕い求めているものといえるであろう。

それではなぜ、現代日本社会には「父性の欠如」が起こったのであろうか。一つには、戦前社会への反動のあまり、母性の強調がなされ続けてきたといえるであろうが、今はその点について詳述することは差し控えたい。しかし、もっと根本的には、聖書の言う「父なる神」を知らないところにあるであろう。なぜなら、パウロの言う如く、聖書の示す神こそ、「天上にあり地上にあって、『父』と呼ばれているあらゆるものの源なる父」（エペソ三・十五）であるからである。

更に、宣教論的視点から見てみても、「父性の欠如」は聖書の説く「父なる神」を受け入れ難くしているのではなかろうか。私が高校時代、初めてキリスト教に触れた時、そこで説かれた「父なる神」のイメージはスッと祖父の姿と結びついていった。よく「父なる神」を欧米の絵画などでは〝ひげの老人〟として描かれている場合が多い。実に私にとって、威厳があって慈愛深かった祖父こそ、「父なる神」の原像となったのである。

祖父は晩年心臓喘息に苦しみ、私が小学校を卒業する間際に、あの世の人となった。享年七十二歳であった。私の内に何か大きな空洞ができたような気がした。ちょうど春分の日（彼岸の日）に葬儀が行われた。その日の夕方、私のクラス担任の稲葉誠二先生が訪ねてきた。祖父を弔いにきたのかと思ったが、そうではなかった。結城小学校の職員会議にて、一週間後に控えた卒業式で私が答辞を読むことに決定したことを告げにきたのであった。今はどうか知らないが、当時の結城小学校は三千人の生徒を抱えるマンモス校で、その卒業式で答辞を読むということは大きな栄誉であった。小さな田舎町なので、誰が卒業生代表で答辞を読むかが町民達の関心の的ともなった。祖母は稲葉先生が置いていった答辞の書面を机の上に置き、「オジイさんが生きていたら、どんなに喜んだことか」と言って、ハラハラと涙を流した。それは、気丈な祖母が私の前で見せた初めての涙であった。

四　厳しく気丈な祖母
――中江藤樹の母の如く――

夫婦とは不思議なものである。意識的、無意識的にバランスを取ろうとする。相手が右に傾けば、左に寄ろうとするし、相手が動的な歩みをすれば、静的な生き方に向かっていく。私の祖父母もまたその例に洩れなかった。祖父があまりにも私を可愛がるので、「これではこの子が駄目になる」と思ったのか、祖父とは対照的な厳しい仕方で私に臨んだ。男性の方が厳しく、女性の方が優しくするというのが世の常であるが、祖父母の場合は真逆であった。幼い時、祖母は物差しを握って私に勉強を教えてくれた。私が間違ったりできなかったりすると、物差しでピシッと私の肩や背中を叩いた。私が痛くて泣いたりすると、「男の子は泣くんじゃない」と言って、更に激しく叩いてきた。泣き続けると、「まだ泣くか、まだ泣くか」と何度も叩くのであった。私は泣きやまないと叩かれるので、必死に涙をこらえた。これが、祖母の私に対する教育法、躾の仕方であった。

もちろん、これは私が憎くてそうしているのではない。私のためを思って、あえて厳しく取り扱ったのである。しかし幼かった私には、そのような祖母の思いを理解すべくもなく、祖母を恨めしく思ったものである。私が祖母の深い愛を悟ったのは、中学生になってからであった。

私の通っていた結城中学校は町からだいぶ離れたところにあった。家から八キロぐらいはある森の中にあった。歩いてはとうてい通うことが困難であったので、自転車通学が許されていた。そこで家にあった古い自転車で通学を始めたのであったが、しばしば故障して、自転車屋に立ち寄り、修繕してもらわなくてはならなかった。そんなある日、家に帰ると真新しい自転車が置いてあった。「おばあちゃん。この自転車どうしたの」と聞くと、「おまえのために買ったんだよ」と笑顔付きの答えが返ってきた。「えっ、本当」と私は驚いて叫んだ。「事故なんか起こしたら、大変だからね」と祖母は嬉しげに告げた。私はあの時の喜びと感動を今でも忘れることができない。当時の自転車一台は今の自家用車一台にも匹敵したからである。

祖母は文字どおり質素倹約を旨とした人であった。決して貧乏ではなかったのに、贅沢を徹底的に戒めた。そして貯えをよくなし、必要がきたときに、惜しげもなくその金を差し出した。非常に節約家であり、同時に気前がよかった。「生きた金の使い方」を知っていた人であった。

子供の頃、うっかりとお金の損得のことなど口にしようものなら、「子供がお金のことなど言うもんじゃありません」と頬をつねられた。だから、私のうちには自然のうちに、無駄遣いをせず、お金を貯え、大事なときに気前よくそれを差し出すということが、人間として当然のモラルとなっていた。だが、そのような在り方をする人は、この世には案外少なく、平気で無駄遣いはするが、大切なことに気前よくお金を差し出すことを拒む人が圧倒的に多いことを、牧師になってから嫌というほど思い知らされたのである。

今から約三十八年前（一九七九年）に起こった新会堂建設を巡る教会内のトラブルの折、教会総会の席上、反対派のある人々は私に向かって叫んだ。「こんな大金のかかることを企て、信徒に負担をかけようとする手束牧師の金銭感覚を疑う」と。しかし私は口にこそ出さなかったが、心のなかで反論した。「日頃、平気で無駄遣いをしているくせに。神の宮を建てるという尊い事業にお金を出すことになると、とたんに惜しむのか。あなた方の金銭感覚こそ私は疑う。クリスチャンとして恥ずかしくないのか」と。やがて彼らは教会を去っていった。所詮、〝金銭についての美学〟が違っていたのである。

祖母は好んで「山内一豊の妻」の話をしてくれた。一豊の妻千代が夫の晴れ舞台において、これまで秘かに貯えていた金をはたいて名馬を買い、一豊がその名馬に乗って行進することにより大いに人々の評判を高めたという、あの話である（この〝内助の功〟の物語は、司馬遼太郎によって小説『功名が辻』のなかで美しく感動的に描かれている）。恐らく祖母は、自らを一豊の妻千代に擬《なぞら》えて生きようとしたのであろう。そこには士族の家に嫁いだことによる祖母の誇りと、士族の妻たらんとした祖母の健気なまでの努力があったことに、最近になって私は漸《よう》やく気づいた。

元々祖母の出自は士族ではない。栃木（現在の栃木県栃木市）の麻問屋の娘であり、商家の出である。祖父より三歳下の明治二十二年の生まれである。家は裕福であったようで、当時としては珍しく女学校に通った。しかしその頃女子に高等教育を受けさせるのは、〝華族〟か〝士族〟であったようである。明治維新によって、士、農工商、穢多・非人という封建的身分制度は撤廃されて、一応「四民平等」が唱われていたが、にも拘わらず新たなる身分制度が誕生していた。公家や大名は〝華族〟と称せられ、次に武士を〝士族〟、農工商は〝平民〟、穢多・非人は〝新平民〟と戸籍帳に登録せられただけでなく、履歴書にもそのように記述しなくてはならなかった。恐らく祖母は、〝平民〟の出身であったので、女学校時代は〝士族〟出身者に囲まれて肩身の狭い思いをしていたのではなかっただろうか。もしかしたら、器量よしで勝ち気な祖母は、「きっと士族出身の男性を射止めてみせる」と固く心に誓っていたかもしれない。やがて願ってもない縁談が持ちあがった。士族出身の、しかも下級武士でなく、かつての結城城主水野家の重臣手束家の嫡男田鶴男との結婚話である。きっと若き祖母は、心の内で激しく喝采をしていたことであろう。天にも上る気持ちであったかもしれない。かくて祖母は祖父のもとに喜んで嫁いでいったのである。

話は少し逸《そ》れるが、二〇一〇年十一月に注目すべき日本映画が公開された。『442日系部隊―アメリカ史上史上最強の軍隊―』という映画のことである。第二次大戦中、アメリカ史上最強の軍隊があった。日系米人達によって組織された「442部隊」といわれるものである。この部隊の活躍はアメリカではよく知られているようであるが、日本ではほとんど知られていない。ここにも戦後の日本社会の自虐的ないびつさがある。

　大戦中日系米人達がほとんど強制収容所に入れられ、悲惨な生活を余儀なくされたことは、山崎豊子の小説『二つの祖国』などで広く知られるようになっている。ところが、同じアメリカの対戦国家であったドイツ系やイタリア系の米人達には、このような措置は取られていない。ということは、この措置は日系人（東洋人）に対する白人の偏見と差別意識から出たものであることを物語っている。このような日系人に対する偏見と差別を解消させ、日系米人のアメリカでの地位向上を目指して、「442部隊」は本国アメリカのために、日本民族の威信をかけてヨーロッパ戦線において死をも恐れぬ果敢な戦闘を展開していったのである。ローマをナチス・ドイツの支配から奪回したのも、ダッハウの「ユダヤ人収容所」を解放したのも、「442部隊」の勇猛な戦いの成果であったが、その勲功《くんこう》は意図的に隠され、白人部隊の軍功と塗り替えられてしまったのである。

　この「442部隊」の一員として戦ったことのあるアメリカ上院議員ダニエル・イノウエは次のように語っている。

「われわれ日系二世は、戦争中、（日系人強制収容所に囚われたまま）何もしないでいることも可能だったと思う。しかしわれわれは、あえて442部隊への入隊を志願したのであり、入隊したからには忠誠なるアメリカ市民であることを何が何でも証明してやる、と固く心に誓ったのでした。」（雑誌『歴史通』二〇一〇年十一月号）

恐らく祖母もまた〝平民〟から〝士族〟の家に嫁ぎ、「自分が士族の一員であることを何が何でも証明してやる」と固く心に誓ったのではなかろうか。それが証拠に、祖母の本来の名前は鈴木キンであったが、結婚するや〝平民〟の名として広くつけられていた〝キン〟という名を改め、〝睦子〟と改名している。そしてその生き方においても、手束家の誰よりも、士族としての矜持《きょうじ》を保ち続けていったのである。そういえば、祖母はいつも私に言い聞かせていた。「正昭、いいかい、手束家は士族なんだよ。だから恥ずかしいことをしてはいけないんだよ」と。

私はよく他者から「あなたには古武士の風格がある」と言われる。自分ではまったく意識していないのであるが、そのような雰囲気を持っているらしい。もう二十年以上も前になるだろうか。韓国の姉妹教会の聖民教会主任牧師であった申賢均師（この方は私の人生において最も影響を与えた外国人のひとりであり、後に詳述するつもりである）が、韓国伝道旅行の途時、私に尋ねてきた。「手束先生は武士の家の出身ですか」。「はあ、そうですが。どうして分かるんですか」と問い返すと、「あなたにはそれらしき気骨がある」と言われた。

また十数年前のことだったか、当時私達の教会で行われていた「日本のためのとりなし委員会」に来られていた日本バプテスト連盟滝の上教会牧師の林田金弥牧師（元帝国陸軍少佐、当時九十歳前後）が、つくづくと私に向かって語られたことがある。「手束先生は私の息子ぐらいの年齢なのに、不思議に兄貴のように思えるんですよ。先生は士族の出ですか」と。私は驚き、「兄貴だなんて、とんでもないです。でも、士族出身だとどうして思われるんですか」。すると林田先生は答えられた。「陸軍士官学校時代、士族出身の人々は私などのように農家出身の者達とは違って、シャキッとして、今でいうオーラのようなものがありましたね。先生にも、それを感じるんですよ」と。私は人生の大先輩の思わぬ讃辞に大いに恐縮したのであった。

祖母を想う時、私にはいつでも陽明学の始祖となり「近江の聖人」といわれた中江藤樹の母の姿と重なる。幼い時、父が私に送ってくれた「絵本少年少女偉人伝」というシリーズの中に「中江藤樹」があった。その中の一頁の絵が私の脳裏に焼きついて離れない。それは以下のような内容である。九歳の時、祖父の下での学問の修業に出された藤樹は、ある年に「冬になると、赤ぎれが痛んで辛い」と書いてきた母からの手紙を受けとっていたたまれず、赤ぎれの薬を手に入れて、はるばる近江まで持って行く。しかし母の対応は冷たいものだった。「お前はまだ修業の身なのに、どうしてこんなことをするのか。すぐに帰りなさい」と藤樹を追い返してしまう。雪の中をトボトボ帰り行く少年藤樹と、それを戸の隙間から泣きながら見送る藤樹の母の姿は、幼い私の心の中に、武家の母の厳格さと自己犠牲の尊さを嫌というほど刻みつけてくれたのであった。そして、私の祖母もまた士族の母として厳格さと自己犠牲の尊さをもって、私や父や叔父叔母達を教育し躾ていったのであるが、私ほど祖母を理解してはいなかったかもしれない。

もし私が何人もの人々が評するように「古武士の風格」を持っているとするならば、祖父の後ろ姿と祖母の躾の賜物にほかならない。それはやがて、神の大目的に向かって多くの人々を束ねていく働きには不可欠なリーダーシップとして、主なる神が導き供えて下さったものであった。

祖母は私が高砂にきて二年目の昭和四十九年（一九七四年）十一月三日にあの世の人となった。享年八十六歳であった。葬儀に駆けつけた私は、祖母の死に面し、次のように詠んだ。

「我祖母の　死にし横顔　見つむれば
　　幼き日々の　思い出巡る」

五　「特攻隊くずれ」の粗暴な叔父

――私の「守護聖人」だった――

いつの頃からか、結城の家にある人物が同居するようになり、家庭内の様子に変化が起こった。幼心にもそれまで平和だった家庭内が急に波立ってきたのを感じた。そのある人物とは、父の十五歳年下の弟、亨叔父であった。当時まだ二十代半ばではなかったかと思う。肺結核を患って、大阪の会社を辞し、療養のために帰ってきたのであった。叔父は戦時中、「神風特攻隊」を志願し、米戦艦を攻撃したが、途中で撃ち落とされ、一日中海中に浮遊したまま漂ったという。幸いなことに、漁船に発見され、九死に一生を得た。喜んで元の隊に復帰したところ、思いがけず手厳しい制裁が待っていた。「貴様、よくもおめおめと生きて帰ってきたな。死んだ戦友に申し訳ないとは思わないのか」と散々痛めつけられた。叔父は、「死んだ戦友に申し訳ない。あの時海中で死んでいたらよかった」と悔やみながら理不尽な制裁に耐えていった。

当時、日本の軍隊は世界最強と恐れられた。特に「特攻隊」の捨て身の戦法は世界中を震撼とさせた。しかし、この日本軍の強さの背後には、極めて非人間的なスパルタ的訓練があった。強くなるためのスパルタ的訓練は仕方がないとしても、問題はスパルタ的訓練に名を借りた〝いじめ〟〝リンチ〟が横行したことである。これによるトラウマは、戦後容易に元兵士達をして、戦前の日本社会の全面否定、そしてその反動としての社会主義、共産主義への傾斜へと向かわしめた。その代表的人物こそ、読売新聞元社長の渡辺恒雄である。そして亨叔父もまたそうであった。

やがて終戦がきて軍隊の解散が宣言された。その時、叔父は自分を目の仇にしていじめた上官の胸ぐらをつかんだ。「よくも今まで酷い目に遭わせてくれたな」。「何をするか。お前は上官に刃向かうのか」。「うるせえ、もう軍隊は解散したんだ。上官もへチマもあるか」と、叔父はその上官を殴りに殴った。「手束やめろ、それ以上やると死ぬぞ」と同期兵が割って入り、叔父はやっと報復をやめた。亨叔父は織田信長の大ファンであったが、信長同様、その性格は苛烈であった。

このように気の荒い性格の叔父であったが、しかし戦後どうしようもない虚無感に苛《さいな》まれていたようだ。それは自分が命を賭けて戦ったあの戦争が敗北に終わったというだけでなく、間違った無意味な戦争であったと刷り込まれたことによる。本当は決して間違った無意味な戦争などではなく、「大東亜戦争」はアジアやアフリカを欧米の植民地支配から解放していったという、文字どおり画期的な壮大な偉業を果たした世界史的意味合いを持つ戦いであり、日本は歴史の歯車を大きく転換させるための尊い贖《あがな》いとなっていったのである（ジェラルド・ホーン

『人種戦争――レイス・ウォー』参照）。しかし、あまりにも巧妙になされたＧＨＱによる洗脳工作（この点については、拙著『日本宣教の突破口』を是非参照されたし）によって人のよいほとんどの日本人達は、自分たちが誤った無意味な戦争をなしてしまったという罪意識と虚無感の中に叩き込まれて、深い部分で呻吟《しんぎん》させられることになった。

作家三浦綾子も戦時中、戦後と小学校の教師をしていたが、やはり罪悪感と虚無感に苦しみ、敗戦の翌年、教師を続けることができなかっただけでなく、やがて肺結核を患った。罪責感や虚無感が自己処罰となって働き、彼女を病へと追いやったのである（『道ありき』参照）。戦後、夥《おびただ》しい日本人達が肺結核を患うことになったのであるが、戦争直後の栄養不良ということもさることながら、それ以上に精神的原因の方が大きかったのではなかろうか。恐らく亭叔父の場合もそうであっただろう。

当時「特攻隊くずれ」という言葉があった。「この身を国のために捧げる」と誓った若き特攻隊員達が、何らかの理由で叔父の如く死に切れずに生き残った場合、その生活は相当荒《すさ》んだものになっていったという。自分だけが生き残ってしまったという罪悪感と、「聖戦」だと信じていたものが「侵略戦争」（悪い戦争）だと逆転してしまったことによる虚無感とがないまぜになって、自暴自棄の生活に陥る者が多くいたという。気の毒にも叔父もそのひとりであった。叔父はよく酒を飲んでは、周囲の者達に怒鳴るなどあたり散らすことが多くあった。どこかに自分の鬱屈《うっくつ》した感情を吐き出したかったのである。そしてその標的とされたのが、まだ小学生だった私であった。

　叔父は気に入らないことがあると、よく私を殴った。虐待というほどではないが、すぐに拳や平手打ちが一、二発飛んできた。祖父母の前ですると、「何をするんだ」と咎《とが》められるので、いない時によくやられた。父が私のために送ってくれた物でも、気に入った物があると、「よこせ」と持って行こうとするので、「僕のだい」と抗議すると、突き倒され、足蹴《あしげ》にされた。そんな時、私はたまらなく悔しく、近くの結城城本丸跡の杜に走って行って泣いた。今はもう城跡公園として美しく整備されていてその面影はないが、当時はうっそうとした杜となっており、大きな杉の木が林立していた。私はその杉の大木を拳で叩きながら、「チキショウ、今に見ていろ。おまえなんか大きくなったら、きっとやっつけてやるから」と悪態をつき、泣きながら顔を埋めた。叔父は遊びにきた従兄弟達の前でもよく私を殴ったので、従兄弟達が可哀想に思って親に言いつけたらしく、ある時父のすぐ下の妹である谷中美枝子叔母が私に囁《ささや》くように言ってくれた。「正昭ちゃん、亨はね、正昭ちゃんをあんまりおじいちゃんやおばあちゃんが可愛がるんで、焼きもちを焼いてるんだからね。赦してやってね」と慰めてくれたことを今でもはっきりと覚えている。私は自分がこれほど痛い目に遭っていることを誰にも語らなかったので、この美枝子叔母しか知らなかったようである。だからその慰めの言葉は非常に嬉しく私の心に残ったのであった。この叔母は兄弟姉妹間ではあまり好かれていなかったが、やがてクリスチャンになった。

十年ほど前、伝道旅行の途時、結城に立ち寄った。亨叔父は七年前に亡くなっており、寡婦となった常子さんがひとりで住んでいた。この方には本当にお世話になった。私が中学一年生の時に手束家に嫁いでこられ、祖母の世話をよくこなし、嫌な顔を一つも見せることなく、私を弟のように面倒を見てくれた。あの粗暴で我儘《わがまま》な叔父には、できすぎた叔母であった。この叔母もよく泣いていた。生活費を叔父がくれないので途方にくれた叔母は、よく祖母に生活費の工面を願って涙ながらに畳の上に手をついた。私はこの気の毒な叔母の姿を見て、中学生ながらある決心をした。それは、私が結婚して妻を持った暁には、給料の全てを妻に渡し、決して困らせるようなことはすまいという決心である。そして私は結婚してから四十数年間、ずっとそのことを実行し、封を切らぬままの給料の全てを妻に渡し続けているのだが、妻の方はそれをごく普通のことのように思っているようである。

その常子さんとの思い出話のなかで、私はある言葉にショックを受けた。曰く、「亨は私や子供達には一度も手をかけたことはなかったんですよ」。「えー、まさか」と私は驚愕《きょうがく》した。そこで私はたたみかけた。「だって、常子さんよく泣いていたじゃない」。すると叔母は答えた。「私の実の父は静かな人で、声を荒げることのない人でした。ですから嫁にきて、怒鳴られるのがとても悲しくて泣いていたんです」。私はてっきり、私と同じように叔母もまた殴られて泣いているのかと思い込んでいた。それゆえに、私は叔母に対しても深い同情を寄せていたのであった。しかしそれは私のまったくの思い込みにすぎなかったことが分かっただけでなく、私が弟のように可愛く思っていた宗弘君も雅之君も一度も殴られたことがなかったという事実の前に、私は何ともいえない変な気持ちに襲われた。知らないところで、自分だけが馬鹿を見、大損をさせられたような気分であった。ホテルに戻っても、暫くの間困惑は続いたが、やがてこれもまた神の恩寵のなかで起こったということに気がついたのであった。

手束家の宗教は浄土真宗である。その浄土真宗の〝中興の祖〟といわれた人物に「蓮如」という人物がいる。彼は衰退しつつあった教団を回復し、教団内異端派を掃討《そうとう》し、浄土真宗をして戦闘的教団へと脱皮せしめた英雄的人物である。しかしこの蓮如の生い立ちは悲惨であった。彼の父は存如という僧侶であったが、若気の至りで家事手伝いに生ませた子であった。父の元に引き取られはしたが、義母によってことごとにいじめられ、三十七年間も部屋住みの身分のままに置かれ、極貧の生活を強いられ、生まれた七人の子供のうち六人までも里子に出さねばならなかったという。やがて父存如が死んだが、長男である蓮如は差し置かれ、異母弟の応玄が法主として収まりかけた時、伯父の如乗が突然に蓮如を強力に推し、ドンデン返しが起こった。そして遂に、蓮如が浄土真宗の法主となり、この時から浄土真宗の命運は大きく好転していったのである。

その三年後、蓮如を助けた叔父の如乗も、蓮如を苦しめ続けた義母も、同じ頃相次いで世を去った。その時、蓮如は叔父の如乗だけでなく義母にも感謝し、二人共、自分を世に出し、衆生を救い得る器となしてくれた「如来使」（仏からの使者）だったと人々に語ったという。つまり、特別に天からの使命を託された人物には、必ずその人をかばい、助け引き上げていく人物ばかりでなく、逆にその人をいじめ、悩ませ鍛え上げていく人物とが用意せられるというのである。このように肯定的役割を負った人物と否定的役割を担った人物の両方がいてこそ、使命を託された人物は大成を遂げるという思想である。

これと同じ思想はキリスト教の中にもある。十八世紀のイギリスを救ったメソディスト運動の指導者ジョン・ウェスレーは、その母スザンナ・ウェスレーの決定的影響の下に、その信仰復興運動を推進していったことは、よく知られている。そのスザンナが愛読していた書物は、ローレンソ・スクポリの『霊の戦い』であった。その本のなかで強調されているのは、様々に迫害、攻撃してくる人達こそ、完全への道を促進させるために、天から送られてきた聖人として見るべきなのであり、決して敵と考えてはならないということであった。スクポリはこのような迫害攻撃者を「守護聖人」とまで呼んでいる（マーチン・シュミット『ジョン・ウェスレー伝』参照）。神から大きな使命を与えられた人には、必ず迫害者、攻撃者は付きものなのであり、それらの人々によって、練られ鍛えられてこそ、その大命を果たし得る者として整えられることになる。これは言わば、神の摂理であり、避けられない運命なのである。

このことが分かった時、私の心のうちに大きな喜びが湧き起こり、享叔父に対する感謝の思いが溢れ出たのであった。私は決して自分が強い人間だと思ってはいないのだが、よく他の人から「あなたは強い。その強さはどこから来るのか」と問われる。もし人の評するように私が強い人間だとするならば、確かに、もし叔父の軍隊式の訓練がなかったならば、そうなれなかったであろう。まことにあの叔父は、やがて私が日本の教会を質的に変革・刷新するための「カリスマ運動」を担うべく、また日本の「キリストによる精神革命」を目指す「日本民族総福音化運動」を推進するという、あまりにも大それた働きを担っていく人間になるための訓練には必要な人物だったのである。これまでのキリスト教に対する否を突きつけ、大改革を提唱する、この二つの運動への激しい反対や批判と戦っていく強さを身につけていくためには、あの叔父の過酷な訓練が不可欠だったのである。その意味で、享叔父は実に、私の「守護聖人」だった。

六　母親代わりの叔母

――別離と喪失の悲しみからのいやし――

私は母親の愛を意識上で体験したことがない。二歳までには体験していたのであろうが、それは無意識の中に閉じ込められている。わずかにそれらしきものを体験したとするならば、それは私が十歳の時まで同居していた澄枝叔母をとおしてである。澄枝叔母は父よりも十九歳も年下の末子であり、私が物心ついた頃はセーラー服の女学生であった。私はその叔母を「お姉ちゃん」と呼んで、自転車に乗せてもらっては、いろいろなところに連れて行っていただいた。当時、自転車の〝二人乗り〟は禁じられており、警官に見咎められて、「降りろ」と叱られたこともある。そんなことがあっても、叔母は懲りずに私を自転車に乗せては、私を喜ばせてくれた。女性にしては剛胆なところがあった。

一つの鮮烈な記憶がある。ある日、家に一匹の可愛い野良犬が迷い込んできた。祖父母に「飼って」とせがんだが、動物の嫌いな祖母に「捨ててきなさい」とはねつけられた。仕方なく叔母と一緒にワラで編んだ植木鉢のようなものに新聞紙でフタをして、それを荷台に積み、私が前に乗って捨てにいった。ところが、途中で野良犬がフタを破って身を乗り出してしまったので、諦めて帰った。翌日、今度はフタを破れないようにして遠くまで行って、犬を置いてきた。とても悲しく残念だったが仕方がなかった。ところがである。叔母と共に自転車で家に帰ってみると、何とその犬が私達をワンワンと啼きながら尾を振って出迎えたのである。「わぁ、帰ってる」とパッと心が明るくなった。同時に捨てられ置き去りにされてもなお諦めず、懸命に走りに走って、私達よりも先に帰り着いたその野良犬の健気《けなげ》さが心に迫った。二回の失敗を経て、私も叔母も祖母に執拗に飼うことを願ったので、遂に祖母も折れた。

その犬の名前を叔母は「チル」と名づけた。恐らく、メーテルリンクの童話「青い鳥」の主人公チルチルから採ったものであろう。以後「チル」は私の大の友人となった。幼稚園や遊びから帰って来ると、ワンワンと大喜びをして跳びついてきては私の顔を舐めまわすのであった。言葉は通じなくても、心が通じ合った。犬ほど可愛い動物はいない。特に大人ばかりの家庭の中にいた私にとっては、毎日チルと戯れることが大きな楽しみであった。しかし、いつの頃からだったか、チルに元気がなくなってきた。私が外から帰ってきても、犬小屋の中で伏せたまま元気なく尾を振るだけになった。叔母に「チル、どうしたのかな」と聞くと、「病気らしい」という答えだった。今ならば、すぐにペット病院に連れて行くところだが、当時そんなものはなかった。ある日帰ってみると、犬小屋の中にチルの姿がなかった。「チルはどこへいったの」と祖母に聞くと、「死んだよ」と一言返ってきた。私はショックを受けた。驚いて「どこへ埋めたの」と何度も聞いたが、答えてくれなかった。恐らく祖母としては、私とチルの親密さを知っていたので、できるだけ早く諦めさせたかったのであろう。

しかし、私は諦め切れず、それから何日間か亡骸《なきがら》の探索をした。亡骸を見つければ、生き返ってくるような気がしたのかもしれない。家の庭や周囲を何度も巡りながら掘り起こしてみた。土の色が変わっているところを見つけたら、「きっとここだ」と思って何箇所か掘ってみたが、亡骸は出てこなかった。「チル、どこへいったの」と私は泣きべそをかきながら、掘ったところを埋め返した。それは私が幼い時に味わった愛する者との悲しい別離と喪失の体験であった。

愛する者との別離と喪失の体験。誰でもが何らかの形で直面する体験である。これをどのように克服していくかは、人生の重要な課題の一つである。これをうまく克服できないと、人は自殺にまで追いやられる。一九九九年七月、作家江藤潤が自殺をした。愛妻を失ったことによる喪失体験からであった。「あんな優れた人でも、自分の喪失体験をうまく処理できなかったのか」と思って唖然とした。しかし、これをうまく処理していくならば、人は高められ清められ強められていくことになる。きっと恩寵なる神への信仰こそが、人間に必ず降りかかってくる喪失体験を生産的に超克させていくのであろう。

愛犬チルとの別離と喪失体験があってから二年ほどたった頃であろうか、私は更に大きな別離と喪失の体験をすることになった。それは母親代わりをしてくれた澄枝叔母との別れである。叔母は私の運動会や学芸会に祖母と共によく来てくれた。私は叔母の顔を見つけてはいつも深い安堵感に包まれた。恐らく、幼い子供の母親に対する気持ちと同じものであったに違いない。しかし、やがて澄枝叔母は結婚して、東京に居を構えた。相手は丸江養三という方であり、幼心にも格好よく誠実そうな人物に映った。叔母の結婚相手としては、申し分のない好人物に思えた。私は祖母と共に、東京での結婚式に参加した（祖父は当時足が悪く出席できず）。私が小学校三年生の時である。

ところが、結婚式から帰ってから思いがけないことが起こった。私は深い喪失感に襲われ、一週間ほどまったく何もする気力がなくなってしまったのである。学校へ行かないと叱られ叩かれるので、仕方なく行きはしたが、授業にもまったく気が入らず、ボーっとしていた。そして、独りになると訳もなく涙が出て止まらなかった。あの時の悲しかった気持ちは今でも記憶に鮮明である。今思えば、私はその時、二度目の母親との別離と喪失の体験をしていたのである。一度目の時は、まだ二歳の赤ん坊だったので、母が死去したことなど理解すべくもなかった。それゆえに、母との死別を悲しむという有余などあるはずがなかった。ただ、幼かった私は、急に今まで温かく保護してくれていた大きな存在がいなくなってしまったことに困惑し、訳の分からない喪失感を覚えていたことであろう。しかしその体験は「引き揚げ」という生きるか死ぬかの厳しい状況のなかで、無意識の中に押し込められることになったのである。恐らく、私が澄枝叔母の結婚に伴って体験したパニックは、母の死去により味わった喪失の悲しみが、叔母との別離の悲しみにより引き出され重なり合って、爆発した結果なのであろう。

それ以後、私は長い間、いい知れぬ不安感に苦しみ続けた。漠たる不安感がしょっちゅう私を襲い続け、私を悩ませた。神学者パウル・ティリッヒは「存在は非存在によって常に限定されるがゆえに、存在は不安に包まれている」と書いている。その意味では、人間誰しもが持つ存在論的不安だったと考えられなくもないが、そのような哲学的不安ではなかったと思う。それは澄枝叔母との別離によって露になったのであるが、幼い時、母を失ったことに根本原因をなす不安であった。

このことに気づかせてくれたのは、学生時代友人となった藤井勝也という人物をとおしてである。私よりも三歳年上の経済学部の学生であったが、私にいくつかの転機を提供してくれた方でもあった。後に詳述することになるが、私を芦屋三条教会へと導き、それがきっかけとなって、妻美智子との結婚への道を開いてくれた人でもあった。更に彼は私を文学部の人気教授であった水谷昭夫先生を中心にして行なわれていた「文学研究グループ」（略称「文グル」）へも紹介して下さり、〝文学とキリスト教〟という大切な学びへと開眼させてくれた人でもあった。彼は後に大阪にある阪南大学の経済学部教授となったが、四十歳半ばで夭逝《ようせい》した。その彼が学生時代のある時、私に悲惨な自分の身の上話について語ったことがある。「いつも不安感に襲われて苦しんできたが、原因は自分が幼い時母親から捨てられたことにあることが分った」と。それを聞いた時、「もしかしたら自分もそうではないか」と思った。もちろん、私の母親は私を捨てたわけではない。私をいとおしみながら無念のうちに死んでいったのである。

しかし、赤ん坊だった私の方は、そのような事情を分別できるはずもなく、いきなりこれまで自分を愛し保護してくれた存在から捨てられたという強烈な喪失感情として無意識の中に残ることになったのではなかろうか。私をしばしば襲ってきた不安感は澄枝叔母の結婚によって引き出されはしたが、実はここに根本原因があったことに気づいたのであった。そしてやがて、母との死別がもたらした強烈な喪失感情による心の傷とそれに伴う不安感は、聖霊の直接的働きによる「内なるいやし」（inner heeling）によって、遂にいやされ、不安感からも解放されていったのである（拙著『命の宗教の回復』③〝心のいやし〟参照）。

それは、ひたすら恩寵なる神の憐れみとして一方的にもたらされ、私を日本でカリスマ運動へと推進していくための器として、また教会成長運動のリーダーのひとりとして整えて下さったのであった。教会が成長するためにも、ある大きな運動を展開していくためにも、それを担う器の精神的健全さが要求せられる。そうでないと、ある程度まで教会が大きくなったとしても、あるいは運動が拡大したとしても、サタンはその牧師の心の傷に働きかけてきて、教会や運動に撹乱《かくらん》が起こり、うまくいかなくなる。そんな例をいくつ見てきたことだろうか。それゆえに、私にもたらされた聖霊による一方的な「内なるいやし」は、必要不可欠なものとして、恩寵なる神の特別な顧みによるものであったというほかはない。

ヨハネ二十一章は多くの聖書学者の指摘によれば、本来ヨハネ福音書にはなかったが、後世の教会が付加したものとされている。それでは何のために追加して記録したのであろうか。それはペテロに代表される教会の指導者（牧師）に対して、その使命を遂行していくための必要事項を教えたかったためと考えられる。特に、十五―十九節において、復活のキリストが炭火を囲んで、ペテロに三度「主よ、あなたを愛します」と言わしめている。これはペテロが同じようにキリストが捕らわれた時、炭火を囲んで三度も「あの人を知らない」と拒んだ言葉に対応するものとして、ペテロの弱さによる内側の〝心の傷〟（苦い傷）をいやそうとしたものとして解釈され得る。そのようにペテロの「内面のいやし」を図った後、キリストは、「わたしの羊を養いなさい」と命ぜられた。つまり、牧会者としてその託された務めを十分に果たしていきたいならば、「内なるいやし」がどうしても必要だということを教示しているのである。

私は「牧師セミナー」の際によくこのことを語る。ある時、セミナーに参加していたひとりの若い牧師が、私の話に感動して、一枚の刷物を送付してくれた。それは、三木露風作詩、山田耕筰作曲の名曲「赤とんぼ」にまつわるものであった。実はその歌詩には、三木露風の「内なるいやし」の物語が秘められているというのである。露風を生んだ母は、彼が七歳の時、ゆえあって実家に戻ってしまった。彼はその時、悲しい別離と喪失の体験をする。一番の「負われてみたのはいつの日か」と二番の「小籠に摘んだはまぼろしか」はそのあたりの事情を暗示しているという。その後露風は祖父の下で養われたが、実際には家事手伝いの「姐や」によって育てられた。しかし、その「姐や」も彼が十五歳の時「嫁に行き」、彼はまたもや深い喪失感を味わうことになった。しかしやがて、彼はクリスチャンになり、キリストの十字架の救いをとおして、引きずっていた喪失の悲しみからいやされていくのである。周知の如く、この歌は「夕やけ　小やけの赤とんぼ　とまっているよ竿の先」と結んでいる。「竿の先」とは、キリストの十字架を示しているという。彼は大正十一年（一九二二年）、洗礼を受けた。その前年に、この不朽の名曲は生まれている。

七　希望に満ちた中学時代①

――仰げば尊し我が師の恩――

「幸せとは何か」を定義するのは難しい。しかし、「幸せとは希望に満ちて生きることである」と定義するならば、私の最も幸せだった時期は、中学生時代だったということができるであろう。

私が中学時代を過ごしたのは、昭和三十二年四月から三十五年三月の期間である。この時期の日本は、漸《ようや》く戦後の貧しさから脱却し始めた時期であった。ちょうど十年ほど前に人気を博した映画に『オールウェイズ・三丁目の夕日』というのがあったが、あの映画はまさにこの時代の日本を描いていて懐かしかった。あの映画でも十分に感じることができるのだが、あの頃の日本は、国民全体が戦争による打撃の中から立ち上がり、自己と国家の再建に向かって力強く前進していた時代であり、希望に輝いていた時代でもあった。そんな社会的背景があったためでもあろうが、私の中学時代も学校全体が活気を帯び、希望に満ちていた。

中学時代というのは、よくいわれるように子供から大人に移行していく時期であり、〝大人になりつつある子供〃の時期でもある。「大人と子供の中間時代」といってもよいかもしれない。そのため体はだんだん大人っぽくなっていくが、精神がついていかず、極めて不安定な時期だといわれている。にも拘わらず、この時代の私は、生涯のなかで最も安定していたばかりでなく、希望に満ちた幸せな時代を過ごしていたように思う。いったいなぜだったのだろうか。

考えられる第一のことは、幼少時代の私はあまりにも辛いことが多かったので、そこから抜け出た安堵感があったからであろう。よく私を殴った亭叔父も、私が中一の時に結婚したせいもあってか殴らなくなった。また小学校時代によく学校や地域の子供達から苛《いじ》められたが、中学生になってからはなくなった。小学生の時に苛められた理由は、「お前は外国人のような顔をしている」とか、「お前は女のような白い肌をしている」とかいうもので、要するに、結城のような田舎の子供達にとっては、私という人間が自分達とは毛色の違ったエイリアンのように思えたのであろう。ちなみに、その頃の私の綽名《あだな》は「ガイジン」であった。

しかし、今になって考えてみると、私が苛められたのには、もう一つの心理学的理由があったように思う。それは、私が幼児期に十分に親の愛情を受けていなかったことと関連している。即ち、親の愛情を豊かに受けて育った子供というのは、余裕をもって成長できる。ところが、親の愛情が不足して育った子供というのは、精神的ゆとりを失っており、自分以外の他者に対する気配りができない。人の心にとり入ることができない。人間には、危機から自分を守ろうとする本能がある。親からの保護が十分でなかった場合、自分で自分を守ろうとする防衛本能が強く働き、他者に対してオープンになれず、したがって自分の方から打ち解けていくことができない。それは一見、「お高くとまっている」ように見えてしまいがちである。

強烈な記憶がある。小学校三、四年の時、その頃は毎朝「朝礼」というのがあり、授業前の一時間ほど、全校生徒が校庭に集まり整列して、校歌を歌い、ラジオ体操をし、校長先生の訓話を聞くことが恒例となっていた。ある時、いつものように校庭に集まり他の生徒達と並ぼうとしていると、一人の見知らぬ上級生がやってきて、いきなり私の顔を強く殴打し、私は地面に倒れた。なぜ殴られるのかまったく理由が分からなかった。その上級生は去り際に、さも憎々しげに、「エラそうにしやがって」と吐き捨てていった。

更に、もっと強烈な記憶がある。それは五、六年生頃だっただろうか。近所の子供達だが、何かのきっかけで、皆が私をとり囲んでこづいて、暫く耐えていたが遂に私も切れて、地面に転がっていた棒や石をとって逆襲に及んだ。私の剣幕に驚いて、皆は一瞬怯《ひる》んだが、やはり多勢に無勢。私は地面に仰向けにとり押さえられた。その時、ガキ大将だった中学生がやってきて、私に馬乗りになり、私の顔面を思い切り、大きな拳骨で二度殴打した。眼から火花が散るという経験をその時初めてした。そして暫く気を失った。気がついても立ち上がれなかった。顔は見るも無惨に大きく腫れ上がっていた。あまりの痛さに大きな声で泣くこともできなかった。気の毒に思った中学生が二人、私を背負って、家まで運んでくれた。その人達の温かさも忘れがたい。

近年、子供達の間の〝いじめ〟ということが問題になっている。〝いじめ〟は昔からあった。今に始まったものではない。しかし、近年の〝いじめ〟は昔と比べると遙かに陰湿で酷いものだという。『国家の品格』というベストセラーとなった本のなかで、著者の藤原正彦氏は叫ぶ。学校で、もっと生徒達に「卑怯」ということについて教えよ。大勢で一人を苛めることが人間として恥ずかしい仕業だと教えよ。そのような徳育の軽視こそが、今日の〝いじめ〟問題を生んでいると。私も大賛成である。戦後の教育は日教組主導により知育、体育に偏重し、極端に徳育をないがしろにしてきたのではなかったか。その結果、今日の日本社会は苦い実を刈りとることになったのである。

〝いじめられっ子〟になってしまう三つの条件があるという。一つは、大人しいこと。二つ目は、生意気そうに見えるということ（実際に生意気かどうかは別）。三つ目は、主流派に属していないこと（少数派あるいは孤立している）である。私の場合、どんぴしゃり、三つの条件をそのまま満たしている。だから当然、苛められてもあたり前の存在なのであり、事実様々な〝いじめ〟に遭ってきたのである。

けれども、これもまた神の恩寵の摂理の下にあったと言わざるを得ない。家庭内では叔父に苛められ、外では友達に苛められて育った私は、自分では意識しなかったのだが、いつの間にか人並み以上の我慢強さと打たれ強さを身につけていたようである。だからよく、若い頃から「君は忍耐強い」とか「あなたはよくできている」などと評価されてきた。そしてこのことは、教会の体質改善や改革をなし遂げ、大教会を築く上では不可欠な資質であることは疑い得ない。最近よく、ウツに陥る牧師の話を聞く。大教会の牧師でも牧会面に問着が起きたり、大量脱会者が出たりした結果、精神的にまいってしまうのである。私も何度もそのような試練に直面してきた。もしかしたら他の牧師達よりも激しく厳しいものであったかもしれない。しかし、私は潰れることなく乗り越え、その苦悩を糧としながら成長と飛躍を遂げることができた。幼い時に、多くの苛めの中を通らされてきたことによる恩恵であることを、今では感謝している。

しかし苛めはないほうが幸せに決まっている。私の中学時代の幸せの感覚は、苛められなくなったことが大きい。否むしろ、苛められなくなっただけでなく、尊敬され愛されるようになったことによる。誰に尊敬されるようになったかというと、友人達にである。当時の中学校は、中間テストでも、期末テストでもその成績の番付を貼り出して衆目にさらした。今時そんなことをしたら、大変なことになるであろうが、当時は生徒達の競争心の発揚を願って、そのような措置が取られていた。都会の中学校ならば、そうもいかなかったであろうが、ほとんどの場合、私は一番から三番の間にランクされていた。そのゆえなのであろうか、担任の教師から命じられて、成績の悪い生徒達に勉強を教えることがしばしばあった。自分でいうのもおかしいが、私はクラスメート達の面倒見のよい生徒だったと思う。

そんな私を先生達は可愛がってくれた。贔屓《ひいき》していてくれたといってもよい。ある時の数学の試験で、うっかりして、マイナス記号（－）をつけわすれてしまった。ところが正解の◯印がついていたので、私は慌てて数学の先生のところに行ってマイナス記号がついていないので間違いであり、減点してくれるように申し出た。その時その教師は言った。「君の場合、分かっているはずだと思うから○にした。そのままでよい」と。そして続いて囁くように言った。「いいか手東。うまく生きることも大事だぞ」と。私は教師という立場にも拘わらず、そのような反応を返してきたことに、驚きを禁じ得なかった。しかし今思えば、その先生は正しくはなかったかもしれないが、善きことを教えてくれたのである。素直さ正直さは尊いが、それだけでは馬鹿をみることになるから、もっとうまく立ち回れということなのである。私の馬鹿正直さの中に潜む危うさを思っての忠告だったのである。私は今でもその言葉を有り難く噛みしめている。

中学一年生の時の担任の教師は川名美代子という女の先生だった。音楽と国語を教えてくれた。二年生の担任は室伏巧という先生だった。数学と理科を教えてもらった。三年生の担任は栗原真吾という先生だった。体育と数学の教師だった。三人の先生共、特に川名先生は私を特別に贔屓《ひいき》していてくれたと思う。よく私を様々な場面で登用しては誉めて下さり、不得手だった音楽にも関心を持たせて下さった。私の育った家庭環境はおよそ音楽とは遠くかけ離れており、歌を歌うとすればせいぜいラジオから流れてくる流行歌ぐらいなものであった。だから私の中には音楽的センスはほとんど養われていなかった。私自身も関心を持たなかった。その私が人並に音楽的センスを持てるようになったのは、この川名先生によるところが大きい。そしてこのことによって、牧師になるための不可欠の要素としての音楽的素養を備えられることになったのである。

私の三人の子供達が皆小学校高学年から中学生になった時、期待していたほどの成績をとってこなかったので、私は三人のいる前で叱った。「何だ、この成績は。お父さんなんかオール5だったぞ」。すると一番下の聖一が疑いの目をして意地悪そうに問いかけてきた。「それじゃ、音楽は、体育は」と。そこで私は「もちろん、音楽も体育も5だ」と答えたとたん、三人の子供達は一斉に叫んだ。「贔屓だ！」。

確かに贔屓だったと思う。しかし贔屓されるのには理由がある。可愛らしくて成績がよいというだけでは不十分である。私の場合、親がいないのに素直な子供であったらしい。その上に、私は目上の人に対する尊敬と恭順さを持っていた。その当時でも、教師達に陰で「セン公」と侮蔑《ぶべつ》的に呼ぶ生徒達がいたし、そこまで言わずとも生徒達の間では教師達を「〇〇先生」と言わず、名前を呼び捨てにすることが珍しくなかった。しかし、私は生徒間同士でも、教師の名前を呼び捨てにすることなく、必ず「〇〇先生」と呼んでいた。それは恐らく、権威を尊び重んじる武士的気風のなかで育ってきたことと関係があるように思う。そしてこのことは、中学時代だけではなく、その後の人生においても、大きな祝福をもたらすことになったのである。川名美代子先生は私にとってはとても優しい先生であったが、他面、教師を侮る生徒や卑怯な生徒には容赦がなかった。優しい顔に似つかわしくなく、ビンタをもって厳しく罰を加えた。元々川名先生の家は軍人であったらしく、キリッとしたところがあった。川名先生だけでなく、当時の教師達はよく生徒に対してビンタを食らわせた。それでも問題になることはなかった。しかし最近では「体罰禁止」とかで、ビンタは御法度となり、その結果教師達は萎縮し、生徒達はやりたい放題となり、小学校から〝学級崩壊〟とか〝学校崩壊〟などが起こってきた。ビンタがなぜ悪いのか、私にはいまだ理解できない。

私も一度だけビンタを食らった経験がある。二年生の担任室伏巧先生からである。前の席のクラスメートが授業中話をしていたので、相席の坪山武雄君と注意したところ、私達がしゃべっていると勘違いをした室伏先生が「手束と坪山、出て来い」というので、前に進み出たところ、いきなりビンタを食らった。他の生徒がその理不尽な行為に抗議してくれて、先生は自分の思い違いであったことが分かり、皆の前で私達に陳謝したのであった。しかしそれでも、学年の番長だった坪山君の方はおさまりがつかず、「手束、室伏の奴に二人で仕返ししよう」と持ちかけてきたが、私が「やめとけ、謝っているんだから」と言ったので、遂に彼も鉾《ほこ》を収めた。当時ツッパリだった坪山君は今では同窓会代表世話人として私に出席を要請してくるが、残念ながら都合が悪いことが多く、彼の願いに応えられていない。また室伏先生は、やがて牧師の娘と恋愛結婚をしたと噂で知った。クリスチャンになられたのだろうか。

八　希望に満ちた中学時代②

――友を選ばば書を読みて、六分の侠気《きょうき》、四分の意気――

私の通った中学校は、町からだいぶ離れた森の中にあった。校門を入ると、うっそうとした木立の中に道があり、そこを通り抜けると眼前にテニス・コートが開かれており、その向こうに校舎が建っていた。下校時には、テニス部の生徒達が元気よくボールを追いかける姿が否応なく目に入り、その白い運動着が眩しく目に映った。そこで私も、間もなくテニス部（硬式はなく、軟式のみ）に入った。私が課外活動でテニス部を選んだのは、粗野なことが嫌いだった私には、とても上品なスポーツに思えたからであり、また生来体力に自信のなかった私にも、なんとか耐えていけそうな運動に思えたからであった。

そのテニス部に、私の後から同じクラスの男子が入部してきた。大木誠君という。恐らく当時結城市で最も大きな病院であった「結城病院」院長の三男坊であった（院長であった彼の父親は後に結城市長にもなった）。人柄のとてもよい好漢であった。学業成績は私の方が上だったが、運動神経は彼の方が上であった。試合をしても三試合のうち一試合しか勝てなかった。

一年生の秋、そんな私がなぜか選ばれて上級生と組んで県南大会に出場させてもらった。ペアになってくれた上級生が上手だったので準決勝まで勝ち進んだが、そこで敗退し、三位に甘んじた。私のミスが敗退を招いたことは瞭然であった。「自分ではなく、大木君と組んでいたならば決勝まで行っていたに違いない」と自らの拙さを悔しく思った。彼とは一学年の時だけ同じクラスであったが、妙に気が合い、由来五十年以上もの間親友として付き合い続けている。

実は、私に初めてキリスト教について語ってくれたのは、彼であった。あれは二年生の頃だったか、彼の家に行った時、彼は神父さんのように首に大きな十字架をかけていた。その頃は男のネックレスなどは考えられもしなかった時代だったので、私は不思議に思って、「なぜ、そんなものをつけているのか」と問うた。すると、「クリスチャンになることにした」と答えてきた。彼の家は別にキリスト教と関係のある家ではないと知っていたので、「どうして」とまた問うと、その理由を語ってくれた。ある実話に感動したという。その話というのは、詳細は忘れたが、ひとりの婦人が自分の子供を殺されたにも拘わらず、その殺人犯を赦し、自分の子供として引きとって育てたという内容であったように記憶している。三浦綾子の小説『氷点』の下敷きになった話と酷似しているが、同じ話かどうかは分からない。ただ、その時の彼の熱い口調が印象的であった。一方私はというと、何か遠い国の話を聞いているような気がしていた。

ずっと後になって知ったことであるが、私の大好きだった祖父は若い時にキリスト教に強く魅かれていた時期があったという。聖書を読み、特に山室軍平の救世軍の働きには深く共鳴し、一時期救世軍に籍を置いていたことがあったようである。人道主義者であった祖父にとって、明治時代を風靡した人道主義的キリスト教に対して大きな共感を覚えていたのであろう。

他方祖母は違っていた。祖母は大の〝ヤソ嫌い〟であった。商家の出であった現実主義者の祖母にとっては、キリスト教の主張がなにか浮世離れした偽善めいたものに感じられたのであろう。まだ私が幼かった時、祖母が吐き捨てるように「とうとう、結城にもヤソが入ってきたか」と言った言葉が今でも耳に残っている。恐らく、手束家の菩提寺になっている称名寺の入口のところに今でも建っている日本アッセンブリー教団結城キリスト教会の創設のことなのであろう。

そのような祖母の影響下で育った私だったので、私はキリスト教に対して教会に対して何ら関心を持つことはなかった。ただ一度だけ教会に行ったことがある。大木君のほかにもうひとり仲のよい友人がいた。遠藤武明君という。彼は大切り町にある遠藤材木店の次男坊であった。その材木店の隣に、もう一つの教会があった。リーベンゼラというドイツの福音的団体が創立した結城大切り町教会であった（現在は場所を移し、名称も結城福音キリスト教会と変わっている）。そこにハインツ・ゲンツケルというドイツ人の宣教師がいた。その宣教師がただで英会話を教えてくれるというので、大木君だったか遠藤君だったかに誘われて、一度だけ好奇心に駆られて行ったことがあった。しかし、それ以上続いて行こうとは思わなかった。だが、この宣教師がやがて私の人生に大きな岐路を提供してくれる人物になろうとは、その時には夢想だにしないことであった。

私は中学の卒業式には出ることができなかった。関西学院高等部を受験するために、卒業式の直前に関西に赴いていたからである。受験前日、電報が届いた。「ジュケン　ガンバレ　ゴウカクヲイノル」と書かれた激励の電報だった。大木君と遠藤君からであった。私は胸の熱くなるのを覚えつつ、二人の友情に感謝した。

関西学院高等部に首尾よく合格し、関西で暮らすようになったのであるが、夏休みや冬休みには必ず結城に帰った。そして彼らと再会の喜びを分かち合った。そんなある日、「手束、話がある」と遠藤君が深刻な顔をして寄ってきた。「大木の奴、困った女と付き合っている」と語った。「あばずれた不良女だ。手束、何とかしてやってくれないか」と彼は懇願した。「よし分かった。俺が何とかしよう」と約束し、今こそ彼のためにひと肌脱ぐ時がきたと心に決した。遠藤君の手引きで翌日彼女と会った。見るからに崩れた感じの女性だった。私は単刀直入に彼女に向かって語った。大木君は自分にとってかけ替えのない友人であり、誠実ないい男だ。はっきりいって、あなたには相応しくない。だから手を引いて欲しいと、時に厳しく、時には懇願するように、懸命に説得をした。私の話が終わると、彼女はせせら笑うかのように、「わたしの方から付き合いを望んだわけじゃないわよ。彼が付き合って欲しいと言うから、そうしてるのよ。そんなに言うならば、別れてやるわよ」と言い放って去っていった。私と遠藤君はそれを聞いてホッとしたのであったが、しかし人生というのは不思議なものであり、一筋縄ではいかず、どんでん返し、更にどんでん返しが起こることになったのである。

少し話は飛ぶが、大学生になった時、夏休みに結城に帰り、いつものように大木君の家を訪ねて行った。すると彼のお母さんが出てきて、いきなり、「手束さん、誠が行きませんでしたか」と切羽詰まった顔で問うてきた。聞くと、何カ月か前に家出をしたという。置き手紙が残されており、お母さんは泣きながら私に見せてくれた。そこには、手短に、家を出るが心配しないで欲しい。お父さん、お母さん、許して下さい、と書かれてあった。なぜ、何不自由ない生活をしていた彼が家出をしたのか、私には理由が分からなかった。しかし彼には彼なりの悩みがあったのであろう、と慮《おもんばか》るほかなかった。暫くしてから、彼は関西にいるようだという情報が入っただけで、その行方はようとして知れなかった。その頃私は、大木君の身を案じつつ歌を詠んだ。

「父母よ、許せ給えといい残し
　家をいでにし、友よ何処に」

いつ頃だったたか、遠藤君から知らせが入った。「大木は京都にいる。今は板前の修業をしている。残念ながらあの女と一緒だ」。その報告に、私は愕然《がくぜん》とした。私と同じ関西でしかも板前の修業をしていることもビックリであったが、それ以上に、私が別れさせたはずのあの女性と同棲しているという事実に、私はショックを受けた。その時、私は思った。「ああ、彼は最悪の選択をした。きっと不幸になるに違いない」と。

それから何年かが過ぎた。彼は結城市と隣接している栃木県小山市の郊外で、割烹料亭とファミリーレストラン「カウボーイ」なる店を開いていることを知った。私は結城に行く前に、小山で降りて、彼の店に寄った。数年ぶりの再会を共に喜び合った。割烹料亭の一室に案内されてただちに、ひとりの美しい婦人がやってきて、畳に手を付き挨拶をしてくれた。「昌子です。お久しぶりでございます」と言われて、「あーっ」と思った。紛れもなく、彼女であった。そこには上品で立派な女将の姿があった。失礼の段は平にお赦し願いたいが、あえて言わせてもらうならば、それはまさに「毛虫が蝶になった」姿であり、かつての崩れた面影はまったくなかった。女性とはかくも変貌し得るのかと、私は女性の持つ不思議さに唸った。

大いに歓迎の接待を受けた後、彼女が車で結城の家まで送り届けてくれた。車中で、私は彼女に詫びを言った。「あの時は、大変失礼なことを言って、申し訳ありませんでした。お赦しを」と。彼女は答えた。「いいえ、とんでもありません。あのときの私はああ言われても仕方のない者でした」。私はその返事を聞いて、若気の至りとはいえ、あのような無礼な言葉を投げつけた自分の不躾さを深く恥じた。かつて彼は私に向かって言ったことがある。「俺の愛情で彼女を変えてみせる」と。その時の私はクリスチャンでありながら、「何と幼稚なことを」と心のなかで嘲笑《あざわら》った。しかし、彼の愛が勝ったのである。

ブロード・ウェイで大ヒットしたミュージカルに『ラマンチャの男』というのがある。主人公の「ラマンチャの男」はキリストのしたように人をその本来の姿において見ようとする。それにより彼は売春婦に対しても、決して蔑《さげす》まず、本来の自画像に訴える。そこで男に犯され、傷つき、自己嫌悪に陥っている売春婦に向かっても、「お嬢さん」と呼びかける。彼女は叫ぶ。「私をお嬢さんなんて呼ぶんじゃないよ。私はね、汚れた女なんだから」。しかし彼は執拗に「お嬢さん」と呼びかけ、彼女に「ダルシニア」という新しい名前を与える。劇の最後、ラマンチャの男が惨めに死にかかっていた時、美しい婦人が彼の側にきて、彼をいたわる。感謝した彼は「あなたは、どなたですか」と問う。すると、彼女は答える。「私の名はダルシニア」と。あの売春婦の見事に変貌した姿だったのである。

「愛する」とは何か、それは現実の姿においてその人を見るのではなく、神の描いた本来の姿において、その人を見ることである。しかし、このことは言葉で言うのは易しいが、実際に行うとなると、そう簡単なものではない。しかし、大木君はこのことを実行し、見事に彼女を生まれ変わらせたのであった。「天晴れ」と言うほかはない。

今から二十数年前、彼はそれまで営んでいたレストラン経営をやめて、社会福祉事業に取り組み始めた。小山市に「サンフラワー療護園」という身障者の施設を作り、大きく発展させた。秋篠宮・紀子様御夫妻も、見学においで下さったほどの充実した身障者施設となった。更にそこから展開させ、保育園や老人ホームなど八つの施設を持つ一大社会福祉法人「洗心会」を創設し、彼が理事長として、全体を統括している。奥さんの昌子さんも、「サンフラワー療護園」や「こばと保育園」の園長などを歴任して、彼の仕事を支えた。十数年前、昌子さんは園長を辞した旨の通知があったが、今は何をしているのだろうか。恐らくは、公職を辞しても、陰で大木君の働きを支え続けているのであろう。大木君と昌子さんの夫婦愛は一大ドラマである。

最初に私にキリスト教を教えてくれた彼は、まだクリスチャンにはなっていない。私が小山の教会に行った時など、私の説教を聞きに来るように要請すると、時間がある時には素直に礼拝に出席してくれた。彼のキリスト教に対する好意はまだ変わっていない。晩年、仕事の忙しさから解放された暁には、教会に通うようになるのであろうか。

九　光と出会った高校時代①

――〝夢砕き〟、しかしそのどん底の淵で――

〝夢砕き〟という言葉がある。長い間膨らませ続けてきた夢が、あえなく砕け散ってしまうことを意味する。私の長い間の夢は、家族と、特に父と一緒に暮らすことであった。そのことをひたすら願いつつ受験勉強に励んだといっても過言ではない。そして遂に、当時関西の私学で灘高に次ぐ難関といわれていた関西学院高等部への入学試験に合格すると共に、そのことが現実のものとなったのである。更に私の夢を膨らませたのは、都会で生活できるということであった。今では、都会でも田舎でもその生活の有様にそれほど格差はなくなったが、私が入学した一九六〇年の頃は、雲泥の差があった。小学上級生の時だったか、一度芦屋市の父の家に連れてきてもらったことがあったが、阪神間での生活は茨城県の田舎と比べると天国のようであった。「あの都会地で家族と一緒に生活できる」と思うだけで、私の胸は高鳴り続け、それを実現すべく懸命に勉強し、その甲斐あって、「天国」の生活へと歩み出すことになったのである。

だが、人生は厳しい。そうは問屋が卸《おろ》さない。夢が砕かれてこそ本当の人生が始まるということを、すぐに経験することになったのである。義母の態度は以前きた時の歓迎ぶりとはまったく違っていた。父も何かよそよそしかった。今考えれば、無理もなかったと思う。阪急芦屋川駅に近い月若町にあった家は、今私が住んでいる牧師館のように広い家であったが、父と義母と三人の弟妹達（真知子、順一、誠）のほかに、義母の母親と妹、それにその母親の友人のおばあさん、更にお手伝いさんが居住していた。その大所帯の中に、私が割り込んでいったわけであるから、歓迎されるわけがなかった。私の部屋がなかったので、皆が通る十畳ほどの部屋の片隅に勉強机を置き、そこにフトンを敷いて寝るはめになった。実は、事前の約束では、義母の妹の智恵子さんの部屋を使わせてもらうことになっていたのだが、すぐには実行してもらえなかった。慣れない環境のなかで、落ち着いて勉強のできなかった私は、堪《たま》りかねて、「いつ部屋を空けてもらえますか」と智恵子さんに尋ねた。このことが義母の怒りを買った。「そんなことは尋ねるべきじゃないわ。あなたにそんなことをいう資格はないのよ」と義母は怒鳴った。私はその時初めて、自分がどんな立場に置かれているかを思い知った。義母にとって、私は長男としてではなく、イヤイヤ引きとった〝居候〟のひとりにすぎなかったのである。そう知った時、自分の甘さへの後悔と惨めさに打ち拉《ひし》がれた。

その頃の義母は吉川佳代子（吉川は結婚前の姓で、佳代子は実名）という名前のタレントとして活躍していた。名女優香川京子とも親しく、主役になったことはないが、脇役として映画やTVドラマなどにも時々出演していた。父との結婚前には、NHKラジオのアナウンサーなどもしており、言葉使いや話し方には際立った才能の持ち主であり、声もよく、話し方教室などでは大いに用いられていた。私の実母不二子のように優しく女らしいお嬢さん風の美人ではなく、船場育ちの個性的で癖のある美人であった。父との出会いは、父が学生時代に演劇をかじっていた時の知り合いであったが、先妻不二子を亡くして後に再会し、結婚した。

何をしても上手にやりこなすことのできるあり余る才能の持ち主であり、父もよく「佳代子は天才だ」と言っていたが、同時に「天才と気違いは紙一重だからなあ」と付け加えることも忘れなかった。確かに義母佳代子は一言でいうと〝狂の人〟であった。尋常な女性ではなかった。もし義母が男性であったならば、織田信長のような時代を画する大仕事を果たし得たかもしれない。女性として生まれたことが、彼女の悲劇であった。そしてこのような女性を妻にした夫も、このような女性を母とした子供達も、その悲劇を分かち合うことになったのである。そして私も、ごく短い期間ではあったが、その悲劇の一端を味わうことになったのである。

天才肌の義母は、その美貌と才能のゆえか、非常にプライドの高い人であった。それゆえに、自分が〝後妻〟であることを容認できなかったようだ。何人もの人が後に私に証言するのだが、義母は自分が後妻であることを、他人に隠そうとしていたという。そこに私が現れたのだから、面白いはずがない。目障りこの上ない存在であったであろう。それにその頃の私はといえば、田舎育ちの気が利かない少年であった。だから、しょっちゅう小言を言われた。〝箸《はし》の上げ下ろし〟まで批判の矛先が向けられ、私は何度も唇を噛んだ。しかし私は我慢した。それは偏に父を困らせたくない、悲しませたくない、それに平和を乱したくないという思いからであった。そこで私は義母と対面する時は、努めて笑顔を作るようにした。しかし、勘の鋭い義母はそれを見抜き、「あなたは偽善者よ。そんな作り笑いしたって、何を考えているかわかりゃしない」となじるのであった。

やりきれなくなった私は、義母に対する怒りと憤懣《ふんまん》を書き綴った手紙を、中学時代の友人に書いた。誰にも相談できなかった私には、そうする以外に憂さを晴らす道はなかった。しかし、不運にもその手紙を義母に読まれてしまった。当然の如く、義母は激怒した。そして何日間も、義母と父との言い争う声が家中にこだました。そんなある晩、父は私の部屋にやってきた。そして思い詰めた顔をして、私に懇願した。「外に下宿してくれないか。おまえがいたんではこの家がもたない。悪いがそうしてくれんか」。私は即座に父の眼を見ながら答えた。「僕もそうした方がいいと思う」。そう答えることが、私の精一杯の父に対する思いやりであった。父は「すまんな」と言って眼を伏せた。私は心のなかで、「父は父で幸せになる権利があるんだ。仕方がないいんだぞ」と必死に自分に言い聞かせ、涙をこらえた。覚悟していたことであった。

翌日の放課後、私は大学の学生課に行って下宿先がないかどうかを尋ねた。職員は高校生の私にも丁寧に応答してくれた。「もう五月ですので、いい条件の下宿は皆塞《ふさ》がってしまいました。条件の悪いところが一つ残っているんですが、そこでもいいでしょうか」。「どんなところでも結構です」と私は答えた。それは阪急仁川駅の近くの特定郵便局の裏側に建っている三部屋ある下宿部屋の一つであった。一番北側に位置し、三畳間の倉庫のような寒々とした部屋であった。五月の半ばに、そこに引越した。引越の際に、芦屋の家で働いていた〝エッちゃん〟と呼ばれていたお手伝いさんは、泣きながら引越の手伝いをしてくれた。私より少しだけ年上の方だったと記憶しているが、「石をもって追わるる如く」出て行かざるを得なかった私を見て、気の毒に思ったのであろう。心の優しい方であった。今、どうしているだろうか。

下宿生活が始まった。食事の準備以外は皆自分でやらなくてはならなかった。甘えは許されず、厳しい自己管理が要求された。私の部屋だけは、大学生達が借りていた他の新しい二つの部屋とは違って、物置を改造したような古びた汚い部屋であった。そのために、夜机に向かうと、窓ガラスにベタッと貼り付いたヤモリが眼に映り、落ち着かなかった。勉強が終わり、フトンを敷いて寝ると大きな蜘蛛が現れてきた。噛まれると困るので、蜘蛛を退治するために奮闘しなくてはならなかった。当然の如く、天井ではしばしばネズミが運動会をしていた。

クラス・メートに宮武孝昌君というずけずけものを言う皮肉っぽい男がいた。彼が下校時下宿に寄ってくれた。部屋に入るなり、彼は呆然とした様子で佇《たたず》み、「手束、なんだこれは。まるで豚小屋じゃないか。こんな下宿、早く変われ。人間が住むところじゃない」と言い放った。それは、彼なりの精一杯の私に対するいたわりの言葉であった。彼の人となりを知る私は、心の温まるのを覚えた。彼はいくら誘っても高校時代は教会に来ようとはしなかった。「偽善者の集まりなど行けるか」と切り返してきた。しかし大学商学部卒業後、世に出てから彼はクリスチャンになった。やがて教会を支える役員にまでなったことを聞き及び、私は主の御名を称えた。是非一度、会いたいものである。また再会した時、彼は何と言うだろうか。「俺もとう、偽善者のひとりになったよ」とでも言うのだろうか。

しかし間もなく、まだ十五歳にすぎなかった私の心は、短期間に起こったあまりにも大きな環境の激変と〝夢砕き〟の現実に耐えられなくなっていた。目覚まし時計で起きようとしても、体が動かない。「どうしたんだ。しっかりしろ」と自分に言い聞かせ、やっと寝床から起き上がった第一声は、「ああ疲れた」という言葉であった。体をひきずるようにして学校に行っても、頭がボーッとして授業に身が入らなかった。「なぜこんなに疲れるんだろう」と訝《いぶか》ったが、理由は分からなかった。今思えば、その頃の私はウツに陥っていたのである。けれども、その頃はウツという言葉はなかった。専門家の間では使われていたのかもしれないが、一般には使われていなかった。〝神経症〟（ノイローゼ）という言葉はあったが、今日ほど、クローズ・アップされていない時代であった。

その頃中間テストがあったが、そんな状態だったので、成績は惨たんたるものであった。心配した担任の馬永康先生から呼び出しを受けた。「手束君いったいどうしたんだ、この成績は。君は十番くらいで入ってきたのに、信じられない」と先生は首を傾げた。「馬先生、分かっています。しかし、どうしようもないんです」と私は心のなかで叫びつつ、黙ってうなだれるほかはなかった。

私の誕生日は六月四日である。〝虫歯の日〟で覚えやすいとよく言われる。今は誕生日の日には、婦人会を中心にして全教会員が祝ってくれている。婦人会、若婦人会合同の祝賀パーティーが開かれ、御馳走が並べられ、楽しいアトラクションが行われる。笑いの渦が教会多目的ホールを覆う。その上、ブランド品の高級スーツなどがプレゼントされる。私のように幸せな牧師もそう多くはないのではなかろうか、と感謝するのみである。

誕生日を祝うというのは、存在論的にも大きな意味がある。「あなたは大切な存在として、この世に命あらしめられている方なのですよ」と称えられているのである。言わば、セルフ・アイデンティティの確立にとって、誕生日祝賀というのは欠くことができない。大人はまだしも、子供にとってはそうである。逆に、誰も誕生日を祝ってくれないとするならば、それは「おまえはどうでもよい存在として、たまたまこの世に生まれてきたんだよ」というメッセージとなる。

十六歳を迎えた誕生の日、誰も祝ってくれる人はいなかった。そこで私は、一人で誕生祝いをしようと思った。仁川駅前にあったパンとケーキのお店に行って、ショートケーキを二つ買った。一つ十五円だった。下宿に戻り、電気ポットで湯を沸かし、紅茶をいれた。畳に座ってケーキを食べる前に歌った。「ハッピー・バースデー・トゥー・ユー。ハッピー・バースデー・トゥー・ユー…」歌っているうちに深い孤独感が襲ってきた。そして「ハッピー・バースデー・ディア・マサアキ」というくだりにきた時、ドッと涙が溢れた。私は泣きながらケーキを頬張った。それは私にとって生涯忘れ難いバースデー・パーティーであった。

その晩、私は結城の祖母に手紙を書いた。自分が十六歳になったこと、しかし芦屋の家を出て下宿をしていること等々、手短に事情を書き送った。するとすぐに父の元に祖母からの憤激の手紙が届いた。「私は正昭をこんな目に遭わせるために関西に送ったのではない。あんなに素直で、あんなに我慢強い子供がほかにいると思うのか。なのにあなたは父親のくせに正昭を家から追い出すようなことをして恥ずかしくないのか。それでも親か、人間か、恥を知りなさい」と、その筆致は激越を極めた。そこには、折角手塩にかけて育てた孫の、あまりにも不憫な有様に対する言いしれない無念さと憤怒の思いがほとばしっていた。父はそれから数日間、眠れぬ日々が続いたという。

神の恩寵の御手は、しばしば人生の断末魔において働くといわれる。まさにその如く、絶望と孤独の淵にあったその時に、神の恩寵の光が私の上に注がれつつあったのである

十　光と出会った高校時代②

――教会へ～「こんな世界があったのか」――

私は関学高等部に入学してすぐに、ＥＳＳに所属した。それは、父から「これからは英語が話せないようでは駄目だ。是非ＥＳＳに入るように」と勧められていたからであった。恐らく、その頃、テイジンの輸出部長をしていた父にとっては、英語を話せないことが仕事上の大きなハンディとなっていたのであろう。下宿をし始めた頃、タイムリーにもひとりのＥＳＳの先輩が私を誘ってくれた。「手束君、僕の行っている教会で、外国人の宣教師がバイブル・クラスをしているので来ないか。いい英語の勉強になるぜ」。そこで私は、先輩の教えてくれた教会に、日曜日の朝出かけた。その教会は仁川駅の次の甲東園駅の近くにある日本キリスト教団甲東教会であった。

バイブル・クラスは建て変える以前の会堂で、玄関を入ってすぐの牧師室兼教会応接間のようなところで行われており、七、八人の高校生と大学生が集まっていた。指導していた米国人宣教師は意外にも、Ｇ・ストーファー（Stauffer）という三十歳前後の若い女性であり、新顔の私を満面の笑みをもって迎えてくれた。初めてのバイブル・クラスはほとんど分からずじまいであったが、ストーファー先生もクラス・メートの先輩達も、とても明るく親切かつ友好的であり、私は好印象をもった。バイブル・クラスの後に聖日礼拝があり、私も促されるままに参席した。一五〇席ほどもある礼拝堂はほぼ満席であり、利発そうな若い女性が多かった。それもそのはず、後で知ったのであるが、この教会は神戸女学院の寄宿生のために建てられた教会だったのである。礼拝のなかで、新来会者の紹介があり、訳の分からぬまま立ち上がると、会衆の拍手を浴び、気恥ずかしかった思い出がある。礼拝が終わり、帰ろうとして、ごった返していた玄関で靴を履《は》いていると、高校生と思《おぼ》しきまるで少女雑誌から抜け出てきたようなとても綺麗な女性が声をかけてきた。「高校生会に入ってくれませんか」。後で分かったのだが、その方は神戸女学院の大学教授の娘である水谷満紀さんという方で、高校生会の役員をしている方であった。私は咄嗟《とっさ》のことだったので、これまた訳も分からぬまま「はあ」と返事をすると、彼女は嬉しそうに「有り難うございます」と言って奥に引っ込んでいった。田舎から出てきて間もない私には、何もかも新鮮であったというより、その明るさときらびやかさに圧倒せられ、これまで体験したことのない新しい世界に足を踏み入れたような気がした。「こんな世界があったのか」。私はそう心のなかで、何度も呟きながら、暗い下宿へと帰って行った。

ウツ状態の陰惨な思いに閉ざされていた私の心の中に、小さな灯が点った。私は次の日曜日が来るのが待ち遠しく、次週もまた喜び勇んで教会に行った。その日のバイブル・クラスの時だったと思うが、クラスの最後に、ストーファー先生は「今週、アメリカからポール・ティリック（Paul Tillich。ドイツ語読みではパウル・ティリッヒ）という素晴らしい神学者がやってきて、関学のランバス記念礼拝堂で講演会が行われます。皆さんも聴きに来ませんか」と言われた。私は「行ってみよう」と思った。ストーファー先生が勧めてくれるのだから、きっとためになるよい話を聴けるに違いないと勝手に思い込んだ。そこで私は、その日の午後の授業を休んで、大学正門を入ったところに建っているランバス記念礼拝堂へと赴いた。ちなみに、〝ランバス〟というのは、関西学院の創立者ウォルター・ラッセル・ランバス博士のことである。ランバス博士はアメリカの南部メソディスト教会の宣教師の子として、私と同じく中国の上海で生まれている。一八八六年父親と共に来日し、神戸を拠点として伝道し、一八八九年関西学院を神戸に創立した。日本ではあまりその名を知る人は少ないが、関西学院のほかに、広島女学院やパルモア学院なども創立し、日本の教育に大いに貢献した人物である。

ランバス記念礼拝堂には既にたくさんの人々が集まっていた。座る場所がなく、スシ詰め状態で立たなくてはならなかった。少し離れたところにストーファー宣教師が立っているのを発見し、声をかけるとニッコリ笑って応答してきた。英語で早口で何かを言われたので、何を言われたのか分からなかった。恐らく、「よく来たわね」というようなことだったのだろう。

時間がきて、白髪の老人が講壇に座ったまま講演を始めた。静かな沈んだ声だった。もちろん通訳がついた。同志社大学神学部教授の土居真俊という方であった。しかしその内容は私の期待したものとは大きくかけ離れていた。何もわかっていなかった私は、きっと感動的な講話を語ってくれるとばかり思い込んでいた。だが、全然そうではなかった。その内容は難解を極め、高校生になったばかりの私にはまったくチンプンカンプンであった。ただ、何度も繰り返される〝Existentialism〟（実存主義）、〝Essentialism〟（本質主義）という二つの言葉が強く耳に響いた。何年か後に知ったのであるが、その時のパウル・ティリッヒの講演は、「神学に対する実存主義の意義――神学と哲学」という題で、高木八尺編訳『ティリッヒ博士講演集「文化と宗教」』（岩波書店）に収められているものと同一のものであるという。同講演集のなかで、その講演は次のように要約されて結論づけられている。

「神学は幸いにも、実存主義からの貢献によって現代に大いに益することができました。現代の神学は実存主義から三つの賜ものを受けているのであります。人間存在の実存状況の再発見、恩寵の意義の再発見、およびキリスト教の聖書の古典の新しい解釈の展開、この三つのものを得たのであります」

この講演の最中、集まった人々は懸命にノートをとりながら聴いていたが、私はその難解さのあまり、ノートをとることさえできず、ひたすらその話を理解すべく集中した。講演が終わった時、脳を使いすぎたのか、緊張しすぎたのか、頭が痛くなった。「ああ来るんじゃなかった。折角授業を休んで来たのに何をしに来たのだろう」と悔やんだ。しかし、人生には決して無駄はない。恩寵なる神は、このことの中にも、深い計画を張り巡らせて下さっていたのである。

それから三年後、私は関西学院大学神学部の学生になっていたのであるが、当初「神学って何だろう」と考え悩んでいた時、あの時のあの講演を想い起こし、土居真俊著『ティリッヒ』（人と思想シリーズ）を買い求めて読んだ。ティリッヒの神学について易しく解説されているその本をとおして、神学についての私の問いは氷解したばかりか、神学の面白さを知った。以後、私はティリッヒの神学に親しみ、ティリッヒの神学を専攻することになったのである。しかも難解といわれたティリッヒの『組織神学』第三巻の講義を、学部四年生から大学院卒業までの三年間松村克己教授のゼミナールにおいて受けるという恩恵に与ったのであった。松村克己教授については後で詳述するつもりであるが、その学問的訓練の厳しさについては定評があり、それゆえに私の学年では、ただ私ひとりしかゼミをとる者がおらず、一対一での授業が行われるという特権にも与ったのであった（もっとも、大学内外の教授達が聴講生として出席しており、教室には私を含めて七、八名の受講生がいたのであるが、毎回発表するのは専攻生である私だけの義務となっていた）。

感謝すべきことには、その時受けたティリッヒ『組織神学』第三巻〝聖霊論〟の厳しかった薫陶《くんとう》がベースとなり、神学書のベストセラーとなった初著『キリスト教の第三の波――カリスマ運動とは何か』の正編と続編を生み出すことになったのである。一九七四年六月から翌年の三月まで、毎日新聞阪神版に連載された『新月ここに』という関西学院の歴史物語のなかで「上ヶ原群像——多士済々KG山脈」として私もランクされ、「カリスマ運動の生きた証人とされる手束正昭」と紹介されている。自分ではまったくピンとこないのだが、今や私は日本のカリスマ運動を代表する人物として国内外から認められるに至っているという。それは、私の聖霊体験が体験のままで終わらず、しっかりとした神学的根拠を確定し、様々な批判や反対に遭遇しても、たじろぐことなく確信をもって論破していったことにある。そうなし得たのは、助手の時代まで入れると、何と数年間にわたるティリッヒの「組織神学」第三巻〝聖霊論〟を松村教授によって叩き込まれた所産にほかならない。そして、更に遡《さかのぼ》るならば、ストーファー宣教師の誘いに乗って、何も分からずに出席した〝パウル・ティリッヒ博士講演会〟に、その淵源《えんげん》を辿ることができる。その意味で、短い交わりであったが、ストーファー宣教師は、私の人生に大きな影響を蒙らせてくれた人物のひとりになったのである。

七月三日、ストーファー先生による最後のバイブル・クラスがあり、礼拝後、神戸女学院の庭で十数名の者達が先生を囲んで送別の時を持った。その終わりに、互いに手をつなぎながら丸くなって、先生が私達学生のために祈って下さった。祈り終わった時、先生の目蓋が光っていた。すると先生は私達に向かって、Will you kiss me on my cheek（私の頬にキスをしてくれませんか）と懇願して、目をつぶった。しかしそのような仕草には慣れていなかった当時の学生達の誰も、女子学生達でさえも、それに応じようとしなかった。暫く目をつぶっていた先生は残念そうに目をあけ、God bless all of you（皆さん方の上に、神の祝福がありますように）と小さく叫んだ。そして、その週の木曜日、先生は伊丹空港から故郷米国カリフォルニアへと帰って行った。

「一期一会《いちごいちえ》の人」という言葉がある。一生に一度限りの出会いであったにも拘わらず、少なからぬ影響を受けた人のことを意味する。ストーファー先生と私の交わりは一度だけではなかったが一カ月ほどの短いものであった。にも拘わらず私には忘れがたい印象と影響を落とした人であった。まさに先生は私にとって「一期一会の人」となったのである。

　戦後、日本に七年間にわたって君臨したGHQ総司令官ダグラス・マッカーサーは、日本をキリスト教化しようという強い使命感と情熱を持っていたという。そこで彼は、祖国アメリカに次のように訴えた。「今こそ日本をキリスト教化するチャンスだ。一千万冊の聖書と五千人の宣教師を送れ」と。このマッカーサーの要請に応えて、続々と宣教師達が日本にやってきた。五千人には達しなかったようであるが、夥《おびただ》しい数の宣教師達が日本にやってきたことは事実である。彼らは日本人宣教への情熱と共に、国際法違反の大量虐殺兵器である原爆を二つも落としたことに対する罪悪感から、日本人に対して極めて親切かつ丁重に扱い、仕える姿勢を堅持した。その結果、日本人のアメリカ人に対するイメージは著しく好転することになった。私も高校、大学を通じて何人もの宣教師と触れることになったが、彼らは皆、朗らかで寛容で親切であった。嫌悪感を抱かせる人は一人もいなかった。G・ストーファー宣教師との出会いは、その意味でも、私がキリスト教に対して心を開く小さなきっかけとなっていったのである。生きておられるならば、もう八十歳は超えておられるであろうが、もしかしたら、もう天上の人になっておられるかもしれない。

十一　光と出会った高校時代③

――芹野俊郎牧師から受けた尊い財産――

G・ストーファー宣教師の送別の時だったか、それ以前の時だったかは定かでないのだが、会が終わった時、誰かが「あ、芹野先生ご一家だわ」と指さした。その方向を見ると、少し離れた神戸女学院の芝生の上で団欒している家族があった。それはまさしく甲東教会主任牧師芹野俊郎先生ご一家であった。バイブル・クラスの者達が近づいて、車座になってご一家と交わった。芹野先生は新参の私を珍しく思ったのか、しきりに話しかけてくれた。私が茨城県からきたことを告げると、「へえー。そんなに遠いところから」と深く驚いた様子であった。その打ち解けた気さくな態度に、私の方も驚いた。というのは、その頃の私にとって、牧師は堅くて近づきにくい人というイメージがあったからである。「牧師というのはこのような人格を擁する人なのか」とその時思った。それが、私と芹野先生との個人的な最初の出会いであった。

芹野先生の奥様の朝子夫人は、当時霊南坂教会の主任牧師としてその名を知られた小崎道雄先生の次女であられ、その育ちの良さのせいか、いつも笑顔で細やかな配慮の届く方であった。

しかも控え目で気が利き、教会員達からは「ママさん、ママさん」と慕われていた。神学生時代、寮では日曜日の朝は食事がなかったので、よく牧師館で朝食をいただいた。食べ盛りの年代であったので、有り難かった。

芹野先生御夫妻には、二人の子供さんがいた。与幸君という男子と美香ちゃんという女子であった。与幸君には、先生方に世話になっていたお礼に、一時期無償で家庭教師のようなことをさせてもらったことがあった。確か彼が小学校高学年の時だったと思う。芹野先生の要望によって、少し厳しく教え込んだのだが、「手束さん、厳しすぎるわ」と抗議を受けた思い出がある。彼は大学卒業後、近江兄弟社に入社し、「一粒社・ヴォーリズ建築事務所」の仕事に携わるようになった。

だいぶ話は飛ぶが、私の次男の聖一が一九九九年に関西大学工学部建築学科を卒業する前に、「オヤジ、教会建築の仕事がしたいんだが、どこかないか」と相談してきた。「ある」と即座に答えた私は、すぐに与幸君と連絡をとり、次男の採用を懇請した。「すぐに履歴書を送って下さい。社長と相談しますから」という前向きの返事に私は小躍りして喜んだ。それは単に、〝就職氷河期〟といわれた時期に、次男の就職が決まろうとしているからというのではなかった。彼が私と共に主の栄光のために役立つ人間になるかもしれないと思ったからである。

私は幼い頃から、なぜか家の設計図を描くのがとても好きだった。小学校高学年の頃から、自分で方眼紙を買ってきて設計図を描いては楽しんでいた。祖母がそれを覗《のぞ》いては「立派な家が建つね」と目を細めていた。建築家を夫に持っていた美枝子叔母も、時々「正昭ちゃんは大きくなったら谷中のように建築家になるといいね」と言ってくれていた。そのためいつしか私の心の中には「大きくなったら建築家になろう」という思いが沸々と起こっていた。しかし主なる神の計画は別にあり、建築家の道ではなく、牧師の道を歩むことになったのである。

だが、私が少年時代に抱いたその夢を主は用いられた。一九八八年十一月、私が四十四歳だった時に、現会堂は完成したのであったが、その全体の見取り図は私自身が描き、設計士の人達はそれを図面に表したにすぎなかった。よく「この教会はうまく設計されてますね」と褒《ほ》められることがあるのだが、その都度私は、少年時代の夢を主が用いて下さったことを感謝しているのである。私は、教会建築を進めるなかで、自分自身で学び研究した教会建築の理念（教会建築哲学）や完成に至るまでのプロセスと、そこで惹起《じゃっき》した様々な諸問題の解決を文章化してまとめ、『信仰の表現としての教会建築――その大いなる記録』（キリスト新聞社）として一冊の本にして世に問うた。この書物も結構よく読まれ、日本の教会建築のために役立っていることを嬉しく思っている。しかも、国内だけではなく、台湾でも北京語に翻訳せられ、台湾の教会建築のためにも広く読まれているという光栄に与っている。

それだけではない。この書物が出版されて以来、様々な教会から「是非、私達の教会にきて会堂建設のためのセミナーを」という要請が相次いだ。これまで、私が赴いて会堂建設の指導をし、建て上がった教会は三十数件にものぼっている。私は会堂を建てる企てを指導応援することが楽しくて仕方がないのである。それは単に私の個人的趣味からではない。隣国韓国のように、町々に立派な教会堂が立ち並び、たくさんの人々がキリストの福音に与り、この国が神を崇め称える国になっていくことを心から願うからである。かくて、私は次男が「教会を建てる仕事に就きたい」と願った時、「よく言ってくれた」とばかりに喜んだのである。だが残念ながら、当時の不況によりヴォーリズ社は新規採用をしないということになり、次男の入社は叶わなかった。しかし、与幸君が彼の幼かった時の私との縁《えにし》を大事に思い、次男の入社のために懸命に努力してくれたことに万感の思いが迫ったのである。

芹野先生の娘さんの美香ちゃんは、赤子の時に小児マヒを患い歩けなくなってしまっていた。私が高校時代によく、いざりながら進む姿を見かけた。御夫妻はこの美香ちゃんを殊の外慈しんでおられた。幸い、今は結婚してよい家庭を築いておられるとのことだが、そこにいくまで、どれほど大変なことがあったであろうかと想像してあまりあるものがある。もしかしたら心ない信者が「あんな身障者の子がいたら、いい証にならない」と言ったかもしれない。しかしそれは違う。牧師の家族というのは、悪魔の攻撃により、苦難を負うことが多いのである。そんな統計があるかどうかは知らないが、恐らく牧師の家庭というのは他の家庭と比較するならば、子供達に様々なハンディが起こっている比率は高いのではなかろうか。けれども、愛なる神があえてそのような悪魔の攻撃を許されたのは、信仰によってその苦難を栄光に、痛みを祝福に変えていくことを望んでおられるからである。それによって、いかなる状態にあっても、主なる神が恩寵のお方であることが証せられるのである。真に次のパウロの言葉の如くである。

「神は、神を愛する者たち、すなわち、ご計画にしたがって召された者たちと共に働いて、万事を益となるようにして下さることを、わたしたちは知っている。」（ロマ八・二八）

　実は私の子供もハンディを負っている。長男信吾が五歳の時、カリスマ刷新是か非かを巡る教会紛争の真っただ中、大火傷を負い、瀕死のうちに病院に担ぎ込まれた。反対派の人々は、「ホラ見ろ、バチが当たったんだ」と難じた。幸い命はとり留めたが、背中から脇腹にかけて見るも無惨な大きなケロイドが残った。幼い時、プール遊びなどの際に「怪獣だ、ゴジラだ」と他の子供達からなじられ、よく泣いて帰ってきた。そんな彼に、私は次のように言い聞かせた。「いいか信吾。パウロさんは『わたしはキリストの焼印を身に帯びている』と言っている。神様はおまえを特別に愛しているしるしとして、おまえの体に焼印を押してくれたんだ。だから決して恥ずかしいことなんかじゃないんだよ」と。彼はこの言葉をしっかりと受けとめ、自らのハンディを前向きに転じて、今新潟の豪雪地帯にある日本キリスト教団栃尾教会で牧師をしている。

　ところで、肝心の芹野俊郎牧師のことである。私の〝霊の父〟であるこの方から、実に大事なことを学んだ。その筆頭は「人を裁かない」ということである。芹野先生の口から、人を非難する言葉や断罪する言葉を聞いたことがない。私の育った環境の中には、多くの他者に対する非難や断罪の言葉が渦巻いていた。その影響を受けて、ついつい私も人を裁く言辞を平気で弄してしまうことがしばしばあった。それを当然のこととして、あまり咎め意識も持っていなかった。ところが先生は違った。「人を裁いてはならない」ということを教会員達に諭《さと》していただけでなく、自らもそのことを実践した。それも何とか自分に言い聞かせて、無理やり実践していたというのではない。ごく自然に先生の内で身についていたのである。それは恐らく、先生が牧師の子として生まれたということと関連があるであろう。

キリストの〝山上の説教〟の有名な一節に、「人をさばくな。自分がさばかれないためである。あなたがたがさばくそのさばきで、自分もさばかれ、あなたがたの量るそのはかりで、自分にも量り与えられるであろう」（マタイ七・一―二）とある。なぜ人を裁いてはならないのか。それは、自らを神の位置において他者を断罪するという不遜の行為となるからである。人はその人なりの理由と理屈が必ずあって、そのように振る舞っている。それが善いか悪いかを判断できるのは神のみであり、人はそうしてはならない。何となれば、人間には何が究極的に善いのか悪いのかの識別は不可能だからである。更に、不思議なことには、人を裁くとやがてそれは回り回って、自分もまた人から裁かれ酷い目に遭うという霊的法則のようなものが働くからである。

芹野先生から学んだもう一つの大切なことがある。それは「ユーモア」ということである。先生は実に明るく、周囲にはいつも笑いがあった。教会に通い始めた頃の暗く閉ざされていた心の私には、それが眩しかった。私のそれまでの人生には出会ったことのない不思議さと魅力をたたえていた。芹野先生との出会いをとおして、私の心は漸次《ぜんじ》いやされ、解放されていった。恩寵なる神はその頃の私にとって、最も必要な最も相応しい牧師と出会わせて下さったのである。

高校二年生の時、先生自らが教会学校の高等科クラスを受け持って下さったことがあった。ロマ書の研究であった。その語り口はロマ書の深刻な内容とは裏腹に、実に面白くユーモラスに満ちていた。その講義のなかで、印象深く残っているのは、先生が若き日に（その当時も三十代の若さであったのだが）強く影響を受けた書物として、デール・カーネギーの『人を動かす』を紹介して下さったことである。神学生になった時、街角の本屋で見つけ、「あっ、これか」と思って買い求めた。読んでみて驚いた。そこには、「どうしたら、芹野先生のように人を裁かずユーモラスに明るく生きることができるのだろう」と羨ましく思っていた原理原則が、極めて具体的に論述されていたのである。以後、デール・カーネギー『人を動かす』は私の座右の書の一冊となった。

高砂教会に初めてきた人々は、その雰囲気の明るさに感心するという。喜びに溢れ笑いがたえない姿に戸惑い、「何、この明るさは」と思い、次に「きっと幸せな人ばかりが来てるんだわ」と考えるという。実は根本には聖霊の活きた働きがあるからである。しかし同時に、牧師の人となりが決定的である。私はユーモアが好きであり、よく信徒達を笑わせる。「牧師先生って、顔に似合わず、面白いわあ」とよく言われる（もっとも、「二枚目のイメージが崩れてがっかりだわ」とも言われることもあるが）。かくて「牧師の持つ人間性はその教会の雰囲気に決定的影響を与える」ということができる。だとするならば、聖霊の活きた働きと私のユーモラスな人間性のコラボレーションが、今日の恐ろしく明るく開放的な教会の雰囲気を作り出しているといっても間違いではない。けれども、その源泉を辿るならば、芹野俊郎先生から学んだ「人を裁かない」と「ユーモラスであれ」という牧会姿勢にあったのである。それは、今日の私にとっても高砂教会にとっても、大きな大きな財産となっている。

十二　光と出会った高校時代④

——神に触れられ、洗礼へ——

ドストエフスキーは彼の文学の最高峰といわれている『カラマーゾフの兄弟』のなかで、放蕩に身をもちくずし、遂には殺されてしまう父フョードルの口を介して、この作品に託した彼の思いを語らせている。「神がいるのかいないのか。それにすべてがかかっている」。

キリスト教主義に立つ関西学院高等部に入学し、日本キリスト教団甲東教会に通い始めた私にとっても、このドストエフスキーの問いは同時に私自身の喫緊の問いとなった。というのは、多くの日本人がそうであるように、私の育ってきた環境のなかでは、神を信ずるか否かという人間にとって極めてシリアスな問いが、それまで問題になることはなかったからである。宗教というのは単に習慣上の儀式にすぎず、それは「信じる」ということと無関係になされる生活上の方便であった。けれども、週二回ほどなされる学校のチャペルタイムにおいて、また毎日曜日に通っていた教会の礼拝において、それまで自分にとって〝架空の存在〟であった神なるものが当然の如く語られることにより、急に問題化し始め、「信じるか否か」という厳しい尋問の前に立たせられることになったのである。私にとって不思議だったのは、高等部の生徒達も、教会に集まってきていた神戸女学院や関西学院の学生達も、それほどこの問いを突き詰めて問うている様子もなく、それはそれと割り切っている様子であった。

そこで私は、聖書科の教師やチャプレンの教師に様々な問いを発した。けれども、納得できる答えを得ることができなかった。また自分でもいろいろな書物を読んで、果たして「神がいるのかいないのか」の探求を始めたのであった。まさにドストエフスキーのいう如く、私の人生も神がいるのかいないのかに、すべてがかかっているように思われたからである。その意味で、私の求道生活は、かのアウグスティヌスのように、自らの罪深さの自覚とその悩みからの解放を目指すものではなく、これまで〝架空の存在〟のように思っていた神が存在するのか否かという勝れて哲学的なものであった。そのなかで、私が一番納得させられたのは、パスカルの答えであった。彼は言う。「神がいるかいないかはどちらも証明はできない。どちらかに賭けるしかない。そこで神がいるという方に賭ける方が、いない方に賭けるよりも遙かに人間は幸せになるし祝福は大きい。だから、自分はいる方に賭ける」と。ざっと言えば、このようなものであった。私は「なるほど」と思った。だが、だからといってすぐに洗礼を受ける気にはなれなかった。洗礼を受けるためには、後押しをするもう一つの何かが必要であった。

そんな中、夏休みに故郷の結城に戻った。そして日曜日になると、かつて中学時代にバイブル・クラスに行ったことのある大切り町キリスト教会（現在は結城福音キリスト教会）の礼拝に遠藤君と共に出席した。礼拝が終わった時、ハインツ・ゲンツケル宣教師が私をリーベンゼラ教団の合同夏期修養会へと誘ってくれた。私はその場で行くと決意をし、筑波山の麓《ふもと》にあった旅館での二泊三日の夏期聖会に参加した。講師は羽鳥純二という方で、ラジオ牧師としてその名を馳せた羽鳥明先生の実弟にあたる方であった。この方は戦後共産党員となり、クリスチャンであったお兄さんの羽鳥明牧師と激しくぶつかり合ったのだが、お兄さんの祈りによって遂にクリスチャンになり、牧師にまで献身した。その語り口調はとても情熱的であり、内容も感動的であった。

そのなかでも特に印象的だったのは、一匹の犬の話であった（この話は羽鳥純二牧師がいろいろな場面で用いているので有名である）。ある人物が可愛がっていた犬が急にいなくなった。飼い主は懸命に探したが見つからない。もしや、〝犬殺し〟（当時野良犬がたくさん徘徊しており、狂犬病を患った犬に噛まれると死ぬ人までいたので、野良犬を捕獲して保健所に連れて行って安楽死させる役割を負っていた人）に捕まって保健所にいるのではと行ってみた。そしてそこで「ジョン、ジョン」と犬の名前を呼んだところ、一匹の犬が出てきた。それは飼い主の犬のように立派な犬ではなかった。しかしその人は野良犬ではあったが同じ名前の犬なので、失った犬の代わりに連れ帰り、大事に養育していった。そのように、天の父は大事な独り子イエス・キリストの代わりに、私達の名前を呼んで、救いへと呼び出して下さっているのだ、という趣旨の話だった。私は幼い時失った愛犬チルのことを思い起こしながら、その話を感動深く聞いた。

　そしてその説教の後に、羽鳥牧師が問いかけてきた。「この中の求道者の方で、イエス・キリストを救い主として受け入れ信じる人は手を上げて下さい」。私は躊躇《ちゅうちょ》した。手を上げようか上げまいか迷ったが、遂に手を上げることができなかった。ゲンツケル宣教師はその有様を見て、さも残念そうな顔をしていた。その聖会が終わった時、自由時間があった。その自由時間はリラックスの時というより、一人ひとりが戸外に出て行って、ひとりで神と対座し、祈る時として備えられていた。そこで私もまた戸外に出かけ、人気のない草深いところに行って、暫し黙想と祈りの時を持った。私は真剣に神に向かって語りかけた。「神様、私はあなた様を信じたいと願っていますが、信じ切ることができません。あなた様が本当においでになるなら、今私に触れて下さい。そしてあなた様が本当におられることを確信させて下さい。お願いします」。その時、私の首筋に何かが触れたようなヒヤッとするものを感じた。目を開けてあたりを見回したが、誰もいなかった。何かが付いたのかなと思って、手で首の周りをさすってみたが、何もなかった。「あっ、神様が私の祈りに応えて、触れて下さったのだ」と瞬間そう思った。それはある人々から見ると、あまりにも単純といえば単純、主観的といえば主観的、思い込みといえば思い込みといえる体験であったが、しかし私には神の存在を確信することのできた大きな体験であった。私は「神は確かにおられる」という信仰を得て、筑波山から結城に帰っていった。

うんと話は飛ぶが、二〇〇五年、私は日本福音キリスト教会連合本郷台キリスト教会を十数人の牧師達を連れて訪れた。この教会の教会成長の秘訣を学ぶためである。日本の教会はあまりにも小さい。全国に約八千あるといわれている教会の平均礼拝出席者は三〇人あまりである。ということは、二〇人以下の教会が半数近くあるということであり、これでは話にならない。何とかして、礼拝平均出席数が少なくとも数十人にならなくては、牧師の生活を十分に支えることもできない。わたしは　日本の教会のこの惨めな現実を改善したいと願い、様々に努力を重ねてきている。地方の小さな教会に時には手弁当で赴き、リバイバル聖会や教会成長セミナーを行い、教会の復興や成長の手助けをしている。それだけでは足りないので、私を招いてくれた教会の牧師夫妻三組を毎年高砂教会に招待し、数日間教会に宿泊してもらって、「教会作り共同研修会」なるものを開催し、高砂教会の働きをすべてオープンにして、現場を見せながら、教会の復興と成長の具体的実践の学びを供している。軍神と唱われた山本五十六のいう「して見せて、言って聞かせて、させてみて、褒めてやらねば人は動かじ」の教会成長への適用である。しかもすべて費用は高砂教会持ちである。更には韓国系の「教会成長神学院」の教授となって、日本の成長せる教会の現場に踏み込み、その教会の各種のプログラムに参加しながら、主任牧師からの牧会哲学の講義を受けるという極めて実践的で効果的な企画を遂行した。そして、私が第一の〝白羽の矢〟を立てたのが、横浜市栄区にある本郷台キリスト教会であった。

主任牧師は池田博先生。当時六十八歳。当時の教勢は現住陪餐会員約六百人、礼拝出席者は四百人に及ぶ。日本では確実に十指に入る成長せる教会の一つである。教会敷地も二千坪に及ぶ。しかし一朝一夕に、この大教会が実現したわけではない。今から四十八年前の一九六九年、若き池田牧師はドイツ人宣教師の後を継いで会員十人からスタートをした。当然、生活のためにアルバイトをしなくてはならなかった。何のアルバイトをしたかというと、何と「チリ紙交換」の仕事をしたというのである。讃美歌を流しながら自給自立ができるまでの数年間、毎日それを続けた。主なる神は池田牧師の苦労の期間をじっと見ておられ、その果てに「よい忠実な僕よ、よくやった。あなたはわずかなものに忠実であったから、多くのものを管理させよう」（マタイ二五・二一―二三）と、今日の大教会を築かせて下さったのである。

実はこの池田博先生も、リーベンゼラ教団で救われた方であった。先生との個人的な面談のなかで、それを知った私は、自分もリーベンゼラの夏期修養会で救われたことを告げると、先生は「えー、そうですか」と大きな喜びの表情を表されたのであった。それはプロテスタント教会ではまったく神学的には対極関係にあった池田牧師と私との間が、あっという間に縮まった瞬間であった。更に素晴らしいことには、池田牧師もまた私と同じく、活きた聖霊を崇め重んじるカリスマ的信仰に立っている方であることを知ったのである。

さて、話が随分と横道に逸れてしまった。元に戻す。筑波山から帰った結城での日々は、今でも思い出すのだが、とても恵まれた日々であった。毎日聖書を読み、讃美歌を歌った。流行歌を歌うように、讃美歌が口をついて出て、歌うのが楽しくて楽しくて仕方がなかった。きっとその時、私は聖霊に触れられ、聖霊の恵みに与っていたのであろう。そして私の心の中からは、憂いや悲しみが一挙に吹き飛んでしまっていたのである。そんな私の姿を見て、祖母はとても安心したようであった。九月になって私が関西に帰る日、祖母は私に向かって言った。「元気そうになったね。やっぱり結城はいいだろう。帰ってきたければ、いつでも帰っておいで」。その有り難い言葉を胸に染み込ませながら、「おばあちゃん、違うよ。僕が元気になったのは神様がいることが分かったからだよ」と心のなかで、呟くのだった。

九月からの二学期は、自分でも驚くほど元気が出、勉強にも集中することができた。それにより、テストの成績もグーンとよくなり、期末テストではほとんどの科目が八十点以上であった。担任の馬永康先生は化学の教師であったが（後に理学部の教授となった）、「手束君、よくできたねえ。あんまり、よくできているんで、間違いじゃないかと思って、何度も見直したよ」と笑いながら語った。そして、その年の十二月二十五日、私は日本キリスト教団甲東教会において、芹野俊郎牧師から洗礼を受けたのであった。そこから、私の人生の第二幕が始まったのである。

十三　光と出会った高校時代⑤
——受洗した日の神よりの褒美——

クリスマスに洗礼を受けることを決意した私は、クリスマスも近づいたある晩、聖書を読み漁《あさ》っていた。その時、一つの御言葉が心に刺さった。それはマタイ伝五章二三節から二四節の御言葉である。「だから、祭壇に供え物をささげようとする場合、兄弟が自分に対して何かうらみをいだいていることを、そこで思い出したなら、その供え物を祭壇の前に残しておき、まず行ってその兄弟と和解し、それから帰ってきて、供え物をささげることにしなさい」。私はこの御言葉を前にして、暫し黙然とし自省した。もうすぐ、自分は洗礼を受けてクリスチャンになろうとしている。だのに自分の中には、義母に対する恨みの心が残っている、義母もまた自分に対して憤りを持っているはずだ。しかしキリストは、「まずお前が行って和解せよ」と求めている。それこそが、自分が晴れて神の子として生まれ変わった証ではないのか。私は何度も何度も心のなかで逡巡《しゅんじゅん》しながらも、遂に決心をした。「義母に対して詫びと和解の手紙を書こう」と。

そこで私は、義母に手紙を書いた。自分のこれまでの不明を赦して欲しい。これからは母として敬い、決して他の人に悪口など言わないことを誓う。私は自分がどんなに罪ある者であるかを聖書をとおして知らされた。是非お母さんも聖書を読んで欲しい。ここに聖書を贈らせていただく。これからは互いに理解し合いながら、よき親子でありたいと願っている。このように、和解を求めての精一杯の思いを尽くした内容であった。そしてこの手紙と共に、十二月二十四日に着くように、クリスマスプレゼントとして新約聖書を同封して郵送したのであった。送り終えると、これまでのモヤモヤが取れたような爽やかな安堵感に包まれた。かくて神の御意《みこころ》に従うことのできた喜びのうちに、十二月二十五日のちょうどクリスマスの日曜日、私は芹野俊郎牧師から洗礼を受けた。

作家三浦綾子は、洗礼式で頭に水を注がれた時のことを、自叙伝『道ありき』のなかで次のように描写している。

「その時まで、わたしの気持ちは極めて冷静であった。洗礼を受けるというのに、これほど何の感動も感激もなくてよいものかと不安になるほど、平静であった。ところがこの言葉（洗礼の際の）を聞くや否や、わたしは思わず泣いてしまった。それは自分自身にも思いがけないことであった。だが、涙が心の奥深い所からほとばしり出てくるのだ。私のような不誠実な者が、わたしのように罪深い者が、キリストの者となることができるのかと思うと、どうにも泣けてしかたがなかった。」

ところで私はというと、三浦綾子とは違って洗礼を受ける直前も、受けた直後も、平静であった。「こんなんでいいのかなあ」と思ったほど、何の感慨も湧かなかった。人生の第二章の幕開けにしては、あまりにも感動性を欠いたものであった。ただ、「手束正昭。父と子と聖霊の御名により、バプテスマを授ける」との芹野俊郎牧師の凛とした響きのある言葉だけは、今でも耳元に強く残っている。だが、その日の午後からの出来事は、人生の第二章の幕開けに相応しい、ドラマチックなものとなり、私を更なる神の恩寵の中へと引き上げてくれたのである。

洗礼式のあった礼拝後、クリスマスの祝賀と共に、受洗した者達を歓迎する愛餐会が開催せられた。しかし私は愛餐会の途中で余儀なく退席をせねばならなかった。父との約束があったからである。午後一時半に、阪急御影駅のホームで待ち合わせをすることになっていた。一カ月ほど前に父と会った時、父はこんなことを私に言った。「上海時代に、同じカネボウでとても親しくしていた人達が、正昭が関西に来ていると言ったら、是非お前に会いたいと言うんだ。そこで二十五日の午後二時に、御影の上の赤塚山に田中初雄君が新しい家を建てたので、そこへお前を連れて行くことにした。だから一時半に御影駅のホームで落ち合うことにしよう」と。

そこで私は折角の歓迎会を中座して、甲東園から御影へと急いだのであった。

父は既にホームで待っていた。しかしその顔は険しかった。「どうしたのかな」と思った時、父はまったく意外なことを言い出した。「余計なことをしてくれたなあ。お前の手紙に怒って一晩中佳代子が喚《わめ》いて、一睡もできなかったよ。『わたしは聖書を読まなくちゃならないほど、悪い女だというの』と泣き出し、聖書も投げ捨てられたよ。どうも気分が乗らないから、お前だけ行ってくれ」と、田中家までの地図を差し出したのであった。私は思いがけない事態の成り行きに、暫し呆然とし、語るべき言葉もないまま黙って地図を受け取り、帰り行く父を見送った。そしてホームのベンチに座り込んで、襲いくる混乱と動揺を抑えるのに必死であった。「なぜ、こんなことになったのだろう。どこが悪かったんだろう」と、何度も何度も自問したが、答えは見つからなかった。

どれくらい座っていただろうか。私は気を取り直し改札を出ると、御影の山の手に向かって地図を頼りに歩き出した。豪邸が建ち並んでいる人通りの少ない道を辿りながら、ポロポロと涙が溢れ出た。人間とはかくも理解し得ないものなのか。善意をもってしても、かくも無惨に踏みにじられてしまうものなのか。そう思うと、無性に悲しく、無性に悔しかった。時々坂道を下りてくる人達が、泣きながら坂道を上ってくる学生服の私を怪訝《けげん》そうな顔で見送っていた。歩くこと約十五分。坂を上り切ったところに、その家はあった。

「田中」という表札の架かっている門の前に立った時、私はすぐにベルを押さなかった。涙を乾かし、泣き顔を直す必要があったからである。頃合いを見て、私は思いきってベルを押した。すると、バラバラと三人の婦人達が玄関から跳び出てきた。そして私が自分の名前をいう前に、ひとりが「まあ、よく似てらっしゃる」と驚いた表情で叫んだ。すると、もうひとりが「ホント、不二子さんとそっくり」と、これまたビックリした様子で相づちを打った。そして、私を抱えるようにして家の中へ招き入れた。これら三人の婦人達は皆、上海のカネボウ社宅で生活をしていた私の母の〝仲良し友達〟であり、田中恵満、川端外志子、鈴木年子の方々であることを、後で知ったのである。この方々は、〝古きよき時代の日本〟の良家の子女として育った方々であり、品位と優しさに満ち溢れていた。そしてそれから約四時間、たくさんの御馳走をいただきながら、私はこれらの婦人達と田中家の人々、即ちご主人の初雄さん、長男の顕さん、次男の毅さん、更に私と同じ頃上海で生まれた鈴木明生さんや川端省吾さんなどと、上海時代の数々の思い出を聞きながら、楽しい楽しい時を過ごすことになった。それは、傷ついた私の心をいやしてあまりある、心和む時であり、そこにいた人々は皆私にとって初対面であったにも拘わらず、年来の知己の如き、「水魚の交わり」を体験させられたのであった。かくて、来る時には泣きながら上ってきた坂道を、私は幸福感と喜びに溢れて下っていったのである。この出来事をとおして、主なる神は深い恩寵をもって私の受洗日を思い出深いものとして下さっただけでなく、私を新たな出会いと、それに伴う数々の人の愛の温かさを体験させて下さったのである。それは、もしかしたら、私が御言葉にしたがって、「まず行ってその兄弟と和解せよ」を実行したことに対する、神からのご褒美であったかもしれない。

暫くしてから、田中恵満さんから小包が届いた。その中には大阪の讃美歌と讃美歌第二編、それにお菓子が入っており、讃美歌には「祝洗礼　田中初雄、恵満」と墨で署名がしてあった。また手紙も入っており、とても美しい字で、「正昭ちゃん」と親しい書き出しで始まり、次の

ったた

ような内容が綴られてあった。「赤ん坊だった時お別れし、お母様の不二子さんが亡くなったことを聞いて以来、ずっとあなたのことが気になっていました。しかし今回やっとお会いできて本当に嬉しかったです。立派にしかも綺麗な心に成長なさっているあなたを見て、天国のお母様もどんなに喜んでおられることでしょう。洗礼を受けられたことを知って、とてもよいことだと思っています。自分も神戸女学院の学生時代、何度も洗礼を受けたいと願ったのですが、親の許しが得られず、とうとうクリスチャンになれずに残念に思っています。洗礼を御祝いしたくて、心ばかりのプレゼントをさせていただきます。また家に来てください。何日でも好きなだけ滞在して構いません。心から歓迎します。待っています」と、その筆致はこれでもかこれでもかとばかり親切と愛情にみなぎり溢れていた。私は胸が熱くなり、その有り難さに暫し涙した。以来、田中家との交わりが始まったのである。

春休みや夏休みには、厚意に甘えて何日間も滞在した。長い時には一カ月近くに及んだ。私を息子の一人のように扱ってくれ、しばしば私を「次男の正昭でございます」と冗談交じりに知人に紹介するのだった。長男の顕さんは、私より一歳上、次男の毅さんは私よりも一歳下だったからである。田中恵満さんは華道小原流の師匠もしており、何人ものお弟子さんを持っていたのだが、ある時、お弟子さん達の前で私を「次男でございます」と紹介したところ、お弟子さん達は本気にし、「御次男の方が先生に一番よく似てらっしゃいますね」と皆が一斉に言ったので、あまりのおかしさに私達は笑いに笑った。茶目っ気たっぷりのとても明るい方であった。

長男の顕さんは関学高等部の一学年上に在学していたので、顕さんをとおして、時々いろいろなものが贈られてきた。顕さんや毅さんの買い物をする時には、同時に私のためにも買って下さったようで、新しいシャツや靴下、下着なども届けられ、その心配りの尊さにただただ感激し感謝するのみであった。大学一年生の時だったと思うが、顕さんと共に神学部の寮に訪ねて来てくれた。見ると大きな包みを持っていた。何かと思ったら、何と真新しい掛け布団であった。そして私の部屋の汚れに汚れた掛け布団と取り替えていかれた。それを見て、寮母さんが「お母さんなの」と尋ねてきたので、私は咄嗟《とっさ》にどう答えていいのか分からず、「いいえ、父の友人の奥さんです」と答えた。寮母さんは不思議そうな顔をしていた。その時つい、もし母が生きていたならば、きっとこんな風にしてくれたのだろうなと思い、それまではあまり覚えたことのなかった母への思慕の念にひたったのであった。

一九六八年四月、田中恵満さんは四十五歳で天に召されていった。子宮がんが手遅れになり、がんが全身に転移し、苦しみながら亡くなった。「なぜ、あんないい方がこんなに早く、しかもあんなに苦しんで」と思うと、神を恨みたくなるような気持ちになった。自宅で行われたお通夜の席で、私は万感の思い迫って、涙が止めどなく溢れ出た。あの時のあの親切、かの時のあの優しさ、一つひとつが思い出され、泣き続けた。「男は人前で泣くものではない」と言われて育った私であったが、あのときほど泣いたのは、それ以前もそれ以後もなかった。通夜が終わった時、毅さんが寄ってきて、「正昭ちゃん、有り難う。有り難う」と私の背中に手を置き、感謝して行かれた。

一九七四年三月十九日、私に女の子が与えられた。私はその子に躊躇なく「恵満」と名づけた。それは、この子があの田中恵満さんのように、明るく思いやり深い女性として育ってくれるようにという親の祈りと、亡き田中恵満さんへの厚い感謝の思いを込めた精一杯の表出であった。

十四　光と出会った高校時代⑥

――「癩療養所」で体験した「存在論的衝撃」――

高校時代。それは人生のなかで、最も多感な感受性にたけた時代である。それゆえに、この時代に何を学ぶか、また何を体験するかということは、その後の人生に決定的な影響を及ぼすことになる。

高校一年生のクリスマスに洗礼を受けた私は、二年生になった時、思いもかけず、教会の高校生会の会長に選ばれた。教会に来始めてそう長くはない私が、しかも二年生であったにも拘わらず、そのような重責を担うようになったのは、受洗している男子が少なかったことによると思われる。そこで私は、三十人ほどいた高校生会を盛んにさせていくために、五里霧中で活動を始めた。芹野先生は多くの教会員を抱えていたにも拘わらず、教会の将来を思ってか、高校生会に力を入れられ、自ら高校生会の担当者として毎週指導されたのであった。それだけではなく、夏休みには高校生会の者達を連れて、三日間の修養キャラバンをも敢行して下さったのである。

今でも覚えているのだが、旅行の出発の朝、国鉄三宮駅に集合した二十数名の高校生会の者達に向かって芹野先生は諸注意をされた後、大勢の人々が行き交うなかで、旅の安全のために熱く祈られたのであった。人々は頭を垂れて祈っている私達の姿を物珍しげに見ながら通り過ぎていった。今のように自動車があるわけではなく、汽車やバスを乗り継いでの旅行であり、しかも未熟な高校生の群れを引率するのであるから、芹野先生も随分と心を砕かれたのではないかと思われる。そんな先生の心の内を知らずして、私達高校生は気心の知れた若者達の楽しい旅行に心を弾ませていた。その時代は今のようにたくさんの娯楽があるわけではなく、高校生達による団体旅行というのも珍しく、とても嬉しく開放感に溢れていた。

旅行先は主に岡山県の教会で、高梁教会、倉敷教会、水島教会など、芹野先生の縁《ゆかり》の諸教会であった。高梁教会では一泊させていただき、この教会の歴史についての研究発表を聴いた。高梁教会は岡山県下で最も古い教会であり、明治十五年（一八八二年）に金森通倫らによって創立せられた。高梁は〝島原の乱〟で討伐軍の将として討死した板倉重昌の城下町だったこともあり、士族や町人の間に耶蘇教嫌いが浸透しており、当初かなり厳しい迫害があったという。しかしその中から、最近作られた映画『大地の詩』の主人公留岡幸助も救われている。また愛媛県松山市にある松山東雲学園を創立した二宮邦次郎も、同じ頃高梁教会で受洗している。

実は何年か前に、この高梁教会が私とも何がしかの縁のある教会だということが判明した。妻美智子の母方の祖母は原田ふくといって、裕福な銀行家の妻であったが、高梁の出身であった。旧姓は野崎ふくといい、若き日に高梁教会で求道したが受洗には至らなかったようだ。しかし、何かの事情で家から出されたのか、暫く高梁教会の牧師館で生活をし、後に京都に移り、そこで原田和三郎と出会って結婚している。その長女として生まれたのが美智子の母三島和子である。

これらの諸教会を経巡った後、私達は邑久町虫明から瀬戸内海に浮かぶ小さな島「長島」に渡った。この「長島」こそ、知る人ぞ知る〝癩病〟（※現在、一般的に「ハンセン病」と呼ばれている）患者達が社会から隔離されて療養生活を余儀なくされていた周囲二十キロ足らずの島であった。この島に渡るに先立ち、何人かの女性達が群れから離れて、先に帰っていった。当時はまだまだ〝癩病〟に対する偏見が根強く、男子の大学生でさえも、ワークキャンプのために長島に渡ろうとすると、親達や周囲の人達から激しく反対を受けたという。〝癩病〟の感染は、乳幼児期における患者との皮膚の接触によって起こるという医学的説明がしっかりなされても、彼女たちは親達の強い反対に抗し切れず、島に渡らず帰っていった。それは当時の状況ではやむを得ないことだったかもしれない。しかし、もし彼女達が親の偏見と戦い、勇気をもって「長島」に渡っていったならば、それは彼女達にとって生涯の財産となり、その生き方はググーッと質の高いレベルへと引き上げられていったのではなかろうか。

島に渡らずに帰っていったほとんどの女子達は神戸女学院の生徒達であったが、その神戸女学院の教授でもあった精神医学者神谷美恵子氏は、『らいと私』（神谷美恵子著作集第二巻

「人間をみつめて」）という文章のなかで、次のように書いている。

「しかし、もし私が若き日に〈らい〉の人びとと出会っていなかったならば、私の人生行路も、ものの考え方も、だいぶちがっていたことであろう。あるいは、〈らい〉との出会いが私の道を狂わせたと見ることもできるかもしれないが、私自身としては、このことによって、人生というものの深みに少しでもふれることができたことを感謝している」

更に、彼女は次のように書いているのだが、それは若き日に「長島」に渡った人達が皆共通に持つ体験と思いではなかっただろうか。

「〈らい〉という病気について何も知らなかった者にとって、患者さん達の姿は大きなショックであった。自分と同じ世に生を受けてこのような病におそわれなくてはならない人びとがあるとは。これはどういうことなのか。弾いている讃美歌の音も、叔父が語った聖書の話も、患者さんたちが述べた感話も、何もかも心の耳には達しないほど深いところで、私の存在そのものがゆさぶられたようだった」

若き神谷美恵子氏は、〝癩病〟患者との出会いをとおして「存在論的衝撃」（ティリッヒ）を覚えたという。私もそうであった。虫明から蒸気船で「長島」の桟橋に着いた時、二人の患者の方が出迎えていてくれた。そのひとりの顔を見た時、私は思わず息を呑んだ。その方の顔は、頭髪はもちろん、目も耳も鼻もなく、口だけであった。しかしそれは、私が「長島」で受けた「存在論的衝撃」のほんの走りにすぎなかった。

「長島」には二つの「癩療養所」があった。一九二〇年に設立された〝愛生園〟と、一九三六年に大阪から移転してきた〝光明園〟とである。この二つの療養所には、それぞれ教会がある。〝愛生園〟の方には、長島曙教会、〝光明園〟には光明園家族教会である。私達が訪れたのは、光明園家族教会の方で、そこには専任の若い牧師がいた。播磨醇という方であり、私と同じく関西学院高等部から関西学院大学神学部に進み、大学院卒業後二十七歳の時にこの教会に就任し、以来四十七年間の長きにわたり、癩患者への伝道牧会にあたられた。文字通り、「癩患者の友」として、その一生を捧げられた方である。

私が初めてお会いした時、播磨牧師はまだ三十歳の若さであったが、その静かな佇《たたず》まいは〝聖者〟の雰囲気を思わせるものがあった。高校二年生だった私には、若い播磨牧師がその頃はまだまだ強い偏見に閉ざされていた〝癩病者の島〟に渡り、〝癩〟患者と共に生活するだけでもとても考えられないことであった。「いったいなぜ、この方は人々が避けたがる〝癩病〟患者の教会の牧師になろうと思ったのか」、私は播磨牧師の「長島」や「癩療養所」の説明などを聞きながら、そのことばかりが気になっていた。そこで、歩きながらであったが、播磨牧師に尋ねた。「先生は、どうして〝癩病〟の人達の教会の牧師になろうとしたのですか」。播磨牧師は言葉少なく答えた。「一口ではいえませんが、学生時代親友が自殺したことがあり、真剣に生きるとはどういうことなのかを問うなかで、ここに導かれてきたのです」という趣旨のものであった。「なるほど」とその時の私は一応納得したのであったが、しかし今思えば、若き日に「生きるとは何か」を真剣に問う人はかなり多くいるであろうが、ここまで献身の生活を選び取る人はほんの少数であろう。更に、一生涯このような献身の生活を貫き通すことのできる人となると、皆無に等しいはずである。にも拘わらず、播磨牧師は「癩患者の友」として生涯を貫き通されたのであった。そのあまりの気高さには、誰が脱帽せずにおられるであろうか。

その翌日は日曜日であったので、光明園家族教会にて聖日礼拝がもたれた。患者の方々も十数名ほど出席しておられた。礼拝の終わりかけた頃、ひとりの患者の方が祈られた。私はその祈りを聴いてショックを受けた。その祈りは天に叫び求めるような激しい祈りだったからである。そのような祈りをそれまで聞いたことがなかった。祈りは静かに神に語りかけるものだと思い込んでいた私にとって、その祈りは異様に思えたが、しかしそこには通り一遍のものではない真剣さと真実さとが込められていた。しかも、その内容に更にショックを受けた。その祈りは、神への厚い感謝の言葉で始まっただけでなく、これでもかこれでもかと神への感謝の念が次々と披瀝《ひれき》され、それが終わると、私達のための執りなしの祈りが続いていった。そこには、自分達の逆境を嘆く言葉も世をはかなむ言葉も微塵も見られず、ただ現在の自分への感謝と私達の将来に対する神の助けと導きを切々と求めるものであった。そこには、彼らのただ神にのみ望みを託している純粋な信仰のほとばしりがあった。

その日の午後、私達は帰途の蒸気船の中で、存在の深みが揺さぶられているのを覚えつつ、自分の心の中から様々なわだかまりが去り、慚愧《ざんき》の思いに耽った。自分は何と小さなことで悩み苦しんでいたのだろうか。どうして自分ばかりこんなに辛い目に次々と遭うのだろうかとばかり、被害者意識や自己憐憫に陥っていたのだろうか。翻って、あの〝癩〟患者の人達はあれほど苛酷な運命を背負わされていながら、その運命を神からのものとして感謝し、しかも私達高校生のために熱心に執りなし祈って下さった。本当は自分たちこそがあの方々のために篤く執りなし祈るべきであったのに。そう思うと、自分の愚かさと未熟さとをイヤというほど思い知らされ、恥ずかしかった。「もう小さなことでクヨクヨするのはやめよう」と決心をした。あの時の体験をとおして、私の人生は新しい次元へと引き上げられていったように思う。それは神谷美恵子さんと同じく、私にも人生の深みに触れる貴重な貴重な体験となったのである。

※現在、〝癩病〟とか〝らい〟という言い方はタブーとされるようになっている。〝癩〟原菌の発見医アーマウェル・ハンセンにちなんで「ハンセン病」と呼ばれている。また聖書のなかでも、従来の「らい病」を「重い皮膚病」などと訳し変えている場合が起こっている。このような〝言葉狩り〟の風潮に抗議し、播磨醇牧師は二〇〇六年『極限で見たキリスト――聖書の〈らい〉をめぐって』という書物を出し、一矢報いたのであった。その本に添付されていた手紙にはその執筆の動機を次のように書いておられたが、私も大いに賛同するものである。
「〈らい〉をこのまま曖昧にすることは、結局〈らい〉そのものを不明なものにするだけではな

く、永い人類の歴史のその極限の部分を抹消してしまうことになる危険を痛感しているのである。しかも、それは〈らい〉の暗黒の世界のなかで輝いた偉大な精神的遺産そのものを喪失させてしまうことになるのである。むしろ現在のわれわれ人間にとって大切なことは、過去の悲惨な〈らい〉の極限の世界のなかで、その悲劇を覆ってあまりある信仰のよろこびの中に生きた人々の偉大な生き方と、その遺産を継承し、その根底にあるキリスト・イエスの愛と十字架の贖罪に目を開いていくことである」

十五　光と出会った高校時代⑦

――「親替え」という神からの荒療治――

前述の「癩療養所」で体験した「存在論的衝撃」以前であったか以後であったかは定かではないのだが、同じ頃私の人生に決定的影響を与えた出来事がもう一つ起こった。

一時限の授業が終わった時、高等部の事務員の女性がやってきて、「お父様から電話があり、会社に電話を下さいとのことです」と連絡してくれた。「何だろう」と思って電話をすると、「すぐに会社の方に来てくれ、話したいことがあるから」と切羽詰まった声であった。そこで私は急いで、阪急で大阪まで行き、国鉄大阪駅前から出ている路面電車に乗り、堺筋線の肥後橋で降り、駅近くにあるテイジン本社に向かった。受付を通って、父の席に行くと、父は秘書の女性に言って、父の席の側に椅子を持ってこさせ、私を座らせて、いきなり切り出してきた。

「この前芦屋の家に来た時に、〝商品券〟を持っていかなかったか」と厳しい顔で問うてきた。私は一瞬何を言っているのか分からなかった。というのは、田舎育ちの私には、お金の代わりに使える〝商品券〟なるものがあることさえ知らなかったからである。「商品券て何だろう」

と思いながら、首を横に振った。すると父は、「佳代子が『商品券がない』と騒いで、家中の者に問うたが分からない。お前が持っていったんじゃないかと言っている。お前が持っていったんじゃないのか」と問い詰めてきた。私はその時初めて、自分が〝商品券〟なるものを盗ったと疑われていることを悟った。そこで私は、「知らない」と小声で答えた。だが父は「本当か。お前以外には考えられないと家の者みんなが言っているぞ」と更に声を強めて迫ってきた。その時、私の目からどっと涙が溢れた。自分でもその反応はまったく意外であったが、なぜか涙が溢れて止まらなかった。

それに気がついた父の部下の何人かが、いったい何事ぞと私と父の方を見ているのが目に入った。父は困惑し、「外に出よう」と促した。私が涙を拭きながら歩いていくのを輸出部の父の部下の人達は怪訝《けげん》な顔で一斉に見送った。父も私が泣き出すと予想していなかったようで、廊下を歩きながら、「お前がこんなことで泣くとは思わなかった」と残念そうに言った。そしてその次の一言は、傷ついた私の心を決定的に打ちのめすものであった。「お前みたいなのを偽クリスチャンというんだ」。まだクリスチャンになって間もない十七歳の私には、その言葉はあまりにも無情に響いた。今思えば、父は私が泣き出したことに驚き、部下達の面前で失態を見せつけてしまったことに動揺し、ついそのような言葉が出てしまったのかもしれない。しかしその時の私はまだ、一連の父の言動を冷静に受けとめ、聞き流すことができるほどには成熟してはいなかった。

会社の玄関口で、父は「少し早いが一緒に昼御飯を食べるか」と言葉をかけてきたが、「午後の授業があるから」と言い捨て、ちょうどやってきた路面電車に飛び乗った。路面電車の中でも、阪急電車の中でも、私はこみ上げてくる悲しみと怒りをグッと抑えながら、心のなかで激しく父に叫んだのであった。

「お父さん、あなたはなぜ僕が黙って家を出たのか分かっていなかったのですか。これ以上お父さんを苦しめたくなかったからですよ。そんな私がお父さんを困らせることなどするはずがないじゃないですか。それなのにあなたは、〝商品券〟なるものを、私が盗ったと疑うのですか。たとえ、周囲の人々がそう言い立てたとしても、どうして『正昭がそんなことをするはずがない』と否定してくれなかったのですか。仮に、もしかしたらと思ったとしても、『正昭には苦労させているんだ。それぐらいやっても構わないだろう』とかばってくれなかったんですか。こんなバカげたことで、私に授業を休ませて呼び出すとは何事ですか。あなたは、それでも私の本当の親なのですか。私が慕っていた父親なのですか」と、何度も何度も繰り返し叫び続け呻き続けたのであった。

やがて案外早く学校に着いたが、どうしても午後の授業に出る気にはなれなかった。かといって、下宿に戻る気にもなれなかった。ただ、やたら気持ちが落ち着かず、いてもたってもおられなかった。そこで私は関西学院の裏手にある甲山《かぶとやま》に独り登っていった。頂上に向かって登って行くにつれ、何ともいえない孤独感と絶望感が私を包んだ。父は友人達と酒を飲んだ折、しばしば酔いのなかで泣きながら、「俺は家族を守るために正昭を捨ててしまった。父親として失格だ」と自らを責め苛んでいたという。しかし私には家を出された時には、捨てられたという思いはまったくなかった。自分の播いた種だから仕方がないと思っていた。一緒に住めなくなっても、父は自分の味方だと思っていた。しかしそうではなかったのだという思いが、私を絶望的な気持ちに追いやった。「僕は捨てられたんだ。いっそ死んでしまいたい」と心のなかで呟いた。その時、言い知れぬ恐怖心のようなものが私を襲い、〝背中の凍り付く体験〟をしたのであった。これまでの人生で、あの時にただ一度体験した恐ろしい体験であった。

頂上には誰もいなかった。眼下には関西学院のキャンパスがあり、その向こうに西宮の町が見えた。ベンチに腰をおろし、私はただ空を見上げながら、「天のお父様、わたしは独りぼっちです。わたしには誰も頼る人はいなくなりました」と慟哭《どうこく》した。その時、ある言葉が心に響いてきた。それは毎週の教会の礼拝のなかで読まれていた交読文の八番にある詩二七篇の御言葉であった。「わが父母われをすつるとも、主我を迎えたまわん」。それは、これを詠んだダビデが孤独の淵の中から「ああわが救いの神よ、我を追いだし、我をすてたもうなかれ」の言葉に応答して、神が与え給うた確信を告白したものであった。私はこのいつの間にか暗記していた言葉を口のなかで反芻《はんすう》した。その時、私の心の内に表現し難い温かいものが流れた。そしてそれまで覆っていた孤独感と絶望感から徐々に解放されていくのを覚えた。「天の父よ、私にもう父はおりません。あなただけが私の父です。あなたこそ本当の父です」。そう祈った時、どっと涙が溢れた。それは真に頼るべき父を発見した感動の涙であった。

アッシジの聖フランシスもまた、彼が富豪だった父の仕事を継ぐことを拒んで、修道者としての道を歩むことを父に告げた時、激怒した父親は、フランシスに向かって次のように怒鳴ったという。「お前のような奴は、もう親でも子でもない。さっさとこの家から出て行け」。その時フランシスは、静かに父親に向かって言い放った。「分かりました、お父さん。私はこれからは天の父を私のお父さんとして生きてまいります」と。

私も聖フランシスも、この時、宗教者としてばかりではなく、人間としても、極めて重要な事柄に直面していたのである。それは最近の「交流分析」によるキリスト教のカウンセリングでいうところの「親替え」という問題である。

最近とみに「親離れ」の大事さということが強調されるようになった。今日の豊かな少子化の時代のなかでは、どうしても親子の度をすぎた密着関係が生じ易くなり、成人してもなお、精神的に親と癒着している人々が大量に発生したことによる。それらの人々は自らの内にある〝親心〟（普通、交流分析ではPARENTの頭文字をとりPと表現している）の力が強く、親の意向や考え方に支配されており、それに沿って物ごとを決めることになる。いわゆる〝マザ・コン〟とか、〝ファザ・コン〟と呼ばれる人種のことである。このような自分の中に内面化している古い親心からの支配を脱却し自立することを「親離れ」といい、一般社会でも盛んに主張されるようになった。というのは、大人になっても親への精神的（時には経済的にも）

依存から脱却できず、自立していない場合、結婚した時に配偶者との健全な関係が損なわれることになるからである。そこで、「親離れ」できた人間は、親から取り入れているものを全面的に肯定することなく、不適切なものを修正、放棄していくことにより、〝大人心〟（この場合、交流分析ではADALTの頭文字をとりAと表現している）を育むことになる。

ところが、この「親離れ」ということは口で言うほど簡単ではない。私達の心の内に深く〝親心〟（P）がしっかりと内面化しているからである。更に、人間の内には〝依存欲求〟というものが強く働いているからである。そこで「親離れ」を完結し、自立した大人になるために、「交流分析」によるキリスト教カウンセリングにおいては「親替え」ということが提唱されている。つまり、肉親依存から完全に離れるためには、天の父を新しい親として受け入れることであるという。肉親は当然不完全で、多くの欠点を持っている。この親と精神的に決別し、完全無欠な愛と知恵の持ち主である天の父を新しい父とすることにより、私達は自然に「親離れ」するだけでなく、人間としても成熟し、自立していくことになる。実に、主なる神は十七歳だった私に、荒療治をもって、この「親替え」を遂行されたのであった。

私は若い頃から、「あなたはなぜ人の言葉や態度によって振り回されず、ブレることなく、自分の信念を貫き通していけるのか。その精神的強靭さはどこから来るのか」とよく問われてきた。自分自身では決して強い人間だと思っていなかったので、そのような問いの前に困惑することが多かった。だが私からすると、どうして世の人々の中にはクリスチャンであっても、あのようにちょっとした人の言葉や態度によって一喜一憂し、舞い上がったり、落ち込んだりするのだろうか。大人なのだからあんなことは気にせず、信念をもって突き進んだらよいのにと、よく思っていたことも事実である。「交流分析」によると、恐らくそのような人々は、「親離れ」が十分にできておらず、親への依存欲求が強く、それが他の人々へと転化されるので、他の人々の言葉や態度に振り回されてしまうことになると説明されている。

時として起こる教会の分裂騒動のなかで、何人もの牧師がウツに陥っていることを耳にする。人格的にも能力的にも優れた牧師のケースが多い。恐らくそれも、その牧師達が精神的に弱かったからというより、「親替え」が不十分だったことによるのではないだろうか。完全な愛と知恵の持ち主である天の父にしっかりと依存し、その父から助言と諭しをいただいていくならば、すべてはプラスになることに気づくはずである。私自身、これまで三回ほど分裂を経験した。人間的には辛いことであったが、しかしそのたびごとに教会は大きく発展し、成長と復興を遂げてきたのである。今では、あの時のあの分裂騒動は神の恩寵の出来事であったと心底感謝することができる。そのようにマイナスをプラスに転化し続けてこれた原点こそ、高校二年生の時のあの辛く悲しい経験をとおして、私の内で「親替え」が完全になされたことにある。あの体験をとおして、主なる神は激しい反対と批判に遭遇するであろう日本のキリスト教会の刷新と改革を目指しいく運動を担うに足る者として、私を準備されたのであった。それは真に大きな神の恩寵の出来事であった。

十六　光と出会った高校時代⑧

――神の呼びかけに応えて献身へ――

フランスの実存哲学者ガブリエル・マルセルは「人間は決断によって人間になる」と言っている。この言葉の意味はいかなるものであろうか。私流に解釈すると、人間は神の御旨に沿って決断していく時、神がその人に本来意図していた姿を実現するということになる、ということである。要は、その決断が真に「神の御旨に適っている」か否かにあるのであって、御旨に逆らって決断するならば、その人の人生は不毛なものに陥り、御旨をしっかり掴《つか》み取って、それに向けて決断するならばやがて豊かな実を結ぶようになるということである。

高校三年生の夏も近づいたある日、芹野先生が私に一通の案内書を見せながら、こう呼びかけてきた。「手束君、ここにある『高校生献身キャンプ』に参加してみませんか。素晴らしいキャンプですから、是非参加して下さい」。芹野先生の薦めに、私は素直に応諾し、八月の半ばにあった「高校生献身キャンプ」に参加したのであった。それは、同志社大学が琵琶湖畔に所有していた唐崎ハウスというところで開催され、確か三泊四日の日程で行われた。五十名ほどの高校生男女とスタッフが七、八名の合宿であり、スタッフの方々は皆同志社大学神学部を卒業した牧師達であった。校長は常田二郎という方であり、当時、作家三浦綾子が所属していた旭川六條教会の牧師をしておられた。参加に先立って、芹野先生は「これを校長の常田先生に渡して下さい」と一通の書状を託された。それがどんな内容のものであったかは知る由もないが、今になって推測してみると、私が献身の道を歩む決心へと導かれるようによろしく指導して欲しいと書かれたものではなかったかと思われる。

合宿の内容はというと、午前中には聖書講義があり、午後は分科会、晩はキャンプファイアーなどのアトラクションがあったように記憶している。ところが、二日目の晩、一日のプログラムが終わり、就寝していると、ひとりの人物が私のところにやってきて、寝ている私の上に馬乗りになって、「おい手束、献身する覚悟ができたか。ええか、必ず献身するんだぞ」と恫喝《どうかつ》してきた。三日目の晩もやってきて、同じように馬乗りになり、首を絞め、献身を強要してきたのである。そのヤクザまがいの変てこな人物というのは、当時、尾崎教会の牧師であった種谷俊一という方であった。風貌もまた牧師というより、ヤクザと言った方がピッタリの人物であった。実は私が高砂教会へ赴任する道を開いてくれた方であり、その意味では私の人生に一大転機をもたらしてくれた恩義ある人物となったのであるが、その時には、この方が私にとってそれほど因縁深い人物になるとは、露ほどに思いもしなかった。ただ、毎晩やってきて、献身を暴力的に恐喝してくるのにはほとほと閉口させられたのである。しかし今思えば、種谷牧師は芹野先生が常田校長に託した手紙を読まれ、「芹野先生の要請に応えて、この手束という男を何とか献身に導かねば」という切迫した想いから、遊びがてらの強行に及んだのであろう。その意味では責任感の強い人物だったのである。

ところで、その八年後の一九七〇年十一月十一日、その頃関西学院大学神学部の助手をしていた私は、朝刊紙の一つの記事に釘づけになった。そこには、種谷俊一牧師が当時吹き荒れていた学園紛争のなかで、校舎封鎖事件を起こした二人の高校生を匿《かくま》ったかどで逮捕されたことが書かれてあった。私は急いで尾崎教会に電話をした。するとすぐに、種谷牧師が電話口に出てきたので、事の次第をお聞きし、支援することを約束し、頑張ってくれるように励ました。けれども、この事件は私や種谷牧師と親しかった者達の予想を遙かに超えた大事件として展開していっただけでなく、日本のキリスト教界にも重要な意味をもたらすことになったのである。

神戸地方検察局による、罰金一万円の略式起訴をもって終わりを告げるはずであった事件は、種谷牧師がこれをよしとせず、何と彼の方から「正式裁判要求」がなされたのであった。種谷牧師にとっては、二人の過激派の高校生を何とか更生させて、正常な高校生活を回復させるために、少し頭を冷まさせるべく阪神から切り離し、播州の龍野教会に預けたにすぎなかった。即ち牧師としての当然の〝牧会的配慮〟が罪に問われることに我慢できなかったのである。そして争うこと約五年、一九七五年二月二十日神戸地裁にて関家一範裁判長から判決が言い渡された。「無罪」であった。それだけでも、支援者達にとっては大きな感動を与えるものであったが、その判決理由は更に人々をして感動せしめるものであった。「牧会の業は信仰の表れとして、〝尊重されるべき基本的人権〟に属し、本件の場合は信教の自由を保障した憲法の趣旨に照らし、牧会活動の前に一歩踏み止まるべきものであったのである」。更に、関家裁判長は次のように語った。「これを要するに、被告人の本件牧会活動は手段方法においても相当だったのであり、むしろ両少年に対する宗教家としての献身は称讃されるべきものであった」。かくて検察庁は控訴を断念し、無罪判決が確定したのであった。そしてこれにより、牧師の「牧会権」なるものが日本社会において公認され、牧師が牧会的配慮によって仮に法律的に罪を犯した人物を、本人の更生を目指して一時的に匿《かくま》っても、それを罪に問うことはできないということになったのである。それは種谷俊一牧師の神の御旨に沿った勇気ある決断が、様々な苦悩を経てもたらした、非キリスト教国日本における画期的な権利の獲得であった。

さて、話を本筋に戻す。最終日の四日目の午前中、私達は閉会の礼拝を持った。その礼拝はこれまで私が経験したことのない不思議な雰囲気に包まれていた。説教はその朝おいでになった同志社大学神学部の部長であられた高橋虔という方によってなされた。高橋神学部長も「私はとても感激しています」と、涙を目に浮かべながら語られたことを今でも覚えている。今思えば、その礼拝の中に強く聖霊が働いておられたのであろう。説教後、招きがなされた。それに先立ち、讃美歌五一五番が歌われた。一番、二番、三番、四番と歌うなかで、会場の霊的高揚感は最高潮に達した。そして司会の牧師が、「もう一度歌います。その間に、将来牧師として献身することを決意された方は前に出てきて下さい」と呼びかけがなされた。そして再び讃美歌五一五番を皆で歌い始めた。「十字架の血に きよめぬれば 『来よ！』との御声を われはきけり。主よ、われは いまぞゆく 十字架の血にて きよめたまえ」。一番を歌い終わった時、私は吸い寄せられるように前に出た。何か大きな力に引っ張られているようだった。もう一人が続いて出てきた。そしてもう一人。計三人の男子が前に出て、決意を表明した。そして一人ひとり、決意をした証明として、前に置かれていた机の上にある用紙にサインをしていった。そのうちの一人は菅江勝君（教団山崎教会出身）といって、私と共に関西学院大学神学部に進んだ。そしてもう一人は（残念ながら名前がどうしても思い出せないのだが）同志社大学神学部へと入学していった。キャンプ終了時、共に主への献身を決意し合った三人は、互いに固く握手をしながら、神への誓約の達成と再会を約束し合ったのであった。それは青春時代の最高に感動的な瞬間であった。だが、あの時の神への誓約を貫いて牧師になったのは、残念ながら私ひとりであった。後の二人は途中でそれぞれの神学部を辞め、牧師になることを諦めていったのである。それは、彼らにとって、どれほど辛くやるせないことであったかというより、大きな挫折となったのではないだろうか。そしてそのことは、決して彼らの意志が弱かったとか、信仰が足りなかったとかということではない。それは、牧師になるということと、また牧師であり続けることの難しさと厳しさとを示している。私が首尾よく神学部を卒業し、あの時の誓約どおりに牧師になり、今日まで四十数年間牧師であり続けることができたのは、偏に神の恩寵の賜物である。そう思うと、いくら感謝しても感謝しすぎることはない。

献身キャンプから帰って、芹野先生に献身の決意をした旨を報告すると、芹野先生は「そうなるように祈っていました」と大層喜んでくれた。そして、このことを早速に甲東教会におられたある人物に告げられたのであった。その人物というのは松山初子という老婦人であり、正式の教職者ではなかったが、信徒達の信仰の指導にあたっておられ、「先生」と呼ばれて皆から尊敬されていた。この方の父上は松山高吉という明治のキリスト教における有名な牧師であられ、讃美歌の「神の恵み 主イエスの愛」（五九番）や「わがやまとの 国をまもり」（四一五番）などの作詞者として知られている。ついでながら、敗戦直後、日本全国を昭和天皇皇后両陛下が、敗戦によって打ちひしがれていた国民を励まして立ち直らせるべく、行幸を行い、文字どおり津々浦々まで回られたことがあった。その時に、神戸女学院にも立ち寄られたことがあり、学生達が天皇陛下御夫妻を前にして、讃美歌四一五番「わがやまとの 国を守り、あらぶる風をしずめ 代々やすけく おさめたまえ わが神」と合唱した時、昭和天皇は感動のあまり泣かれたという。メロディーといい、歌詞といい、天皇陛下ならずとも当時の国民の誰が聴いても涙せずにおれない讃美歌である。この昭和天皇を泣かせた名讃美歌が「讃美歌21」から外されてしまったのは、何とも口惜しい限りである。

私の献身の決意を聞いた松山先生は、「一度私の家に来て下さい」と招いて下さった。そこで私は早速に当時住んでおられた神戸女学院の舎監宿舎をお訪ねしたのであった。先生との語らい合いのなかで、意外にも先生も若き日に伝道者になるべく神学校に入ったが、挫折したことがあったことを聞かせてくれた。そして伝道者になることがどんなに大変なことなのかを、懇切に教えて下さったのである。そして私も、尋ねられるままに、幼少時からこれまでの歩みを順々と証しさせていただいた。先生は微笑みながら私の話を聞いた後、次のように語られたのであった。そしてその言葉は、献身キャンプで決意してもなお、まだ心のどこかに「これでよかっただろうか」という不安な思いを抱えていた私に、駄目押しを与えてくれたのである。「あなたのように、幼い時に九死に一生を得て助け出された人は、神様が特別な使命を果たすようにと願われたからなのですよ」。それは、その後の私の人生において、ことあるごとに思い起こされ、挫《くじ》けそうな時に私を支えてくれた魔法の言葉となったのである。

最近、〝アイデンティティ〟の確立の大切さということがよくいわれている。「自分とは何者か」「自分は何のために生きているのか」、このことを知ることは人生にとって何にも優って重要な課題であることは、少し考えれば誰にでも分かるであろう。特に若き日に、アイデンティティを確立し得ることほど、幸せなことはない。私は幸いなことに、十八歳の時に、自らが何者であるかを明確に覚えることができ、それに向かって歩み始めることができたのであった。その道は険しくはあったが、恵みと祝福に溢れた道であった。

十七　光と出会った高校時代⑨

――聖人の如き、友なりき――

　高校時代、私は下宿を五回も変わった。最初の下宿は、あまりにも酷い部屋だったので、自ら進んで移ったのであったが、後はそれぞれやむを得ない事情ができて、仕方なく変わることになった。そのため、当時発行されていた甲東教会の高校生会の会報誌「道標」には、「手東正昭―住所不定、善科X犯」などとユーモラスに紹介された。

　こんなこともあった。三度目の下宿は、教会員の紹介による父親と高校生の娘さんだけの父子家庭であった。いわゆる〝下宿屋〟ではなく、普通の家屋に四人の男子学生が下宿していた。朝食と夕食は下宿のおじさんが作ってくれた。高校生は私ひとりであり、残る三人は大学生であった。一年ほどして、下宿のおじさんが「今度親戚の者を預かることになったので、悪いが出てくれないか」と言ってきた。私は「折角下宿の大学生達と親しくなったのに残念だなあ」と思いつつ、仕方なく次の下宿先を探した。新しい下宿に移って間もなく、前の下宿にいた大学生にばったりと大学のキャンパスで出会った。そこで私は「下宿のおじさんの親戚の方はもう引っ越して来ましたか」と問うた。すると、その大学生は怪訝《けげん》な顔をして「親戚の人って」と反問してきた。そこで「おじさんから親戚の人を預かるので出て欲しいといわれて、仕方なく変わったんですが」と答えた。すると、その大学生はニヤニヤ笑いながら次のように教えてくれた。「実はなあ、娘の××ちゃんがあんたに惚れたのよ。危機感を抱いておじさんがあんたを出したっていう寸法さ」。私は意外な事の真相を聞き、暫し絶句したのであった。それは、田舎育ちで世間知らずの私が、人の世の裏側の怪奇さをほんの一瞬垣間見た時であった。

かくして私は、よんどころない理由で次々と下宿を変わることになったのであったが、同居人はというと世代の違う大学生や社会人であった。それはそれで、いろいろと勉強になることもあり、学ばせてもらったのであったが、やはり共感し合えて心うち解けて語り合える高校生の同居人が欲しかったのだが、そうはならなかった。そんな中、私を下宿にしばしば訪ねてきては親しく語り合ってくれた友人がひとりいた。中西良夫君という。彼とは二～三学年と同じクラスであり、彼もまた中学三年の時に洗礼を受けたクリスチャンであった。彼は生徒会会長に選ばれるほどの人望のある人物であっただけでなく、情熱と思いやりを兼ね備えていた好人物であった。彼とはよく議論をした。激しく言い争って互いに罵《ののし》り合っても、仲たがいして付き合わなくなるということはなかった。ケンカ別れしても、また会うと笑顔で語り合った。爽やかな心根の人物であった。

彼の家にも何度かいった。阪急の夙川駅から少し歩いたところにある昔ながらの家であった。気さくでシャキシャキしたお母さんが出てきて、いろいろと接待をしてくれた。ある時、「手束さん、夕御飯を食べていって下さい」と店屋ものをとってくれた。すると彼は母親に苦言を呈した。「母さん、手束君は下宿生活をしているので、店屋ものには食べ飽きているんだ。どうして家庭料理を作ってやらないの」と。すると、「ご免なさい。気がつかなかったわ。店屋もんのほうが美味しいと思って」と詫《わ》びてくれた。その母子の対話の風景は何ともほほ笑ましく、今でも瞼《まぶた》に鮮やかである。侘びしい下宿住居《ずまい》の私にとっては、温かいもてなしを受けるだけでも有り難かったのに、そこまで気を使ってくれた彼の思いやりの深さに、心の中で手を合わせた。

神学部の寮に入っても、彼はちょくちょく訪ねてくれた。「手束君は偉いなあ。牧師になる決意ができるなんて。自分にはそんな決心はようせん」と羨ましげに語ったことがあった。信仰熱心であった彼も牧師になりたいと思ったことがあったようだが、そんなことをしたら、彼に期待している両親がどんなに怒り悲しみ反対するかと思うと、諦めざるを得なかったようである。今でもそのようなイメージがあるようだが、当時は今以上に牧師になるということは、一生涯貧乏で暮らすことを覚悟することであり、この世の全ての栄達を諦めることを意味した。私も牧師になってから暫くは、そんな牧師像を抱いていたのだが、韓国の教会と交わるようになって、大きく転換した。そこで見たのは、大会社の社長のように豊かな堂々とした姿であり、信徒達はそのような牧師を心から敬い従っていたのである。同じ牧師でありながらなぜこうも日本と韓国では違うのか、ということについては今論じる時ではない。結論的にいうと、日本人の牧師に対するイメージが韓国のように変わらないと、いつまでも日本の教会は成長しないということが分かったので、牧師像の転換を自分自身にも信徒達にも奨めることにより、今日の高砂教会があるということである。

中西君は経済学部へと進学し、学部卒業後、文学部の大学院で学び英文学修士となり、米国コロンビア大学に留学。一九六七年から高等部の英語の教師となった。高等部の教師として八年間勤めた後、平安女学院短大助教授を経て、一九八九年から関学社会学部の教授となった。私が高砂に来てからも、夏休みや正月休みには、私が彼の家にいったり、彼にこちらに来てもらったりして、何時間も話し込むのが大きな楽しみであった。話は互いの最近読んで感銘を受けた本から始まり、歴史学、神学や文学に留まらず、経済学や社会学、更に心理学にまで及び、時間を忘れた。不思議なことには、彼と対話をしていると自分の内側に蓄積した知識が誘発され、次々と引き出されてくるのであった。彼の方もそのようであった。妻がお茶を運んできても、「話が高尚でついていけない」とばかり、そそくさと席を辞した。

一九八〇年にカリスマ運動の是非を巡って教会が分裂し、毎日新聞が〝カリスマ運動〟を取り上げ連載して間もない頃であったと思うが、久方ぶりに彼と会って話した折のことである。彼は急に妙なことを言い出した。「君は本当に不思議な男だ。『中西さんは手束先生とお友達なんですってね。凄い方とお友達ですね』。という人があるかと思うと、『君はあんな奴と友達なんか、やめとけ』という人がいて、あまりの毀誉褒貶《きよほうへん》の激しさに戸惑う」。そう言った後、彼は私の目を静かに見ながら途方もないことを言ってのけた。「もしかしたら、君は聖人なのかもしれない」と。仰天した私は「冗談言うなよ、皮肉か」と返すと、彼は一冊の書物を取り出した。それは中世の神秘家トマス・ア・ケンピスの『キリストに倣いて』であった。彼はその本を開き、ある個所を指で示した。そこには次のように書かれていた。

「わたしは心静かにあなどりを忍んだ。恩恵に対して忘恩を受けた。奇跡に対して冒涜を受け、教訓に対して非難を受けた。キリストは進んで苦しみとあなどりを受けた。またキリストにはいつも愛する人とそしる人があった。このキリストの姿を見て、それでもあなたはなお、すべての人を友とし、人びとによく思われたいのか」

以来、このトマス・ア・ケンピスの言葉は私の座右の銘となった。それは、決して私が自らを〝聖人〟として認識したからではない。私は自らがいかに罪深い汚れた人間であるかをよく知っている。私が〝聖人〟などとは冗談もいいところである。にも拘わらず、この言葉が座右の銘となったのは、日本の教会の刷新と改革を求めていった時に、少数の熱い賛同者（もっとも最近ではだんだんと数を増しているが）と多数の激しい反対者に直面して苦悩するなかで、この言葉が私にはとても大きな慰めと励ましとなったからである。慰めと励ましになっただけではない。キリストでさえも尊敬と侮蔑のはざまのなかで歩まれたとするならば、わたし如き者の問題提起が激しい反対を巻き起こさないはずがない。批判・反発があって当然なのだ。真理だからといって皆からの賛同と支持を期待する方が間違っているのだ。そう悟った時、とたんに私の心は軽くなり、新たな勇気が湧き起こるのを覚えたのであった。その意味でも彼は、私にとって〝偉大な慰め手〟（バルナバ）だったのである。

だが無二の親友であった彼は、一九九四年九月十五日、突然にアメリカで死んだ。四十九歳の若さであった。数日後の朝、当時関学の神学部で学んでいた長男の信吾が、「お父さん、大変だ。中西さんが死んだ」と朝刊の死亡欄を私に示した。仰天した私は、すぐに彼の家に電話をした。奥さんの伸子さんは不在で、子供さんが出てきた。死因を問うと、学生達を連れて渡米中、生ガキを食べて、その毒にやられたという。この理由を聞いて、愕然とした。「何ということだ」とあまりの不運にため息をついた。当日の晩の西宮中央教会での前夜式に、私は妻と共に駆けつけた。その教会の主任牧師であった石田洵先生は、私の顔を見るなり、「手束さん、悔しくて堪《たま》らない。折角中学からずっとここまで育ってきたのに」と無念そうに語った。そして「彼のために追悼の言葉をお願いします」と突然に指命してこられた。そこで私は胸を詰まらせながら、彼の思い出を懸命に語った。じっと聴いておられたお母さんのせつさんの悲しみのうちにも気丈な顔が印象的だった。しかし翌日私は、一年前から予定されていた韓国伝道旅行に出発せざるを得ず、葬儀には列席できなかったのである。私は機内で「中西君、葬儀に出られなかった。どうか赦してくれ」と彼に詫びた。そして、これから大きく学者としての人生を開かせようとする矢先に逝った亡き親友の無念さを想い、こみ上げてくるものをこらえることができなかったのである。

それから八年後の二〇〇二年、一組の家族が高砂教会の礼拝に出席するようになった。それは中西良夫君の弟の豊君と奥さんの秀子さん、それに二人の息子、娘達であった。それまで、神戸のある教会に通っていたが、ゆえあってそこから離れ、高砂教会に来るようになり、間もなく転入会をしてきた。そして彼らは、当時西宮市のアパートに住んでいたお母さんのせつさんをも伴って来るようになったのである。私は礼拝後懐かしさに胸がこみ上げ、「ようこそ」とばかりせつさんの手を力一杯握り締めて歓迎の意を表すと、せつさんも「立派な牧師さんになられて」と今にも泣き出しそうであった。そして間もなくせつさんは新宗教から離れ、洗礼を受けた。「母も早く救われて欲しい」といつも祈っていた中西君の祈りが遂にきかれ、それも私の手による洗礼式の執行は、深い神の摂理の御手があったと思わざるを得なかった。「手束先生、私の葬式をお願いします」と、受洗後せつさんは懇願するように依頼してきた。「喜んで。お委せ下さい」と私は答えた。そうすることは、私にとって温かい友情を注ぎ続けてくれた中西君へのせめてもの恩返しのように思われた。

ところがである。それから二年後、中西豊、秀子一家は諸事情により、三田市から富田林市へと転居していった。それに伴い、高砂まで来ることが不可能になり、近くの教会への転会の申し出がなされたのであった。しかも同時にせつさんについても通っている近くの教会への転会申し出が書き添えられていた。「これはいったいどういうことだろう。豊さん達はせつさんの意志を確かめたのだろうか」と訝《いぶか》った。暫し考えあぐねたが、結局黙ってせつさんの教籍も西宮福音教会に送ることにした。せつさんが世話になっている教会で葬儀を行ってもらう方が自然なのかもしれないと思ったからであった。

二〇〇八年四月十八日、伝道旅行中にせつさんの訃報が入った。弔電を打ってくれるように指示した後、私は天国の中西君に再び詫びた。「中西君赦してくれよ。お母さんとの約束を果たせなかった」。すると、にこやかに笑っている中西君の顔が浮かんだ。「いいよ、いいよ、仕方がないよ。それよりも、母を救いに導いてくれて有り難う」と語っているようだった。彼の方こそ、聖人のような人だった。

十八　光と出会った高校時代⑩

――その美しい横顔、姉のように慕い――

啄木の歌はなぜかくも多くの日本人の心をつかんで離さないのであろうか。そこには、若き日に誰もが経験する悲しみと苦しみとが、美しく素直に表現されているからであり、また多くの人々は啄木の歌を通して、若き日の郷愁へと引き戻されるからなのではなかろうか。

私が今もなお好んで口ずさむのは、次の二首である。

「かのときに言ひそびれたる大切の
　言葉は今も　胸にのこれど」

「ゆゑもなく海が見たくて海に来ぬ
　こころ傷みて　たへがたき日に」

高校時代の私に決定的な影響を与えた癩病院訪問についてはすでに書いたが、同時期にも私は芹野先生や他の数名の高校生達と共に兵庫教区ＫＫＳキャンプなるものに参加をしていた。ＫＫＳというのは「教会・高校・青年」のローマ字の頭文字をとったもので、要するに兵庫教区の高校生達の連合組織のことであった。実は私も三年生の時に、ＫＫＳの会長に選ばれ、教区の担当の牧師達と相談しながらＫＫＳキャンプを主催したことがあったのだが、二年生の時のＫＫＳキャンプでは初めての参加ということもあって、忘れ難いものとなった。実にそのキャンプで、私はほんの小さな、しかし後に大きな影響を与えた出会いに遭遇することになったのである。

そのキャンプ場は今は荒れ果てて、ほとんど利用する者達もいなくなっている「淡路島志筑キリスト者憩いの家」（今では、「淡路島教区キャンプ場」と呼ばれている）で行われた。各教会からきた数十名の高校生達と芹野先生を含めた七、八名のスタッフの方々が参加していたのであったが、そのスタッフの中に、聖和女子短期大学（現在の聖和大学）の宗教教育科（現在のキリスト教教育科）の三年生の女子学生の方がいた。卒業年度の夏期実習のためであった。

自由時間に何度かその人と語り合う機会があった。聞くと、北九州にあるホーリネス系の教会の牧師の娘ということであり、女らしい丁寧な語り口の中に、聖い人格のほとばしりを感じた。その人と語り合っていると、こちらの人間性が潔められ高められるような心地良さを覚えた。華やかな美しさは持ってはいなかったが、しっとりとした修道女のような美しさを湛えていた。私は心魅かれるものを覚えた。その人の方も私に好意を寄せてくれたようだった。

そのキャンプの内容についてはまったく記憶に残っていないのだが、キャンプが終わり、大勢で近くのバス停から帰宅すべくバスに乗り込んだ時、名残り惜しそうに、じっと私の方を見つめて見送っていたその人の熱い眼差しが忘れ難く心に残った。「初恋とは何か」を定義するのは難しい。「私の初恋は幼稚園の時です」などという言葉も時として聞く。しかし、単に心魅かれたというだけならば、それは〝初恋〟というより、一種の気まぐれの類と考えることもできる。私なりに〝初恋〟を定義すると、「その人と生涯生死を共にしたいと思う初めての恋心」となる。その意味では、その人との出会いは私にとっての〝初恋〟だったのかもしれない。キャンプ後、何度かの手紙の交換があった。私の方から先に手紙を出したのか、その人の方からだったのか覚えていない。ただ、その人から初めて手紙をもらった時の嬉しかった気持ちは今でも心の奥に残っている。ケータイ時代に生きる最近の若い人達には、手紙でだけしか相手と心情を分かち合うことができなかった時代の、不自由ではあったが、忍耐して愛を育んでいくというロマンスの深みの味わいなど、とうてい理解できないのではなかろうか。その点では、今日の若者達はその恋愛体験が極めて浅薄なものになっており、それゆえに自らを成長させる重要なステップであるはずのものが、そのように機能せずに終わっているような気がしてならないのだが、どうだろうか。

クリスマスの近づいたある日、二人はキャンプ以来初めて再会した。冬構えの漂う神戸女学院の校庭であった。今ならば、男子高校生が女学院の校庭に入っていったりすれば、たちまちのうちにガードマンがやってきて追い出されてしまうところであろうが、その頃は誰が入って来ようが一向に構わないという大らかさがあった。そんな〝古きよき時代〟だった。二人は芝生の上に座ってクリスマス・プレゼントを交換し合った。私の方はその人にスカーフをあげた。自分で買ったものではなかった。以前に父と会った時、「もらい物だが、好きな人でもできたらあげなさい」と譲り受けたものであった。田舎者の私は最初風呂敷だと思い込んでいたのだが、父はそれを見抜いてか、「風呂敷じゃないよ、女性が襟元に巻くスカーフというもんだよ」と教えてくれた。その人は包みを開けるとスカーフだったので、「ワァー」と小さな声をあげた。四つも年下の高校生の私から、高級なスカーフをもらうことなど予想もしていなかったのであろう。その人からのプレゼントは文庫本だった。現代教養文庫の一冊、石川正雄（啄木の遺児京子の婿）篇『啄木のうた』であった。「わたしは啄木の歌が好きなの。是非読んで欲しいと思って」とこぼれるような笑顔をもって手渡してくれた。

以来、私は何度も何度も『啄木のうた』をひもといた。それは孤独と悲しみの多かった高校時代の私の心に強く響き、不思議にも私に慰めといやしをもたらしてくれたのであった。〝カタルシス〟というギリシャ語がある。〝浄化〟あるいは〝排泄〟を意味する言葉である。アリストテレスはいわゆる「ギリシャ悲劇」の目的は、人間のパトス（苦しみの感情）の浄化にあると喝破したという。つまり、悲劇を見て涙を流すことによって、人は心の中のしこりを浄化していくことができるのだということである。だから人々は悲劇を好むという。然りそのとおり。啄木の寂寥感《せきりょうかん》と悲哀に満ちた歌を読むたびに、心の中に溜まっていた孤独感や悲しみの感情が浄化されていくのを体験した私は、すっかり啄木の歌の虜となり、高校生会の会報誌「道標」に「啄木の歌にあらわれし、悲しき運命の人々」という一文をもしたためるまでになった。今読み返してみると、実に劣い文章であるが、しかしそこには当時の私の孤独と悲しみとを浄化してくれた啄木の歌への深い感動が綴られている。実に当時の私にとっては、その人が贈ってくれた小さなプレゼントは、この上ない『賢者の贈りもの』（オー・ヘンリー）となったのである。

その人は卒業すると、父親の教会を助けるために故郷の北九州へと帰っていった。今でいうまさに「遠距離恋愛」であり、手紙のみが交際の手段であった。高校生の私が直接に会いに行くなどいうことは、当時の状況では考えられなかった。ところが、高三の八月の末、彼女が突然に下宿に訪ねてきた。当時の下宿は大阪府池田市にある南邦繊維という会社の寮の一室であったが、「手束さん、お客さんですよ」という寮のまかないのおばさんの声で、玄関に出てみると、何とその人が立っていた。その時は本当に驚き感激した。「よく、ここが分かりましたね」と言うと、「友達がこのへんに住んでいましたので」ということだった。聖和女子短大に用事があって関西に来たので、思い切って私の下宿を訪ねたということだった。二人で聖和女子短大まで行った。夏休みで学生はいなかった。その人はひとりで学舎に入って行き、用事を済ませて、しばらく二人で静かな構内に座って話をした。私が牧師になる決意をしたことなどを話すと、「手束さんなら、きっと将来いい牧師さんになるでしょうね」と、その人はとても喜んでくれた。そこで私は思い切ってその人に問うた。「将来、一緒に伝道してくれませんか」と。それは、その時の私のできたあまりにも幼い、しかし精一杯のプロポーズであった。その人は遠く彼方を見ながら、「手束さんなら、いいわ」と呟くように言った。その横顔は夕陽に映えてとても美しかった。

神学部に入学した年の夏、私は「筑豊の子供を守る会」に入り、北九州に赴いた。「筑豊の子供を守る会」というのは、その時代、日本では石炭から石油へとエネルギー政策の大転換がおこり、次々と炭鉱が閉鎖となり、炭鉱労働者達は職にあぶれた。彼らの多くは、生活保護で生活することになったのであるが、今日でも問題になっている〝生活保護者の堕落〟が起こった。毎日することがなく、〝花札遊び〟などの賭け事に興じる者も少なくなかった。そのなかで、子供達がスポイルされていった。こんな子供達を救おうという運動が、全国のキリスト教系の大学で学ぶクリスチャン達の中から起こった。関学神学部の中にも会が組織され、私もこの運動に加わった。そして聖和女子短大の学生達と共に筑豊炭田に赴き、約一カ月間子供達に勉強を教えたり、遊んだりした。子供達は別れ際、泣きながら手を振って、別れを惜しんでくれた。私達も泣いた。

その復路に、私は他の仲間と別れてその人の家に立ち寄った。ちょうどその晩が祈祷会だったので、指命されて証もした。祈りは当時の私には珍しい〝共同の祈り〟（群祈ともいう）であった。その人の両親はいかにもホーリネスの牧師夫妻らしく、質素な有様の中にも、信仰に生きる喜びに溢れた方々だった。そして私を心から歓迎して下さった。その晩、教会に泊めていただき、翌日その人の見送りを受けて、帰途に就いた。別れ際、強く手を握り合いながら、またの再会を誓い合った。

ところが、それから一、二回手紙のやりとりがあったが、その後プッツリと音信が途絶えた。どうしたのかな、もしや病気ではと思ったりしたが、こちらから連絡をとるのははしたないことのように思われ、相手からの連絡を待った。一年くらいたった頃だったろうか。意外なことを耳にはさんだ。その人がある大阪の教会のキリスト教教育主事として働いているという情報だった。「えーっ。まさか」と思った。こんな近くに来ていたのなら、なぜ連絡してくれなかったのかと訝《いぶか》った。早速に電話をかけた。電話口で、私は自分の疑問をぶつけ、苦言を呈した。その人はただ、「すみません。ご免なさい」と繰り返すのみであった。間もなくその人から手紙が来た。お詫びの手紙かと思ったが、そうではなかった。それは決別の手紙であった。「手東神学生殿」という、これまでとは打って変わった仰々しい書き出しで始まっているその手紙は、もう交際は打ち切りたい旨厳しい調子で書かれており、最後に「神の召命に応えて、今は懸命に学ばなければならない時なのに、自分のような者にうつつをぬかしているのは、あなたらしくないことですから」と結ばれていた。私は強いショックを受け、暫し呆然とした。どう受け止めればよいのか、いろいろ思い巡らした。その本当の理由は分からなかったが、その手紙に込められているのは、悩み苦しんだ末の私に対する深い愛と配慮であることは、鈍い私でも悟り得ることができた。恐らくは、四歳年上ということが、その人にそう決心させたのであろう。今の人には理解できないであろうが、そんな時代であった。辛かったが、私はその人の深い思いを汲み、以後一切連絡することはなかった。

それから一年半くらいたった時だったろうか。その人が神戸の教会の伝道師と結婚することを知った。その相手というのは、私のよく知る二年ほど上の先輩（年齢は五歳ほど上だったが）である。当然結婚式の招待状は来なかったが、その日私は結婚式の行われる教会に赴き、目立たない場所に座り、二人の結婚を祝福した。結婚式が終わり、定石どおり新郎新婦が教会堂の玄関口で挨拶を受けていた。私が前に立つと二人はハッとした表情をした。その人は申し訳なさそうに下を向いた。私は「おめでとうございます」と深く一礼して、その場を去った。「これでいいんだ。これでいいんだ」と、私は何度も自分に言い聞かせながら、神戸の町を歩き続けた。呟くたびに、甘ずっぱい思いが私の心から溢れ流れ出ていった。かくて、私の初恋は終わった。二十二歳の春だった。

神学生の寮「成全寮」の中迫広子寮母は、どこで聞いたのか私の失恋物語を聞き知り、「駄目だねえ、折角のいい人を取られて。もっとしっかりしなきゃ」と同情して下さった。しかし恩寵なる神は、私のために最善のよき伴侶を用意していてくれたのである。

十九　真理を求め続けた神学生時代①

――「社会主義」という幻想への眩惑――

私の卒業した関西学院高等部は、関西学院大学に推薦だけで入学できる仕組みになっていた。卒業間近、どの学部に入りたいかを希望し、その学部の入学希望者が殺到した場合は、成績順に上から何人かが（人数は学部によって異なる）希望学部に入学することが許された。しかし、神学部の場合、ほとんど入学希望者がおらず、数年に一人ぐらいの割合でしか進学しなかった。しかし、私の学年の場合は例年と違っていた。私を含めて、三人が神学部を希望した。定員はわずか二十人であったが、それでも大幅に定員を割る入学者しか毎年与えられなかったため、神学部の教授達は、小躍りして喜んだという。

他の二人というのは、ひとりは神学部教授だった松木治三郎先生（日本の新約学の大家、著作集が出ている）の長男の松木真一君、もうひとりは、豊中市の医師の息子、菅賢一郎君であった。松木君は神学部大学院卒業後、数年間ドイツで学び帰国したが、われわれの期待に反し、なぜか神学部のスタッフにはなれず、関西学院大学理工学部の宗教主任のまま長年勤め上げ、間もなく定年を迎えた（数冊の著書がある）。もうひとりの菅君の方は、一九六九年の大学紛争で挫折し、神学部を辞め、その後の消息は杳《よう》としてつかめなかったが、何年か前に召天したことを知った。ここでも、牧師になったのは私ひとりであった。

ついでながら、もうひとり、高等部に入学した時から、神学部に行きたい旨語っていた人物がいた。小河陽君という。関学高等部始まって以来の秀才とまでいわれた男である。ところが彼は、周囲の予想に反して神学部には進まなかった。国際基督教大学へと鞍替えをしてしまったのである。相当偏屈だった彼とは、あまり親しくはなかったので、その理由について尋ねたことはなかったが、恐らく勉強好きだった彼にとって、関西学院大学神学部では、彼の学問的欲求が満足できないと考えたからであろう。だが、当時の関西学院大学神学部は、他の教団認可神学校（東京神学大学、同志社大学神学部、青山学院大学文学部神学科等）と比べても決して劣るものではなく、松村克己神学部長の指導の下、ドイツのアカデミニズムを謳歌する厳しい雰囲気があった。そのために、折角召命を受けて入学してきた神学生達も、その学問的厳しさのゆえについていけず、半数以上が落伍していった。もし彼が関学神学部に当初の予定どおり進んでいたならば、神学部開設以来の秀才としての名声を博し、今頃は神学部のスタッフになっていたのにと思うと、何とも惜しい気がする。

彼は国際基督教大学を卒業した後、東京大学大学院で西洋古典を学び、その後ストラスブルグ大学神学部に留学し、そこで博士号を得た。新約学者としての道をひたすら歩み続け、後に立教大学で教鞭を執り、松木君と同じく、定年を迎えた。彼は語学力に大変優れており、特に翻訳において業績が大きい。とりわけ、世界の最高水準の註解書シリーズといわれている Evangelisch-Katholischer Kommentar zum Neuen Testamennt（略してE・K・K）のうち『マタイによる福音書』全四巻を見事に翻訳するという大業を果たしてくれた。それはどんなにか日本の牧師達の説教作りに役立っていることだろうか。拍手を送りたい。

二〇一三年四月二十四日、教団の雑誌「信徒の友」によって、我が高砂教会が全国の教会から祈ってもらうことになっていた。多くの手紙やハガキが舞い込んだのであるが、その中に東京の祖師谷教会（小河由美子牧師）からのハガキを見た時、そこに小河陽という署名を見いだした。「もしや」と思って電話をし、小河由美子牧師に確かめると、まさしくあの小河君であった。二十数年前に結婚をしたという、翌々日であったか、彼自身から電話があった。懐かしさがしみ渡った。いつの日かまた会おうと約束し、そして間もなく実現したのである。

神学部への入学試験はなかったが、面接はなされた。「どんな本を読んでいるか」と尋ねられた。そこで私が「はい、片山潜の本を読んでいます」と答えると、教授達の何人かは「へーっ」といった顔をした。今の若い人達は知らないであろうが、片山潜とは明治時代に活躍した社会運動家である。彼はアメリカ留学中にクリスチャンになり、一時牧師になろうとしたらしくイェール大学神学部をも卒業している。帰国後、東京・神田三崎町にキングスレー館を設立し、社会改良、労働組合運動に取り組んだ。彼は当初キリスト教人道主義の立場から、労働運動に取り組んだのであるが、やがて共産党員となり、ソ連にまで行って共産党幹部になったが、モスクワで死んだ。当時、私が興味を持ったのは、クリスチャンとしての片山潜がどのようにして共産党員になってしまったのかということであった。

このように、神学部に入学した頃の私の最も強い関心は、「キリスト教と社会主義」という問題であった。そしてこの問題は、長い間の日本のキリスト教界全体の課題でもあったように思える。いささか自慢めいて気が引けるが、私はこの課題を高校生の時から考え続け、神学生時代に何とかしてその答えを見つけようと、学問追究だけでなく、実践的行動においても確かめようとしたのであった。私がパウル・ティリッヒの神学に魅かれていった一つの理由も、ここにあった。ティリッヒほど、「キリスト教と社会主義」を神学的課題として真正面から取り組んだ人はほかにいないからである。

それでは、パウル・ティリッヒはなぜ「キリスト教と社会主義」という課題を自らの神学を通して追究することになったのであろうか。その動機について、彼は自らの自叙伝ともいうべき『境界に立って』のなかで、次のように語っている。

「私の両親は、市長、医者、薬剤師、二、三の商人などの家庭およびその他のほんの一握りの家庭などとともに、ここの上流階層に属していたのである。……優越した階級に所属していたために、社会的罪悪意識がこの幼少年時代に生みだされ、この罪悪意識は、その後の私の仕事と私の生涯の運命にとって、まったく決定的なものとなったのである。私の知る限りでは、上層階級の感受性の強い子供達が下層階級の子供達と幼少期に親しい交わりをもつ場合には、次のようなただ二つの可能性のみが存する。つまり、それは下層階級の子供達の攻撃的な怨恨に対する反応として、社会的罪悪感か、あるいは社会的嫌悪感かのどちらかを募らせるということなのである。」

つまり、裕福な牧師の子供として育ち、感受性の強かったティリッヒは、貧しい下層階級の人々に対する罪悪感のゆえに、皆が平等に生活できることを掲げた社会主義への憧憬を抱くに至ったというのである。まさに私の場合も、まったく同じ動機によって、社会主義への強い関心を持つに至ったということができる。

既述した如く、私が幼少時代を過ごした茨城県結城市の祖父母の家は、元来地主であった。戦後は「農地改革」によって、そのほとんどを失ったが、それでも、周囲に点在していた元小作の人達と比較すると、うんと裕福であった。私を育ててくれた祖母は、確かに〝質素倹約の人〟であったが、しっかりとお金を貯え、必要な時にはいつでも出してくれた。私の父もサラリーマンとしては異数の出世を遂げた人であり、高校、大学の学費や下宿代も全部出してくれた。神学生時代、私は神学生専用の「成全寮」で大学院も含めて六年間を過ごしたが、寮生の多くは週に何度かアルバイトに出かけて、生活費を稼がなくてはならなかった。しかし、私にはその必要はなかった。当時、神学生は別名〝貧学生〟と揶揄的に呼ばれていた。そのため私は、寮生のある人々からは羨ましがられ、妬まれることになった。それが嫌で、私もわざわざ探して家庭教師のアルバイトに出かけたりもした。そのように幼いときから経済的には恵まれていた私の内には、ティリッヒと同じように〝社会的罪悪感〟がいつの間にか生まれ、社会主義運動へと傾斜させていった。

私が神学生時代を過ごしたのは、一九六三年四月から一九六九年三月までの期間であり、ちょうどいわゆる〝六十年安保〟と〝七十年安保〟の中間の時期であり、学生運動が最も高揚していた時代ではなかったかと思う。あまりにも高揚しすぎて、一九六八年の頃から極めて過激な〝大学紛争〟が起こり始め、それから約三年間、日本中の大学ばかりでなく、高校までも、荒れに荒れ、その火は教会にまで飛び火していった。わが日本キリスト教団もそれから約三十年間、暴力的な造反派によって牛耳られ、今日の教団衰退の下地が作られることになったのである。

けれども私は、社会主義の追求者でありながら、ラディカルな運動へと傾斜することはなく、むしろそれらの過激な動きとは一線を画した。それは、私自身が内に持つバランス感覚と現実主義的思考のゆえだったと思う。それは単にラディカリストにありがちな社会主義についての観念的理論を振り回して悦に入っていくのとは異なり、現実の社会をいかにして少しでも社会主義へと近づけていくかという、地味でありながらも有効な手立てを模索するものであった。そのような私の姿勢は、勢い当時の百家争鳴の学生運動のなかで、社会主義青年同盟（協会派―社会党左派）や統一社会主義同盟（構造改革派―社会党右派）の人々と近づけていった。

そして社会党に正式入党することはなかったが、選挙の時などは社会党の候補者の支援にかけ回ったりした。かつての社会党の委員長土井たか子氏が政治に打って出た折りなどには、大学一年生の時に、彼女から「日本国憲法」の講義を受けたこともあって、必死に選挙運動を展開し、当選祝賀会にも招かれた。そして寮のなかで、社会党の機関紙「社会新報」の分局をも開き、神学生達に勧めたりしたのであった。

だが、牧師になってから台湾や韓国に赴くようになり、台湾や韓国の人達の社会主義に対する不信や恐怖感を目のあたりにした時、これまでの社会主義に対する幻想は次々と崩されていった。そして分かってきたことは、日本のジャーナリズムは社会主義の真実な姿を伝えてはいないのではないだろうか、社会主義を理想化するあまり、よい面ばかりを囃《はや》し、国民を欺《あざむ》き続けてきたのではなかったかということであった。そしてその極めつけは、一九八九年の〝ベルリンの壁崩壊〟から始まった社会主義国のドミノ式崩壊によって暴露された、その陰惨極まりない社会主義の内幕であった。かくて、私の内から社会主義への憧憬は急速に消え去り、「神の国の実現は、聖書の示す如く、イエス・キリストの十字架による贖《あがな》いとそれに続く聖霊の満たしによってでしか、この地上においては実現しない」と確信するに至った。その確信は、以後私の牧会理念となり、私の牧会と教会形成はその理念に基づいて展開されることになったのである。それは、人間の力によって、この地上で「神の国」を実現することの不可能性を通して、神の力による天来の「神の国」の実現へと覚醒することであった。それはまさに、主イエスの説いた「神の国の福音」への開眼であった。

だが、このような私の〝転向〟を理解せず（私はこのことについて、初著『キリスト教の第三の波——カリスマ運動とは何か』などの著書を通して、その理由を公にしているのだが）、私の〝転向〟を「変節漢」、「卑怯者」の如く批判し、誹謗する輩《やから》もいた。その代表格は、教団造反派の首領的存在のひとり菅沢邦明君であった。彼は神学部時代の同級生で、一緒に学生運動をしていた時期もあったので、その批判的言辞は熾烈《しれつ》を極めた。何年か前、同窓会の席上でも、彼は公然と私を非難した。そこで私は憤然として立ち上がり、「モーセも変わった。パウロも変わった。変わるのがそんなに悪いか」と怒鳴った。彼は返す言葉を失い、押し黙った。そこに居合わせた同窓生達も、その多くが得心したような顔だった。

恐らく、彼が〝転向〟を非難するのは、そこには「保身」や「打算」があると思い込んでいるからであろう。だが、モーセやパウロの場合もそうだが、私の場合も、〝転向〟することによって、この世的な栄達の道は絶たれ、むしろ大きな苦難や戦いに遭遇することになったのである。それはまったく、「保身」や「打算」とは逆の事柄であった。

二十　真理を求め続けた神学生時代②

――被差別部落解放への挺身――

幼い頃、結城の家の近くにあった貧しい家の子とケンカをしたことがあった。私より一つほど年下の子だったので、私が勝って、その子が泣き出した。すると、その子の母親が野良着姿で走って来て、私の頬を叩いた。そのことを祖母に話すと、祖母は「子供のケンカに親が出てくるなんて、やっぱりエタだねえ」といまいましそうに呟いた。「エタってなあに」と問い返すと、祖母は口をつぐんだ。私が「エタ（穢多）とは何か」ということ知ったのは、高校時代に島崎藤村の『破戒』を読んだ時だった。主人公の瀬川丑松という青年教師が、「隠せ」という父の戒めを破って、自らが〝穢多〟であることを生徒達の前で告白し、苦悩のうちに教師を辞めていくというストーリーである。読み終わった時、何ともいえないもの悲しい思いに落ち込み、「こんな理不尽なことがあってもよいものだろうか」と暫し呆然としたのだった。

神学部に入学して間もなく、寮生全体のオリエンテーションのようなものが一泊で行われた時、神学部内に被差別部落の解放を目指す「部落問題研究会」なるものがあることを知り、早速に会長だった三年生の藤村元紀さんに入会を申し込んだ。半年ほどすると、当時大学の社会科学研究部（俗に「社研」といわれていた）の中にあった「部落問題研究会」との合同の話が持ち上がった。私達クリスチャンも積極的にそれに応じ、クリスチャンとノン・クリスチャンが入り交じった「関西学院大学部落問題研究会」なるものが成立した。会員は二十名ほどいたが、まだ同好会の段階だったので部室はもらえず、宗教センターの一室を借りて、活動を進めることになった。私はまだ二年生になったばかりであったが、藤村元紀さんから「この会はクリスチャンが主導権を取らなくちゃならない。だからおまえが会長をやれ」と強く推されて、社研グループを押さえて、私が会長になった。更にその翌年も会長に推された。

勉強会は一カ月に一度くらいであり、井上清著『部落問題の研究――その歴史と解放理論』をテキストにして学んだが、実践が中心であった。週に二度、仁川競馬場近くの西蔵人という被差別部落の公民館（当時は隣保館といっていたが）に行き、子供達に勉強を教えた。もちろん、ボランティアである（だが、毎月何万円かの措置費が隣保館から支給され、それらは皆研究会の会計に入れられた）。それは被差別部落の差別をなくするためには、ともすれば学力が低く、それゆえによい就職にもつけない子供達の学力を高めることが必須であるという理念に基づいている。私も会長という責任感も手伝って、火曜日と木曜日の週二回四時半くらいに寮を発ち、歩いて三十分くらいの西蔵人部落まで勉強を教えに行った。毎回数人の会員達が一緒に教えに行ってくれた。隣保館は三十人ぐらいの子供達が集まっており、楽しくはあったが、行儀が悪く教えるのに苦労した。

けれども、部落差別をなくすという目的においては一つであるが、その目的達成のための方法論の違いにより、被差別部落内には大きな対立があった。一つは、「日本同和会」を中心とした保守派の運動であり、それは主に〝同和教育〟の徹底と共に、被差別部落の人々の生活改善と倫理的向上をも求めるという融和的なものであった。もう一つは、「部落解放同盟」による行政闘争や差別糾弾闘争に重点を置いたものであり、主に居住環境の改善と差別を生み出す社会体制の変革を求めていた。そして、社会党や共産党を中心とした左翼勢力がこれを支援した。私達は、一方では隣保館で子供達に勉強を教えるという「日本同和会」の意向に沿った実践活動をしながら、他方では「部落解放同盟」の人達とも付き合う八方美人的あり方をとっていた。それは、聖書的には〝和解者〟の姿であり、むしろ称讃されるべき態度であったが、世間的に見るとイソップの〝コウモリ〟のように見られても仕方がなかった。

やがて、私達の八方美人的あり方が破綻する時がきた。隣保館の館長でもあり、また「日本同和会」の地区会長でもあった寺の住職に、私達が部落解放同盟とも付き合っていることが分かってしまった。住職は怒って、私達を呼び出し、解放同盟との付き合いをやめるように迫ってきた。私達は一応その場では住職の言うことを聞くことにしたが、部落解放同盟との付き合いをやめる気はなかった。隣保館の吏員であったNさんが執りなして下さり、住職との仲も一応その場では収まったが、やがて決定的な時を迎えた。今考えれば、「日本同和会」の主張にも一理あったと思う。解放同盟の何もかも行政が悪く、社会体制が間違っているので差別が起こるのだという考え方は、あまりにも一面的一方的な差別に対する把《と》え方だったと思う。それは、社会主義の旧ソ連においても、ユダヤ人をはじめ、少数民族に対する差別が歴然としてあったことが証明している。しかし、その頃の私は、マルクス主義者の井上清（当時、京都大学教授）や東上高志（当時、立命館大学講師）の解放理論にすっかり心酔していたので、部落解放同盟の方が正しいと思い込んでいたのである。

だがある時、私達のために何かと便宜を図ってくれ、世話をしていてくれたNさんが、急に人事異動により、隣保館を去ることになった。何くれとなく私達の肩を持っていたことが住職の怒りを買い、配置転換になったのであろうことは、人生経験の少ない私達にも容易に察しがついた。私は申し訳ない思いで、Nさんのところにひとりで行き、これまでの協力と支援を心から感謝していると礼の言葉を述べた。すると、Nさんは照れ臭そうに、意外なことを明かしてくれた。「手東さん、実は私もクリスチャンなんです」。私は「えっ」と思った。「けれども、放蕩息子なんです。宝塚教会で洗礼を受けたまま、ずっと教会へは御無沙汰なんですよ。でも、手東さん達の働きのためにお役に立てたことが、私のせめてもの罪ほろぼしだと思っています」と。「そうだったのか」と私は心の内で思った。それで謎が解けた。Nさんがあれほど私達のために心を配り助けて下さったのは、そういう事情があったのかと知った時、表現力の乏しい私はただNさんの手を固く握って「有り難うございました」と感動と感謝の意を表したのであった。そして、Nさんの転任と共に、私達も隣保館を去らなくてはならなかった。

西蔵人地区隣保館での子供達への奉仕活動はかくして終わりを告げたが、子供達への勉強教室だけでなく、子供達を遊びに連れていったりすることにおいても、実によくやってくれた会員がいた。谷綛保さんという。彼は学年は私よりも一学年上であったが、いったん社会に出てから関学の社会学部に入ってきたようで、私より二つほど年上であったにも拘わらず、私の参謀あるいは官房長のようにして、よく仕えてくれた。彼はよく「あんたは牧師にするのは惜しい。実業家になったらどうや。卒業したら、一緒に仕事をしようよ」などと言っていた。そして、私を「手束君」というより、「会長、会長」と呼んで、立ててくれた。非常によく気が利き、女房役としては抜群の才能の持ち主であった。どんなに助かったことだろうか。

その彼が、四年生の時だったか、家が倒産し、大学を中退せねばならないような経済状態に陥ったことを聞き知った。私は驚き、すぐに彼に手紙を書いた。突然に起こった窮境に心を痛めている。けれども、折角ここまできたのだから、是非卒業をして欲しい。何だったら、自分の持っている貯金を貸してもよい。稼げるようになった時に返してくれたらそれでいい等、彼のこれまでの誠実な働きに報いるべく精一杯の思いをもって、励ましと慰めの文章を認《したた》めた。そして最後に、ベルギーのフランス語詩人エミール・ヴェルハーレンの有名な詩を書き添えた。

「君すぎし日に　何をかなせし。

君今ここに　ただ嘆く。
語れや君。
そも若き折　何をかなせし。」

すぐに彼から返事が来た。励ましの手紙、本当に嬉しく感激に堪えない。お金のことは、幸いにも親戚の者が都合をつけてくれたのでお借りしなくてもよいようになった。深く感謝している、という内容だったと記憶している。

彼は卒業後、紆余曲折を経て、「神戸教育心理センター所長」となり、神戸の三宮に事務所を構えて、当時としては珍しいカウンセリング業を企業や教育現場において幅広く展開していき、その道の専門家として名を馳せることになった。高砂教会の会員の中からも、こじれた人間関係で悩む何人かの人を彼のところに送ったことがあったが、彼は普通のカウンセリング料の半額で、カウンセリングをしてくれた。また、高砂教会にも、二、三度講演に来ていただいた。彼はそのたびに、信徒達の前で、自分は手束牧師に学生時代大変世話になった人物であると紹介し、「手束牧師は昔から私にとって年下のお兄さんだった」とユーモラスに語った。恩義に厚い、律儀な人物というのは、彼のようなひとのことをいうのであろう。

話を部落解放運動に戻す。私達の活動は単に大学構内だけに留まらなかった。当時キリスト教界内にも、部落問題に対する意識が高まり、超教派の「キリスト者部落対策協議会」なるものが一九六二年に誕生していた。会長には当時国会議員であり教団堅田教会の牧師でもあった西村関一氏がなっていたが、実務は大阪キリスト教短期大学神学科を卒業し、浪速兄弟伝道所の牧師であり、また協議会の書記長の松田慶一師が行っていた。松田師は教団西成教会の益谷寿牧師と親しく、私達の会はこの二人の牧師達と頻繁に交流し、〝キリスト者〟として部落問題をどのように神学的に位置づけていくかを学習研究していった。ある時などは、国際基督教大学の学生達と数人で、西成のドヤ街を泊まり歩き、日本の底辺社会の実態を体験することまで実践したのであった。このような部落解放への挺身は、生活のためのアルバイトはしなくてもよかった身分にありながら、アルバイトをする以上に、多くの時間とエネルギーを奪い去るものであり、ひいては神学部での学問研究に少なからぬ支障をもたらすことになった。しかし、それと同時に、差別や貧困という問題とじかに対峙しながら神学の研究と思索を展開することによって、私自身の内にいつの間にか、観念的机上の信仰、神学に留まることなく、生の人間の課題と激しく切り結んでいく、言わば現実的実用の信仰・神学へと導いてくれることになったのである。それは、聖霊の働きと共に、教会の成長・成功的牧会のためには、不可欠な資質となった。

やがて、そのことが試される時がきた。私が四十四年前に高砂教会に就任した頃から、熱心に教会に来ていた若き女性がいた。彼女は大学生だった時に私から洗礼を受けただけでなく、聖霊に満たされ、教会学校や青年会で率先して活動し、聖霊刷新是か非かの戦いや、会堂建設是か非かの争いでは終始私の理解者であり支持者であった。そんななか、彼女はひとりのハンサムで頭のよい青年と恋仲になり、彼も間もなく洗礼を受けた。「あの二人、似合いだから早く結婚できたらいいな」と妻と話し合っていた矢先、一通の電話があった。彼女の伯父さんという方からであった。「自分達は部落出身なのだが、その結婚大丈夫か」という心配の電話であった。私はその時初めて二人の間にある深刻な事態を知った。しかし私は、「今こそ、学生時代の部落問題研究が役に立つ時がきた。必ずあの二人を結婚させてみせる」と強く決意を固めた。暫くすると、彼の方の実姉と兄嫁が教会にやって来て、「二人の結婚をやめさせて欲しい」と私に迫った。彼も交えて激しい議論を二時間ほどしたが、埒《らち》が明かず、帰って行った。そこで私は彼の実家に乗り込み、両親を説得しようと試みた。思っていたより、物事の理非を心得た方々であった。「これならいける」と思った私は、精魂込めて説得に努め、最後に畳に手をついた。そして遂に両親は折れた。結婚式は、私がこれまで体験したどの結婚式よりも感動的なものだった。結婚式の翌日、彼らの新婚旅行の見送りに新幹線姫路駅のプラットホームまで、妻と共に出かけた。彼らを見送った後、私と妻は「よかった、よかった」と喜びながら帰って行った。

二十一　真理を求め続けた神学生時代③

――松村克己教授の厳しい薫陶（その一）――

関西学院大学神学部は、四年間の学びで終わらずに、その上に大学院での二年間の学びを加えた六年間一貫教育制度を採っていた。これは何も、関西学院神学部独自のものではなく、同じ日本キリスト教団認可神学校である東京神学大学や同志社大学神学部、更には青山学院大学文学部神学科も同様の制度を設けていた。なぜ六年間も学ばせることにしたのかということについては、恐らく医者と同じく、若いうちから「先生」と呼ばれる立場に立つのだから、六年間くらいはしっかり勉強させなくてはということだったのであろう。そのため他の学部のように、二年間の教養課程を終えて、三年生からゼミナールをとって専門分野の学びに入っていくというものではなく、四年生になって初めて専攻科目を決めて、ゼミナールを受けることになっていた。

三学年終了時、私は迷うことなく、松村克己教授の「組織神学」のゼミナールをとった。その理由は、既述したごとく私が神学部での学びを始め、語学語学で追われているなかで、おのずと湧き起こってきた「神学って何だろう」という私の問いに対して、パウル・ティリッヒの神学に触れることによって、その答えを見いだしたからであった。その答えというのは、「神学とはキリスト教信仰という特殊真理を普遍的概念をもって語る」ということであった。それゆえにティリッヒの神学は、哲学や文学だけでなく、心理学や社会学、更には歴史学や自然科学をも駆使して、キリスト教の真理性を弁証していくという壮大なスケールの下に展開されていたのである。「これは面白い」と私は思った。というのは、私のようにキリスト教と無縁な環境で育った者にとっては、クリスチャンになるというのは極めて特殊なことであり、そのことを周囲の人々に説得的に弁証するのにはどうすべきかという課題に直面していたからである。

それにもう一つの理由があった。それは、当時学部長であった松村克己教授の厳しい指導に魅かれたからであった。松村教授は一年生の時には「ドイツ語Ⅰ」を、二年生の時には「哲学Ⅰ」を講義して下さった。ドイツ語の講義は文学部独文科の学生以上に急ピッチで進められ、哲学の講義も文学部哲学科の学生以上に詳細に講義された。当然、それほど優秀でない神学部の学生達はテストに合格できず、半分以上が落第をし、遂には留年の憂き目に遭い、次々と退学していった。そのため、松村教授の「組織神学」は「葬式神学」などと揶揄的に呼ばれていた。俄然、学生達は猛反発をした。「われわれは牧師になるために神学部に入ってきたのだ。なのにドイツ語ができないからといって退学を余儀なくさせるというのはおかしい」と。しかし松村教授は少しも動じることなく昂然《こうぜん》と言い放った。「ドイツ語のできないような奴は牧師になる資格はない」と。それは牧師は語学能力のない人間には無理だという意味ではなく、ドイツ語の習得という日常的な努力の積み重ねのできない、根性のない人間には、とうてい牧師という務めは続かないという意味であったのだろう。私は入学して間もない頃行われた教授と学生達の対話集会におけるこの場面を今でもよく覚えている。その時私は、「凄い先生だな。この方の指導を仰ぎたい」と感服したのだった。

かくて私は、〃松村門下生〃になっていくことになるのであるが、私の学年で〃松村ゼミ〃をとったのは、私ひとりであった。その厳しい指導と組織神学の難しさを学生達は忌避《きひ》したのである。

松村克己教授は、戦時中は京都大学哲学科の助教授として名を馳せた方であった。いわゆる「京都学派」の一員として将来を嘱望《しょくぼう》されていた方であり、宗教哲学者として著名だった波多野精一の後継者と目されていた。「京都学派」というのは、西田幾太郎や田辺元の薫陶を受けた一群の哲学者の流れをいい、その中には和辻哲郎、九鬼周造、西谷啓治、高坂正顕、田中美智太郎、三木清などの、戦後の日本社会に影響を与え続けた錚々《そうそう》たるオピニオンリーダーが名を連ねている。しかし戦後、これらの「京都学派」のほとんどが「戦争推進論者」として、GHQによって公職追放の悲運を味わった。松村教授もそのひとりであった。浪々の身となり、生活に困窮を来《きた》し、その結果奥様を栄養失調で亡くされてしまった。その悲しみのなかで松村教授に神の恩寵の手が差し伸べられた。戦後再建された関西学院大学神学部から教授就任の招請がきたのである。かくして、関西学院大学神学部の組織神学教授松村克己が誕生したのであった。そしてこのことは、松村教授にとってよりも、むしろ関西学院大学神学部にとって、質的向上とそれに伴う高評価をもたらすという幸いを結果することになったのである。

私は松村ゼミを受講するにあたって、先生に一つの要請を出した。ゼミナールのテキストには、是非パウル・ティリッヒの「組織神学・第三巻」を使って欲しいと。松村教授は二つ返事で応諾してくれた。松村教授はティリッヒの神学に早いうちから注目し、これを日本に紹介した人物のひとりである。〝ティリッヒ神学〟の紹介者としては、同志社大学神学部の土居真俊教授が有名であるが、松村教授はすでに戦時中の一九四三年に学術誌「哲学研究」に掲載した「神人呼応」という論文のなかで、ティリッヒについて論じている。土居教授よりも十年ほども早い。

松村教授はかなり早い時期から、ゼミナールにおいて、ティリッヒの「組織神学」の第一巻〝神論〟と第二巻〝キリスト論〟を英語版で講じていた。そこには、興味津々たる内容が叙述されており、「そうか、そうだったのか」と唸りながら読んだ。私の年来の疑問であった「なぜナザレのイエスはキリスト（救い主）と言い得るのか」というキリスト論的問いに対して、見事なる答えが説得的に展開されていたからである。

当時の神学生達の大きな関心事は、いわゆる「史的イエスとキリスト論」についてであった。その論争のなかで、当時の神学界を風靡していたルドルフ・ブルトマンやカール・バルトは「史的イエス」（歴史学的に確かめることのできるナザレのイエスの像のこと）と「告白されたキリスト」（教会が信仰をもって受けとめ、聖書に描いたキリスト）との間に、連続性を認めず、むしろ「史的イエス」を切り捨てて、「信仰のキリスト」のみに集中していく強い傾向があった。しかし、このような当時のドケティズム的な主流的傾向に対し、私は大いに疑問を抱いていたのだが、ティリッヒは「史的イエスと信仰のキリスト」の間を見事に繋ぐことに成功していったのである。しかし、ここではその詳細については触れない、大事なのは、この「史的イエス」と「信仰のキリスト」を連結させるためには、聖霊というものが不可欠だというこことの発見であった。それゆえに、私はキリスト論は聖霊論によって成就するのではなかろうかと推察し、「組織神学・第三巻」の講義を待ち望んだのであった。その頃の私はまだ聖霊体験はなかったのであるが、私の狙いは間違っていなかったのである。

大学院でのゼミナールは「針のむしろ」であった。というのは、松村ゼミの専攻生は私ひとりであり、毎週私ひとりが松村教授の前で研究発表をするはめになった。それだけではない。私以外に数人の聴講生がいたが、それらの人々は皆大学教員や先輩の方々であった。その中には山中良知教授（文学部哲学科）、熊谷一綱教授（社会学部チャプレン）、山内一郎助教授（神学部）などがおり、これらの方々は皆私が教えを受けてきた方々であった。つまり、私は松村教授のみならず、かつて教えを受けてきた何人もの方々の前で拙い研究発表を披瀝《ひれき》せねばならなかったのである。そのための準備は相当きつかったが、今思えば、あの厳しい訓練が今日の私を創ったともいえる。起こりくる世の中の様々な事象に対して（例えば、東日本大震災のような未曾有の出来事に対しても）、私が神学的洞察と思惟をもってこれを解釈し、動揺する信徒達に納得させる説教や説得ができるようになったのも、あの時に徹底的に鍛えてもらったお陰によるものと感謝のほかはない。更に幸いだったのは、卒業の一年後に突然に大学助手として神学部に呼び戻され、ティリッヒの「組織神学・第三巻」（聖霊論）の講義を、在学中のみならず、助手の期間の三年間においても、継続して聴くことができたことである。学部四年生の時から実に六年間にわたって、私は松村教授から「組織神学・第三巻」の緻密で奥深い講義を聴き続けるという特権に与ったのであるが、このことの中に神のあまりにも遠大な計画があったことに気づいたのは、それから十二年を経た時のことである。

十二年後の一九八六年十一月一日、私は初著『キリスト教の第三の波――カリスマ運動とは何か』を上梓したのであったが、その〝あとがき〟において次のように記している。

「それゆえに私のカリスマの神学の根拠は（ある人々には驚きであると思うが）パウル・ティリッヒにあるのである。ティリッヒの神学の本領は聖霊論にある。今年は、ちょうどティリッヒの生誕百年にあたるのであるが、もし私が学生時代に、松村教授の指導の下、彼の神学を学んでいなかったならば、特に彼の『組織神学第三巻』（聖霊論）を学んでいなかったならば、折角のカリスマ体験も何か訳の分からない妙な体験ぐらいにしか考えず、したがってカリスマ運動の真理性に気づかずに終わったであろう。」

クリスチャンの間では、よく「摂理」という言葉が使われる。「広辞苑」を引くと、「キリスト教その他の宗教で、神が人の利益を慮《おもんぱか》って、世の事すべてを導き治めること」と出てくる。まさに私の若き日における松村教授指導によるティィリッヒの「組織神学・第三巻」の研究は、神の摂理の下にあったと覚えざるを得ない。それによって、一万部を超える神学書のベストセラーとなった『キリスト教の第三の波――カリスマ運動とは何か』の出版を手始めに、『続・キリスト教の第三の波――カリスマ運動とは何か』『キリスト教の第三の波・余録――講演と証し集』『命の宗教の回復――キリスト教の第三の波〈説教集〉』など、一連のカリスマ運動に関する書物を刊行することができ、日本における聖霊の新しい運動の推進に貢献することができたのであった。

松村教授によるティィリッヒ「組織神学・第三巻」の講義を、私と共に受講しておられた山中良知教授は（この方には二学年の時に「哲学史Ⅱ」と三学年の時に「独書講読」を教えていただいたのだが）松村教授の授業の後、そのざっくばらんな人柄まるだしに次のように語りかけてこられた。

「手束君、松村先生の講義は素晴らしいね。僕は京大の哲学科の学生の時にも講義を聴いたんだが、あの頃より、今の先生の講義は何倍も厚みがある。なぜ他の神学生達は松村先生のゼミをとらんのかね。もったいない。君は得をしたな」と。

山中教授の言葉の如く、学年でただひとり松村ゼミをとった私は、あまりにも張り切りすぎて目を使いすぎ、眼精疲労に陥り、修士論文作成には随分と苦労することになったのだが、にも拘わらず、松村教授の厳しい薫陶は、やがて私の人生に神の恩寵の御手により大輪の花を咲かせることになったのである。

二十二　真理を求め続けた神学生時代④

——松村克己教授の厳しい薫陶（その二）——

組織神学の修士論文の完成は大学院在学中には無理だといわれていた。聖書神学（旧約と新約に分かれる）や歴史神学、また実践神学などの修士論文は、在学中に提出することが当然視されていたが、組織神学の場合、その研究範囲の広さと難解さ、それに加えて松村先生の厳しい吟味のゆえに、大学院を卒業してから二、三年してやっと提出し、合格するというのが普通のこととされていた。しかし、私は何とかして大学院在学中に完成し、合格したいという強い願望を持った。恐らくそこには、若さゆえの功名心というものが働いていたであろう。

そんななか、大学院一年の秋、二学年上の文屋善明という先輩から声がかかった。「手束君、毎月一度ずつ、松村先生のお宅を訪ねて研究会を開かないか。僕が先生には話をつけるから」。彼はとてもひとなつこい人物であり、織田信長に対する木下藤吉郎よろしく、皆が恐れて敬遠しがちだった松村先生に臆することなく近づき、親しく語らい合うことのできる稀有な人物であった。彼はその頃、父親の牧していたホーリネス教会で副牧師をしていたが、「パウル・テイリッヒの宗教的象徴論」という修士論文の作成に取り組んでおり、ティリッヒの「組織神学・第三巻」の講義にも出席していた。私は一も二もなくこの提案に賛同した。彼は当時の若い伝道者には珍しく自家用車を所有しており、それに乗せてもらって西宮から松村先生の京都の下鴨北園の自宅まで、月に一度くらいの割合で赴いたのであった。私と一緒にもうひとりの同乗者がいた。当時西宮公同教会の牧師をしていた穴井崇司氏であった。この方は、私よりも五年先輩であったが、「パウル・ティリッヒの宗教的社会主義」についての論文を牧会しながら執筆完成し、神学修士となっていた。

もうふたりほど、研究会参加者が松村宅で待っていた。一人は、中村悦也という方であり、当時、京都の洛東教会牧師をされていた。更にもうひとりは、京都産業大学教授であった千田朝麿《せんだあさまろ》という方であった。この千田朝麿という昔の公家を思わせるような時代がかった名前の人物は、私よりも十一学年上の先輩であったが、快活この上ない方で、しかも饒舌であった。そこで、同じく話すことの巧みな文屋氏が会のイニシアティブをとってくれていたので、いつも話は大いに盛り上がった。私は専ら先輩達と松村先生との活発な議論を拝聴する側に回っていたのだが、それだけでも、一回ごとに自分自身が高められていくことを思わされる充実した時を過ごすことになった。

しかしいつも聴き手に回ってばかりとはいかず、私もまた研究発表をする番になった。当然私は準備中の修士論文の概要を語った。私の発表を聴き終わった時、暫し松村先生は沈思黙考していておられたが、やがて顔を上げて、「それでは修士論文になっていない。駄目だ」とばかりの厳しい調子で論難してきた。私は叱責を受けるような激しい言葉遣いに狼狽《ろうばい》し、顔を伏せた。周囲の先輩達は気の毒そうな顔をして見ていた。それが松村先生の門下生に対する愛の表現であったことを、二、三日後に私は知った。「組織神学」の授業の後、「手束君、ちょっと」と言って、私に一冊のドイツ語の書物を手渡してくださった。それは、Arnold Gilg: Weg und Bedeutung der altkirchlichen Christologie（直訳すると、アーノルド・ギルク著『古代教会におけるキリスト論の歩みとその意義』）というあまり厚くない本であった。そして「これを読みたまえ。きっと論文に役立つから」と言い残していかれた。寮に帰って早速に読み始めたが、易しいドイツ語ではなかった。しかし何カ月かして、それを読破した時、一本の道筋が見えてきた。その道筋とは、ティリッヒの『霊のキリスト論』（Spirit Christology）は、使徒教父達のキリスト論に根拠を置いたものであり、護教家達から始まるロゴス・キリスト論とは一線を画する養子論的色彩の濃いものであった。わたしがカール・バルトのキリスト論に違和感を抱き続けてきたのは、彼のキリスト論がロゴス・キリスト論（受肉論的キリスト論）の線上にあったからである。そこから、その頃の新約聖書神学の大問題であった「史的イエスか信仰のキリストか」を解決することが可能であるのではないかと考えた。

そこで私は、修士論文の第一章で、この「史的イエスとキリスト論」の問題を取り上げ、第二章で古代教会のキリスト論論争を取り上げ、そして第三章でティリッヒのキリスト論を聖霊論的視点から論ずることによって、ティリッヒのキリスト論の真理性を論証しようと試みたのであった。そして遂に、大学院二年生の終わる間近の一九六九年一月十日、私は修士論文「パウル・ティリッヒのキリスト論―その今日的意義」を関西学院大学大学院神学研究科に提出することができたのであった。私の論文の出来映えについて、文屋善明氏が松村先生に尋ねた時、先生は「あいつめ、とうとうやりおった」と嬉しそうに笑われたという。

このティリッヒの「組織神学・第三巻」を基礎にして書いた修士論文の副題「その今日的意義」は、当時の神学上の大問題であった「史的イエスか信仰のキリストか」という争いに解答を与えているものとしての重要な意義を持つという意味でつけたのであったが、実はそれ以上に大きな〝今日的意義〟を持っていたのである。というのは、当時私自身は知らなかったのであるが、その頃世界的に広がりつつあった「キリスト教の第三の波」であるカリスマ運動の神学を基礎づけ形成していくという、まさに〝今日的意義〟をもたらすものとなっていたのである。だがそのことに気づいたのは、それから十年以上もたってからのことであった。

ところで、私の修士論文について意外なことが起こっていた。論文は三部神学部に提出したと記憶している。一部は自筆のもの、二部はコピーしたものである。それら三部は製本されて、コピーしたものが私の元に返却され、自筆のものは神学部の図書館に、そしてもう一冊は大学の中央図書館に収められたはずであった。ところが、なぜか青山学院大学文学部神学科の図書館に私の修士論文が収められていたのである。関西学院と青山学院は、同じくメソディスト派の流れを汲む学舎ということで、姉妹校となっているのだが、だからといって、関西学院大学神学部の修士論文が全て青山学院文学部神学科の図書館にも収められているということではなかった。恐らく青山学院大学の教授の誰かが、私の修士論文を名指しで贈呈して欲しいと要請しない限り、そんなことは起こり得ない。誰が要請したのか。最も可能性の高いのは、ティリッヒの研究家であり、「実存論的神学」の高唱者野呂芳男教授なのであるが、まったくの推測の域を出ない。

ところが、青山学院の一神学生が神学科の図書館に入って、ティリッヒ関係の論文を漁っていた時、黒表紙に装丁された一つの修士論文が目に入った。「パウル・ティリッヒのキリスト論」と記されてあった。その神学生は「パウル・ティリッヒの神論」についての論文を執筆中であったので、「あれっ、これは」と思い、借り出して読んでみた。読んでいるうちに、その説得的で緻密な論理展開に驚き、「何という見事な論文か」と嘆息したという。そして手束正昭という名前が脳裏にインプットされたという。その人こそ、現在日本キリスト教団小樽聖十字教会の小栗昭夫牧師である。そしてこの中にも、神の深い摂理の御手があったのである。

神のドラマは更に進む。小栗牧師は一九七七年小樽聖十字教会に就任したが、牧会上の様々な躓《つまず》きのなかで苦闘していた。しかしそのなかで突然に聖霊のバプテスマの体験をした。何と車を運転している最中であったという。それは溢れる歓喜と高揚感に満たされる体験であった。その体験によって、これまでの人本主義的牧会からの変更を余儀なくされつつあった時、日本キリスト教団出版部で出している教職者向けの雑誌『聖書と教会』一九八二年五月号の表紙に目がとまった。そこにあの手束正昭の名が印刷されていた。急いでページをめくり、「『神への誠実』から『朝の九時』へ—使徒行伝は今もなお」を読んで仰天した。「あの人が自分と同じ聖霊体験をしていたとは。一度是非会ってみたい」。そして翌年の一月、京都で行われた「牧会者共同研修会」の帰り際、高砂教会に訪ねて来られたのであった。それが起縁となって、肝胆相照らす仲となり、「日本キリスト教団聖霊刷新協議会」を創設し、日本キリスト教団内でカリスマ運動を推し進める同志として今日に至っている。

私の修士論文には、もう一つの〝今日的意義〟があった。それは次のようなことであった。ティリッヒのキリスト論に対して、カトリックの神学者G・H・タヴァードやバルト派の神学者A・J・マッケルウェイは、「ティリッヒのキリスト論は、養子論的なネストリウス主義に立つものだ」と批判しているが、これに対してティリッヒは、何と「そうだ、そのとおりだ。私はネストリウスの立場に立つ」と敢然と答えている。驚いた私は、そこから、一般には異端といわれていたネストリウスの研究へと進んでいった。その結果、いわゆる「ネストリウス論争」を詳細に検討していくと、「これはどう見ても、ネストリウスの主張の方が正しい。聖書に則している」と結論づけざるを得なかった。しかし当然ながら、修士論文の口頭試問の際に、何人かの教授達から批判が出た。しかし松村教授は私の主張を擁護し、「教会の中で異端と断罪された主張の中には、多くの真理が含まれている」と、狭い正統主義的観点からの感情的批判をいなして下さったのである。

やがて私がカリスマ運動を進めるなかで、急にこの論文が意味をなしてきたのである。あの四三一年のエペソ会議におけるネストリウスへの断罪と追放というのは、要するに教会内からのカリスマ的信仰のパージでもあったのだと分かったのである。その時を境に、教会の中から急速にカリスマ的信仰の火が消えていき、今日のカリスマを否定する命の躍動なきキリスト教が成立してしまった、ということを識ったのであった。とすると、今日のカリスマ運動は「ネストリウス主義の再興」ということであり、初代教会の信仰からずれてしまった、現在のキリスト教の原点復帰としての「神の革命」の働きだという確信を持つに至った。

更に、牧師になってから読んだ佐伯好郎博士の大部なる『景教の研究』により、景教徒達（ネストリウス派）が古代日本にまでやってきて、日本文化に隠然として大きな影響を残し続けていることを知るに至ったのであった。それにより、「罪と悪霊が支配する異教国・日本」という、ほとんどのクリスチャンたちが抱いているイメージは覆《くつがえ》り、日本の土壌と日本人のＤＮＡの中に深く眠っている福音の痕跡を辿って掘り起こすことに関心が及んでいった。そして、ここにこそ「日本宣教の突破口」があることを悟るに至ったのであった。

かくて、私が神学生時代、松村克巳教授の指導の下、心血を注いで書き上げた修士論文「パウル・ティリッヒのキリスト論—その今日的意義」は、単に学生時代の学問的関心事の結実に終わることなく、私の牧会者としての人生に圧倒的な影響を及ぼすことになったのである。これもまた、未熟な私を、忍耐をもって厳しく訓練して下さった松村先生の指導の賜物であり、いくら感謝しても感謝しすぎることはない。更に松村先生と出会わせて下さった摂理の神に対しても。

二十三　真理を求め続けた神学生時代⑤
――派遣神学生として芦屋三条教会へ（その一）――

「君に是非頼みたいことがある」。二年生の終わり近く、当時経済学部三年生だった藤井勝也さんが語りかけてきた。話を聞くと、実は今自分は芦屋三条教会へ通っている。その教会はまだ開拓期の教会で、その上その教会の牧師は盲人であり、何かと助け手が必要だ。是非共、来年度から〝派遣神学生〟として赴き、その教会を助けてあげて欲しい、という要請であった。

〝派遣神学生〟というのは、神学教育のフィールド・ワークの一環として、当時どの神学校でも行われていた教会現場での奉仕活動のことである。多くの場合、土曜日の午後と日曜日の一日を捧げて、主任牧師の指導の下、主に教会学校の教師やその他の雑用をこなすことになっていた。そして奉仕教会からは交通費程度が支給されていた。三学年以上の学生が全員その対象とされていた。かくて私は、三年生と四年生の二年間を芦屋三条教会〝派遣神学生〟として、奉仕に従事することになったのである。

私の主たる奉仕内容は、教会の雑用というよりも（もちろん、それもあるが）、盲人牧師の玉田敬次先生のために、神学関係の書物を読んであげることだった。玉田牧師は一九三一年（昭和六年）芦屋の裕福な家庭で生まれ育ったが、中学三年の時網膜硝子体出血という眼病に患り、失明した。中途失明者というのは、生まれながらの盲人よりも遥かに苦悩は大きいという。その懊悩《おうのう》の深さを、玉田牧師は生前自費出版した説教と講演集『弱さを担う者』の中で、次のように書いている。

「失明した時私は人生に絶望した。今まで見えていた文字や美しい景色や両親・友人の顔が見えなくなったということは、耐えがたい悲しみであった。しかしそれにもまして悲しかったことは、将来への生きる望みを失ったことであった。生きる望みを失った私は、生命を絶つことのみを考えた。そのような時両親や友人たちが私を慰め励ましてくれた。銀行員であった父は『お前が一生、生きていけるだけのものを用意するから、失望しないで元気に生きていってほしい』とまで言ってくれた。しかしそれらの励ましは私には通じなかった」と。

しかしこの父親も玉田少年が失明した約一年後、当時の変動激しい金融界の激務と息子の失明という心労が重なり、他界していった。愛息の眼も夫も財産も失った母親には、信仰だけが残された。やがて母の祈りは実を結び、愛息は盲人ながら牧師になる道を選んだ。その時の彼女の喜びの表情が眼に浮かぶ。だが、盲人が牧師になる道は決して平坦ではなかったのである。入学を願っていた関西学院大学神学部では受験さえ認めてもらえなかった。曰く、「関西学院大学神学部で、盲人が勉強し続けることは到底無理である。しかも日本キリスト教団では、盲人を牧師に迎える教会はないように思う」。確かに当時のアカデミズムを謳歌していた関学神学部にとって、ついていけなくなるのは眼に見えている。そこからくる配慮であったのであろうが、しかし本人にとってはあまりにも無情な対応に思えたであろう。玉田牧師は私の前でも何度かその時の無念さをもらした。

仕方なく大阪基督教短期大学神学科で学び、その後関東学院大学神学部三年に編入し、苦闘して卒業。だが、任地が与えられなかった。現実の厳しさに絶望的になったが、必死に祈り努力した結果、漸《ようや》く宮城県釜石市近くにある多賀城伝道所に赴任することになった。しかし一年間しか続かなかった。その理由はつまびらかではないが、容易に推察することはできる。盲人牧師の難しさをイヤというほど思い知らされたことであろう。その後、新規巻き直しを期して、東京に行き、東京神学大学大学院で全科聴講生として二年間学んだのであったが、やはり任地がない。その時、「行くところがないならば、ワシの教会に来たらいい」と言ってくれた牧師がいた。玉田牧師夫妻にとって、それは〝天からの一条の光〟と思えたことであろう。その牧師とは、玉田牧師が幼い時、母教会の芦屋山手教会の教会学校で神学生として懇切に教え導いてくれた、言わば恩師にあたる人物であった。その人こそ、妻美智子の父、日本基督教団鷹取教会の三島実郎牧師であった。かくて、玉田敬次師は、鷹取教会の伝道師としての新たな働き場所が与えられ、失いかけた希望を回復していったのである。

三島実郎牧師は途轍《とてつ》もない温情家である。「愛の人」といってもよい。昭和二十七年（一九五二年）、まだ戦災の傷跡の生々しく残っていた神戸市長田区鷹取で開拓伝道を開始した。バラックの建ち並ぶ中に、米国メソディスト教会の援助によって建てられた真新しい教会堂には、当然の如く、多くの浮浪者達が集まってきた。三島牧師はそのような浮浪者達を嫌うことなく、受け入れていった。妻美智子の話によると、その頃の鷹取教会は、まるで難民収容所のような有様だったという。教会堂の至るところに人が寝泊まりしており、まったくプライバシーなどなかったという。そんな中で、美智子を筆頭に幼い娘三人を育てねばならなかったお嬢さん育ちの母和子の苦労たるやいかばかりであったろうか。想像してあまりある。

しかし当時は戦後のいわゆる〝キリスト教ブーム〟の真っ盛り、敗戦による虚脱感と挫折感からの救いを求めて、夥《おびただ》しい数の人々がキリスト教会に押し寄せていた。今から見ると、信じ難い現象であるが、〝時代〟というものが人々をしてキリスト教による救いを求めさせていたのである。にも拘わらず、日本のキリスト教会はこの千載一遇のチャンスを十分に生かし切れないままに終わった。そして、日本が経済の高度成長期に入っていくや否や、引潮の如く人々は教会から退いていったのである。

その〝キリスト教ブーム〟のただ中にあって、鷹取教会にもたくさんの人々が押しかけ、三島牧師も忙しい日々を送っていた時のことであった。教会堂の外から激しい怒鳴り声が聞こえてきた。三島牧師が外に出てみると、数人の若者達が殴り合いの喧嘩をしていた。「コラッ、やめんか」と割って入ると、ひとりが「やかましいわい、大人が入ってくるな」と三島牧師に挑んできた。三島牧師は若い時に相撲をしていた頑健な肉体と剛力の持ち主である。たちまちのうち、その若者は投げ飛ばされ、地面に叩きつけられた。他の青年達は怯《おび》えて逃げ去った。そこで三島牧師は、投げ飛ばされて地面にうずくまっている若者を教会堂の中に引き摺り込んで説教をした。「こんなことをしていたら、あんたの人生は駄目になる。心を入れ替えて、真っ当な人生を歩め。こんどの日曜日から教会に来るんだ。いいな」と脅かすようにすかすように諭した。するとその青年は意外にも素直に応じた。聖霊が働いたのであろう。その青年は村岡睦治と名乗った。村岡青年はそれから毎週教会に出席するようになり、間もなく洗礼を受けた。やがて教会学校の教師もするようになり、チンピラだった若者が子供達に聖書を教えるという大変貌を遂げていったのである。しかし一年ほどたった頃、村岡青年は「三島先生、今度大阪に仕事が見つかり、大阪に行くことになりました。これまでいろいろとお世話になり有り難うございました」と丁寧に礼を言い、三島牧師の下を去っていった。そしてその後の消息はようとしてつかめなかった。

十数年の歳月が流れた。その頃、美智子は大阪の御堂筋にある「日本板硝子」という会社に勤めていた。ある時、上司が「三島君、ここに書いてあるのは君のお父さんのことじゃないのか」とスポーツ新聞を見せてくれた。そこには、当時知らない人のいない喜劇役者の半生記が綴られていた。曰く、「自分は若い頃、神戸の長田区に住んでおり、世を恨んでチンピラの仲間に入っていた。ある時、教会の前で喧嘩をしていたら、牧師さんが出てきてやっつけられ、教会の中に引き摺り込まれて説教を受け、そこから自分の人生は大きく変わった。その大恩ある牧師とは三島実郎先生という方で、是非一度お会いしてお礼を申し上げたい。まだお元気でおられるだろうか」。こんな趣旨の記事であったという。その著名な喜劇役者とは、当時国民的人気を博していたコメディアン〝コンちゃん〟こと「大村崑」、その人であった。「えっ、あの男が」と三島実郎牧師は娘からその報を受けた時、暫く絶句した。

その記事が出てから二、三年後、読売テレビ（日本テレビ）のお昼のワイドショーによって、三島実郎牧師と大村崑は出演を依頼され、スタジオで再会を喜び合ったのであった。それを機に、大村崑はクリスチャンであったということが公にされ、いくつかの教界紙においても、彼の証が掲載されていった。極めつけは、一九九四年に関西テレビで放送された「浜村淳の『人・街・夢』」という番組であった。大村崑が生まれ育った神戸市長田区界隈《かいわい》を巡りながら、自らが辿ってきた人生を回想していくという設定である。当然のことながら、彼の人生に大きな転機を与えた鷹取教会もまた番組の重要なクローズアップ・プレースとなった。大村崑が恐る恐る鷹取教会の中に入ってきて、懐かしげに教会堂内部を見渡していく。その時、突然に扉が開かれ、既に帰天していた三島牧師に代わって、車椅子に乗った母和子が美智子の妹牧子に助けられて登場するというサプライズをテレビ局は企画していた。そんなことがあるとは露知らなかった大村崑は、母和子の出現に仰天した。そしてその目にはみるみる涙が溢れ、「奥さん、お懐かしゅうございます。あの時には本当にお世話になりました。」と車椅子の前に跪《ひざまず》き、母和子の膝にすがって号泣したのであった。恐らく、随行していたテレビ局の人達は予想を超えたあまりにも激しい大村崑の反応に驚いたことであろう。しかし彼にとっては、半世紀以上もの間無沙汰をし、やっと再会した三島牧師夫人の変わり果てた姿を見て、万感胸に迫ったのであろう。

義父三島実郎牧師とは、終生このように社会の〝はみだし者〟や身障者の人々に温かい視線を注ぎ続けた人であった。それゆえに、玉田牧師に、「行くところがないならば、ワシの教会に来たらいい」という呼びかけをしたのは、義父にとっては、極めて自然なことだったのである。そして玉田師が鷹取教会伝道師に正式に就任して間もなく、三島主任牧師は次のように勧めた。「鷹取教会に出勤するのは、日曜日と水曜日（祈祷会の日）だけでよい。あとの日は芦屋の自宅で開拓伝道を始めなさい。そして時がきたら独立したらいい」と。かくてその三年後の一九六四年（昭和三十九年）、遂に今日の日本基督教団芦屋三条教会が設立されたのであった。私が派遣神学生として、その教会に足を踏み入れたのはその二年後の一九六六年（昭和四十一年）四月のことであり、若者達がほとんどを占めている活気溢れる若竹の教会であった。この教会での奉仕生活はたった二年間であったが、私を信仰的人間的に大きく成長させてくれただけでなく、途方もなく遠大な神の恩寵の計画が、その奥には秘められていたのである。そのことを悟るためには、それから十年ほどの歳月を必要としたのである。

二十四　真理を求め続けた神学生時代⑥

——派遣神学生として芦屋三条教会へ（その二）——

芦屋三条教会には、当時関学大文学部助教授であった水谷昭夫先生が指導していた「文学研究グループ」（略称「文グル」）に属する学生達が多く出席していた。水谷昭夫教授は神学部一年生の時、教養課程の一環としての「日本文学」を、わざわざ神学部に来て講義して下さっていた。その講義は無類の面白さを持っており、私はこの授業が楽しみで楽しみで仕方がなかった。今でも思い出すのだが、水谷先生はその講義の開口一番、「私は〝日本文学〟と言わず、〝日本文芸〟と言います」と語られたことが印象深く残っている。しかし、その発言の意味内容については、今ここで論じることではないだろう。

もう一つ忘れ難く残っているのは、水谷先生の試験の問題の出し方であった。それはこうである。「あなた自身が自分で問題を作り、論文形式でその答えを書きなさい」。この試験問題の設定には参った。意表をつくものであった。しかし今考えてみれば、このような試験こそ、学生達の本当の実力を試すことのできる最もよい方法であったのかもしれない。

水谷教授は若き日に作家を目指しただけあって、その文筆力は際立っており、学生だった私でもその文章の美しさには「何という文彩か」と敬服せざるを得ないものがあった。特に先生の三浦綾子研究（著書に『燃える花なれど――三浦綾子の生涯と文芸』『三浦綾子――愛と祈りの文芸』がある）は秀逸と言ってよく、三浦綾子以上に三浦綾子とは何者かを洞察し理解していたと思われる。きっと三浦綾子自身、どんなにか感激し喜んだに違いない。しかし惜しむらくは、水谷教授は一九八八年脳出血で急逝された。まだ六十歳であった。

このような突出した才能と感受性を持っていた水谷教授に指導されていた「文グル」の学生達に混じって、私は文学についての活発な論議を聴きながら、同時に彼らをクリスチャンにすべく信仰の指導をも受け持つことになった。そのためにテキストとして用いたのが、パウル・ティリッヒの『信仰の本質と動態』であったが、その学びの中に天真爛漫《てんしんらんまん》と思えるひとりの女子学生がいた。その人こそ、同じ高砂市にある曽根教会の前任者元正章牧師の奥様であった舞公子さんである。〝奥様であった〟と過去形で書いたのは、残念ながら二〇〇八年五月、これまた急逝されてしまわれたのである。もしかしたら、彼女の天衣無縫な性格は従来の牧師夫人像とはだいぶ趣を異にしたため、教会員との間に少なからぬ齟齬《そご》を生じ、随分と苦しんでいたのかもしれないと勝手に想像したりしている。一般の人々にはとうてい理解できない、牧師夫人という立場の難しさがそこにはある。ましてや盲人牧師の妻となると、その大変さは何倍にも及ぶことになるであろう。

玉田牧師の夫人は恵美子という名であった。盲人牧師として有名な熊谷鉄太郎師の次女にあたる。この方も従来の牧師夫人の枠に収まり切れない方であった。私達信徒の前でも、容赦なく夫を批判し、時には激しく罵《ののし》った。それをしばしば目撃することになった信徒達は眉をしかめた。中には躓《つまず》いて教会に来なくなる婦人もいた。意地の悪い〝悪意の人〟というのではなかった。ただ、自らの感情を抑えられなかったのである。自分に正直だったともいえるし、生活に疲れていたのであろう。玉田牧師は私が本を読む奉仕の合間に、時として恵美子夫人との葛藤を嘆き、涙することもあった。神学生である私に気を許してくれたのであろう。気の毒に思ったが、若い私にはどうすることもできなかった。ただ、黙って聴いてあげることとしかできなかった。恵美子夫人にすれば、盲人の妻であり同時に牧師夫人であることからくるストレスが、どれほどのものか分かって欲しいという想いがあったであろう。

手足の自由を失った絵画詩人として有名な星野富弘さんも、奥さんとの仲は決して睦まじいものではなく、遂には離婚をしたとの噂も流れた。単なる噂であろう。しかしあり得ることだ。星野さんの作品「鈴の鳴る道」の序文にこんな文章がある。

「『ずうっと朝から晩まで一緒にいるんだもの。たまには離れたくなる時だってあるのよ』と妻が言い、私もそこで『それはそうだ』といえばよかったのだが、それは後で考えることで、その時は天に唾をしながら、勝ち目のない戦いをやってしまった。」

身障者の夫を抱える妻にとっては、ほかより何倍もの苦労を負いながらもなお、自分の方は一向に評価してもらえないもどかしさと悔しさとがうっ積するのであろう。身障者の妻になるのも、牧師の夫人になるのも、ある種の使命意識や召命感が必要であり、これなくしては決して務めあげることのできない、言わば〝聖職〟なのではなかろうか。

玉田牧師と一対一での本の朗読の合間に、先生の家庭の問題だけでなく、盲人が生きていく上での様々な苦渋を始め、神学や牧会上の話など、多岐にわたって対話をすることができた。いつの間にかそれは、牧師とは何かを知らなかった私にとって、大いに役立つ宝となったことに後で気がついた。特に、ある時玉田牧師が語ってくれた一言は、今でも私の耳にこだまするように残っている至言である。「手束さん、牧師というのはね、〝飼い犬に手を噛まれる存在〟なんですよ」。この言葉がどんな場面で語られたのかは覚えていない。しかし、この言葉の意味の奥深さを、牧会年数を重ねれば重ねるほど、いよいよ私自身も思い知らされることになったのである。

牧師というのは大概の場合、親切心旺盛な人々である。信徒を愛し、困った時には躊躇なく助けていくのが牧師という人格の普通の姿である。ところが、助けてもらった時には拝むようにして牧師に感謝していた信徒が、後になってその牧師に手酷い傷を与えて教会を去っていくということが往々にして起きる。「あれほど可愛がり、あれほど助けてやったのに、なぜだ」と牧師は傷つき身悶える。「何という恩知らずな人達か」と、大抵の牧師はいく度となく慨嘆するものである。それが、あまり関わりを持たなかった信徒ならば、まあ納得がいく。しかしむしろ深く関わり大きく助けた信徒から逆に裏切られていくのであるから、たまったものではない。結果、ウツに陥ってしまう牧師も少なくない。確かに、私の経験からも玉田牧師の言ったとおり、「牧師とは、飼い犬に手を噛まれる存在」なのである。

なぜこのような理不尽な現象が起こるのか。私も長い間このことについて考え続けてきた。牧師の方の愛し方が不十分であったからか。親切が行き届いていなかったからか。もっともっと気を配り助けてやっていたら、ああならなかったのではないか、等々。恐らく、ほとんどの牧師達は次のように結論づけてしまうであろう。「自分の愛が足りなかったからだ」と。

だが、真相はそうではなかったのである。私がその本当の理由を知ったのは、一九九三年から一九九六年の期間、〝教会形成コンサルタント〟として知られた松見睦男先生をお迎えして指導を受けた時であった。その頃松見先生は「集中伝道方式」という独自の教会成長の方法を全国の教会で展開していた。年に三回、金・土・日の三日間、しかも三年間、同じ教会に行って信徒だけでなく、教役者をも指導するのである。それによって、その教会を急速に成長する体質と体制へと切り替えていく。確かに、年一回ぐらい行くのではなく、何回も集中的に赴いて研修会を開く方が、その教会の成長にとって益すること大であることは、最近私が祝日ごとに訪れている教会の復興ぶりを見ても、明らかである。四年間の指導を授けてくれた後、「手束先生、大丈夫です。高砂教会は確実に千人教会になります」と嬉しい太鼓判を押して下さったのだが、私にとって同じほど嬉しかったのは、私の長年の疑問に答えを得たことであった。

私は松見先生との個人的な面談のなかで、問うてみた。「牧師が可愛がり面倒をよくみてやった信徒や教役者から、よく手酷い裏切りを受けることになるのは、どうしてでしょうか」。松見コンサルタントは「ホラ、きた」とばかり静かに笑いながら語った。「手東先生、イザヤ五三章五節の『その打たれた傷によって、われわれはいやされたのだ』という御言葉ご存知でしょう。あれは何も苦難の僕やキリストについて語られただけでなく、牧師についても語られているんですよ。人間というのは、自分を愛し受け入れてくれた人を傷つけることによって、自分自身のうちにある傷をいやそうとする根深い衝動があるのです。だから〝飼い犬〟即ち可愛がった存在から、逆に痛い目に遭うことになるのです。傷つきたくなかったら、あまり親切に可愛がったりせずに、むしろ恐い存在でいることですよ」。私は「なるほど、そうだったのか」と、往年の疑問が晴れた感動に心の澄む思いがしたのであった。

話は大きく飛んで二〇〇〇年のことである。衝撃的な報が私を襲った。玉田敬次牧師の自殺の報である。私はその訃報に接した時、思わず「えーっ」と大きな声を出してしまった。「いったい、何が起こったのだ」と暫し呆然とした。その晩、今井和登牧師から電話があった。今井牧師は神学生時代、玉田少年の家庭教師をしたことがあり、妻の父三島牧師と同様に玉田牧師の師であり、またよき理解者でもあった方である。今井牧師は電話で語った。「玉田先生はここ数年ウツ病を患っていました。ウツ病患者というのは、死というものを美しく慕わしいものと考えてしまうのです。その結果だったと思われます」と。

そう言われれば、思いあたることがある。私と妻は結婚以来毎年正月になると、私達の仲人をしてくれた玉田先生御夫妻宅を手みやげを持って訪問することを常としていた。もちろん、私達の結婚のために労苦して下さった恩義に報いるためである。玉田先生はそれをとても喜ばれ、よく次のように語っておられた。「私もこれまでに何組もの結婚のお世話をさせていただきましたが、手束さん達のように義理がたく、毎年こうして訪ねて下さる方はほかにいません。本当に嬉しいです。毎年お正月に手束さん達とお会いできるのが、とっても楽しみなんです」と。

ところが、一九九四年にいつものようにお訪ねした時だった。玉田先生の様子がそれまでとは打って変わっていた。仕方なくイヤイヤ会っているという様子だった。そして早く帰って欲しいという思いがアリアリであった。私も妻もその態度に愕然とし、帰途、「こんなことなら、もう来年から来るのはやめよう。お歳暮を贈るだけにしよう」と、苦々しい気持ちで話し合いながら電車に乗ったのであった。いま考えれば、あの時から玉田先生はウツ病に陥っていたのであろう。そんなことも識別できず、適切な配慮のできなかった足りなさを、私は長い間悔やんだ。

問題は、なぜ玉田先生はウツ病に陥ってしまったのかということである。しかもその挙げ句、自殺にまで至ったのかということである。そこにはもしかしたら、〝飼い犬に手を噛まれる存在〟であり続けたことによって受けた心の傷と、自らが盲人であることによる無力感と、それに阪神大震災で味わったショックとが相俟《あいま》って、自分の内側で処理できない深い絶望感に陥ってしまったのかもしれない。こう思った時、私の心は悲しみではち切れそうになり、激しくうずいたのであった。

二十五　真理を求め続けた神学生時代⑦

――美智子との出会い、そして結婚へ――

二年間の芦屋三条教会への派遣神学生としての働きが終わって、私は母教会である甲東教会に戻ることになった。玉田敬次牧師は本心では、芦屋三条教会に留まることを願っていたようだが、芹野俊郎牧師との話し合いで、そう決断されたようであった。そこには、私の将来を考えての両牧師の深い配慮があった。芦屋三条教会での送別会の席上、玉田牧師は次のように送別の辞を語られた。「手束さんを手離すのは自分としては本当に残念だが、手束さんの将来を考えた時、そうすることが一番よいという結論に至りました」。それはまるで自分に言い聞かせているようであった。かくて、私は大学院一年生と二年生の二年間、今度は母教会への派遣神学生として奉仕することになったのである。

大学院一年生の終わり近くの三月、一年ぶりに玉田牧師から寮に電話があった。懐かしい声の向うから思いもかけない言葉が飛び出した。「いい女性《ひと》がいるのだが、見合いをしませんか」というのである。ビックリして暫し絶句した後、「少し考えさせて下さい」と返答した。

しかし内心では「明日、お断りの電話をしよう」と決めていた。というのは、その頃の私は修士論文の作成に集中しており、そんなことに心を向けるゆとりはなかった。しかもその上に、私には「この人ならば結婚してもいいな」と思っている人もいたのである。

電話を切って寮の二階の自分の部屋に戻り、あれこれ考えていると、親しかった二年下の楠卓郎君が入ってきた。「先輩、何かあったんですか」と聞いてきたので、玉田牧師から見合いの話があったことを話すと、彼はいきなり「先輩、それは絶対やめた方がいいですよ」と強い調子で断言してきた。「どうして」と問うと、彼はいたずらっ子のような顔をして答えた。「だって、玉田先生って目が見えないんでしょ」。一瞬考えたが、次の瞬間、彼のブラック・ユーモアを悟った。私は吹き出し笑った。彼もまた負けじと哄笑《こうしょう》した。今でも思い出しては込み上げてくる愉快な場面である。そして「やはり断ろう」と心中深く決意したのであった。

ところがである。翌朝、私は不思議な夢を見た。鮮明な夢だった。内側から輝く暖かい光を放射しているひとりの女性が、私の働きを助けてくれている夢であった。顔は分からない。しかし優しい雰囲気が漂っていた。夢から覚めた時、爽やかな聖なる感覚が私を包んでいた。「これは神の啓示かもしれない」と瞬間的に思った。〝無意識〟の発見者ジグムンド・フロイドによると、夢は無意識の中に秘められている根本的衝動の象徴的表現である。そしてフロイドにとって、その根本的衝動とは〝性への衝動〟である。だが、フロイドの弟子であり友人であったカール・ユングは、夢とは無意識のうちにある知恵が意識に向かって発する宗教的メッセージであり、指示であると喝破した。そして聖書でも多くの場合、夢は神の啓示の場所として考えられている。有名なところでは、ベテルにおけるヤコブの夢（創二八・一〇―一七）、少年ヨセフの見た夢（創三七・五―一一）、マリヤの夫ヨセフに示された夢（マタイ一・二〇、二・一三、一九、二二）等を挙げることができる。だからといって、信仰者の夢がすべて神の啓示ということではない。「私が神の啓示かもしれない」と思ったのは、不思議な聖なる感覚が伴っていたからである。かくて私は、玉田牧師の勧めに従って見合いをすることにしたのであった。

見合いというのは、普通ホテルのレストランや高級レストランの個室などで、親などが同伴して行われるのが習いであるが、私達の場合はまったく破格であった。古びた芦屋三条教会の二階の狭い牧師館で行われた。それに両方共、随伴者は誰もおらず、玉田牧師夫妻のみが立ち合ってくれた。美智子を初めて見た時の印象は、「何と色の黒い女性《ひと》だろう」というのが正直なところであり、何の〝パルピテーション〟も起こらなかった。その頃の私が描いていた理想の女性は、女優の佐久間良子のような上品で女らしい人物であった。ところが、眼前に現れたのは、それとは全然違う、「わたしのラバさん、酋長の娘、色は黒いが、南洋じゃ美人」という昔の流行歌そのままの人だった。私はまったく興味が湧かず、相手に何と語りかけていいか分からず、専ら玉田牧師との神学の話に終始して、見合いは終わった。

にも拘わらず、私達は交際を始めた。それは、お互いに、人間的感情よりも主の御旨に従いたいという思いがあったからだと思う。やがて交際するなかで、次第に相手の良さが分かり、愛情を感じるようになり、遂に一年後には婚約することになるのだが、いわゆる〝プロポーズ〟なるものは、どちら側からもなされなかった。ごく自然に結婚へと導かれていったのである。今考えると、聖霊が介入しておられたのである。

というのは、美智子の場合も、自らの肉的な願いや思いではなく、主に迫られて牧師夫人になる決意をしていたからである。当時、美智子は既述の如く「日本板硝子」という会社に勤めていたのだが、私と見合いをする半年ほど前、同じ総務部人事課の男性から求婚をされていた。東大卒のエリート社員であった。彼は言った。「君が教会に行くのは構わない。しかし僕はクリスチャンにはならない」と。そこで、クリスチャンとの結婚は譲れない一線と考えていたので、その求婚を断った。しかしそれが契機となって、自らの結婚について真剣に祈り始めた。「神様、どうぞよきクリスチャンの男性を与えてください。しかし、牧師夫人になることだけはご容赦下さい」と。彼女は牧師の娘として母の苦労をつぶさに見て育った。その苦労が高じて母親は脳溢血で倒れ、左半身が不随となった。あんな辛くて報われない役割はご免だと堅く心に誓っていた。

しかし祈るなかで、御言葉が語りかけてきた。「だれでもわたしについてきたいと思うなら、自分を捨て、自分の十字架を負うて、わたしにしたがってきなさい。自分の命を救おうと思う者はそれを失い、わたしのため、また福音のために、自分の命を失う者は、それを救うであろう」（マルコ八・三四―三五）。何カ月もの間、その御言葉に抗《あらが》い続けた。そして遂に彼女は、その御言葉の前に屈した。「主よ、分かりました。従います」。そしてそれは、まさに「清水の舞台から飛び降りるような」覚悟であったという。その直後に、彼女は私と出会ったのであった。

よく教会員から、「牧師先生と美智子先生って恋愛結婚なんでしょ」と聞かれることがある。そこで私は「残念でした。見合い結婚です。だが、強いていえば〝みこころ結婚〟かな」と答えることにしている。両方共が、神の御旨を知って、それに従った結果の結婚であった。そしてそれゆえに、そこには大きな大きな神の祝福と計画が張り巡らされていたことが、後になればなるほど明らかになり、神の恩寵の凄さにおののくことになったのである。かくして、修士論文を提出し、大学院修士課程を修了した直後、甲東教会にて婚約をし、その半年後、初任地東梅田教会において結婚式を挙げたのであった。一九六九年一〇月十二日のことである。

結婚式は予想を遥かに超えて盛り上がった。三百名を優に超える人々が集まり、広い東梅田教会の礼拝堂は人々で埋め尽くされ、たくさんの補助椅子を出さなくてはならなかった。東梅田教会はもちろんのこと、私の母教会である甲東教会、美智子の母教会の鷹取教会、それに仲人の玉田牧師の芦屋三条教会と四つの教会から集まってくれただけでなく、関学神学部で共に学んだ友人達も駆けつけてくれたので、押すな押すなの人波であった。司式は東梅田教会主任牧師の妹尾活夫先生、説教には神学部の指導教授であった松村克巳先生が立ってくださった。

誓約後の祝婚歌には東梅田教会を練習会場にしているセミプロの合唱団コードリベットコールが、Albert.Hay.Malotte作曲『主の祈り』を英語で歌ってくれた。その『主の祈り』が歌われ始めた時、深い感動が会場を覆った。私も溢れてくる涙を抑えるのにやっとだった。隣で美智子は泣き出し、せっかくの化粧が剥《は》がれかかったので、妹の牧子が慌てて化粧直しにきたほどだった。いったい、あの感動は何だったのだろう。私達は別に大恋愛の果てに、やっと結婚にこぎつけたというわけではない。だから、人間的にはあれほど感動する必要はまったくなかったのである。

しかも、感動して泣いたのは私達だけではなかった。何人もの列席者が泣いていたのである。後に美智子の友達が手紙に書いてきた。「あなた方の結婚式に列席した時、なぜか涙が出てたまりませんでした。あれはいったい何の涙だったのでしょうか」。また式後の祝会の席上、お祝いの言葉を述べてくれた芦屋三条教会の吉田静江さん（教会では皆から「おばさん」と親しまれ、私も何くれなく随分とお世話になった方）は語った。「私は式の間中、涙が出てたまりませんでした。私には八人の子供があり、皆結婚しているのですが、どの子供の結婚式よりも、これほど感動したことはありません」と。今思えば、あの時の結婚式には確かに主御自身が臨んでおられ、祝福して下さったのである。結婚式が終わって帰り際、この結婚式のために先頭に立って準備して下さった東梅田教会婦人会の重鎮であった鶴岡政子さんにお礼を言った時、彼女は私の顔をじっと見ながら「先生、神様って大きなことをなさいますね」としみじみ語られたのであった。その眼には、奇跡を目のあたりにした人のように、神への畏れの思いがみなぎっていた。

結婚式には、関東から母方の祖父母の熊木栄太郎とみや子、それに澄枝叔母や享叔父も駆けつけてくれた。享叔父はあまりにも盛大な結婚式の有様に驚き、式後、父に向かって語りかけた。「兄さん、これほどの結婚式だったら随分とお金がかかったでしょ」。父は答えた。「いいや、みんな教会の人がやってくれたので、ほとんどかからなくて助かったよ。正昭には二十万円渡しただけさ」。それを聞いた時、享叔父の晴れやかだった顔が急に曇った。後で聞いたのだが、その晩遅く結城の家に帰った叔父は荒れたという。「常子、聞いてくれ、兄貴が正昭に出した結婚式の費用はたった二十万円だとさ。妹の眞知子の時には六百万円もかけといて、何だこの差は。ふざけるんじゃない。これが長い間放ったらかしにしていた子供にすることか。正昭は納得しても俺は納得せんぞ。絶対に納得するもんか」と、深夜に至るまで酒を飲んではくだをまき、常子叔母を困らせたという。それは、幼い時の私を苛め続けた叔父の精一杯の贖罪の心と愛の発露だったのかもしれないと思った時、温かいものが私の内に流れるのを覚えた。

しかし、私達の結婚式は経済的には質素なものではあったが、たくさんの人々の厚意と天からの溢れかえる恵みと祝福が注ぎ込まれた感動的なものであり、それは決していくらお金を出しても得ることのできない珠玉の輝きを帯びていたのである。

二十六　真理を求め続けた神学生時代⑧

――「大学紛争」とは何だったのか――

大学院二年生になり、修士論文の作成も大詰めを迎えつつあった一九六八年の秋も深まったある日、私を慕う二年生の石野登君が部屋にやってきて、深刻そうに語った。「手束さん、不思議な夢を見たのですが、いったいどういう意味なんでしょうか。教えて下さい」。その内容を聞くと、世の終わりがやって来るというので、神学部のチャペルに教授や学生達が全員集まってきた。ところが、なぜか教授達と学生達との言葉が通じない。その結果互いの意思疎通が図れず、暴力沙汰のケンカになり、収拾のつかない事態に立ち至っていくという夢であった。

私は何か啓示的意味を持っているなと感じつつも、その意味内容を測りかねた。しかし間もなく、その夢の意味が明らかになったのである。東京大学医学部から始まった大学紛争の勃発である。その熱い火は関西学院にも飛び火し、遂に一九六九年一月末には神学部も全共闘運動に共鳴する一部神学生達によって、バリケード封鎖が強行されたのであった。一部とはいえ、将来牧師になることを目指しているはずの神学生達によってなされた激しい実力行動は、世俗の喧噪から離れて、将来神と教会に仕えるべく懸命に学んでいるはずの、普通の学生とは異なる神から召命を受けた人達というイメージを大きく突き崩すものであり、内外に強い衝撃を与えた。

その頃の私はというと、一九六九年一月十日に苦心の末完成した修士論文「パウル・ティリッヒのキリスト論―その今日的意義―」を提出し、口頭試問も終わり、あとは卒業式を待つのみという人生で最も幸せで安穏とした日々を過ごすはずであった。しかし、そのような心算は見事に打ち砕かれ、人生で二番目の苦悩の日々を過ごすことになったのである。ちなみに一番苦しい日々を過ごしたのは、高砂教会に就任してから体験した「教会のカリスマ刷新是か非か」を巡る厳しい戦いの期間であった（後に詳述する）。その時ほどではないが、大学院修了を間近に控えた日々は、私の人生にとって、精神的にまた信仰と神学形成にとっても大いに試された期間であった。

まず、「神闘委」（神学部闘争委員会）との凄まじい論争があった。「全共闘運動」の激しいラディカリズムをそのまま持ち込み、ゲヴァルト（暴力的実力行使）を厭わない行き方は、私には信仰的にも現実的にもまったく賛成できなかった。しかし、それまで神学部学生会のリーダーのひとりであったがゆえに、私に対しても「神闘委」のメンバーは熾烈な批判を加えてき、何時間もの果てしない論争をせねばならなかった。そのような論争のなかで、私が自らの主張の拠りどころにしたのは、作家小田実の現実的な市民運動の理論であり、その頃買った『小田実全仕事』は、今でも私の書棚に横たわっている。

他方、学内では全共闘と体育会系の学生達とのぶつかり合いがあり、あわや乱闘寸前の両者の間に「やめろ」と叫んで割って入り、乱闘を食い止めたりもした。両者共私が神学部の学生会リーダーだということを知っており、顔を立てて引いてくれたのであった。更に、警官導入の際には、当時の古武弥生学長のところに寮生三人で抗議に行き、その抗議している場面が翌朝の新聞に掲載せられ、当時の松木治三郎神学部長の怒りを買い、呼び出されて叱責を受けた。松木神学部長にしてみれば、関学のなかでただひとつの赤字学部にも拘わらず、大学の厚意によって何とか存立できている神学部なのに、神学生がそれに逆らうとは何事かという思いであったろう。しかし、私としては納得せず、反論したのであった。このような私なりの精一杯の努力もまったく問題の解決に役立つことなく、事態はますます深刻化し、深い無力感だけが残った。

やがて三月末の大学院修了の時がきた。しかし、そのような全学バリケード封鎖という険悪な状態のなかで、卒業式などできるはずがなかった。仕方なく、阪急電車「甲東園」駅近くの小林信雄教授宅に修士合格者のみ呼び出され、全教授の前で修士号授与式が行われ、証書のみが手渡された。その際、小林信雄教授は「このような前代未聞の卒業式は、きっと後になればよい思い出になると思いますよ」と語られたのであったが、「よい思い出」というより、六年間の学びの集大成の時にしては、あまりにもわびしく苦い思い出として残ることになった。

いったいこのような常軌を逸した乱暴極まりない運動が、なぜあのように全国を風靡して大規模に起こってきたのか。それはまるでペストのように次々と感染して学生達を捕らえ、日頃学生運動には無関心であった一般学生までも闘争のるつぼに巻き込んでいったのはどうしてなのか。私はその真相（深層）を知るべく、必死になってその答えを探し求めて、多数の論文や論評を読み漁った。そのなかで、私が最も納得し腑に落ちたのは、一九六九年に毎日新聞紙上に三回にわたって掲載された哲学者森有正氏の論文であった。

森有正氏によると、人間にとって最も大事なものは「経験」である。人間は「経験」の積み重ねのなかで生き、自らを形成していく。そこで、「経験は私だ」とも言い得る。その「経験」の集積の上に「観念」（思想）が成立するのである。ところが、近代の日本の歴史ではこれと逆のことが起こった。「明治維新」にしても、大東亜戦争後のいわゆる「戦後民主主義」にしても、日本人の「経験」の集積による〝下から〟の盛り上がりによって、近代化、民主化がなされたわけではない。「明治維新」にしても、「戦後民主主義」にしても、外からの圧力によって、言わば〝上から〟突然にやってきた革命であった。それゆえに、日本の近代化、民主化はまず「観念」（思想）が登場し、それに何とか合わせようとして、必死になって「経験」（実生活）が追い縋《すが》っていったわけである。しかし、「観念」（思想）が「経験」（実生活）にまで裏打ちされるようになるためには、相当の時間を必要とする。そこで、「観念」（思想）としては近代化がなされても、「経験」（実生活）としては前近代的な生き方が残るのはやむを得なかった。また、

「観念」（思想）としては民主化がなされても、「経験」（実生活）としては依然非民主的な要素を払拭することができないということが起こることになった。つまり、「観念」（思想）と「経験」（実生活）との分裂という事態が、日本の近代化・民主化においては運命的な営みとなるほかはなかったのである。それは言葉を換えれば、「建前」と「本音」の違い、「言っていること」と「やっていること」との違いとして表記される事態であり、敏感な感受性を持つ人々には釈然としない「偽り」の佇《たたず》まいとして映ることになったのである。

なぜ、学生達があれほどに暴れまわったのか。そこには様々な要素があり、一つの理由では説明し切れない。しかし、森有正氏の指摘は、その中心的本質を抉《えぐ》っている。まさに「戦後民主主義」が運命的に背負っていた偽善的体質を、若い学生達はそれを見とがめ、遠慮会釈なく突いてきたのである。それゆえに、大学紛争は、先端的科学技術を学びながら、極めて古い体質を持っていた東大医学部から始まらなくてはならなかった。それは、大学紛争というものの本質がいかなるものかということを象徴的に物語っていたのである。

ところで、森有正氏とはまったく異なる立場にありながら、全共闘の問いかけた意味を鋭くも汲みとっていた人物がもうひとりいた。三島由紀夫氏である。一九七〇年の前半、読売新聞は約半年にわたり、「変革の思想とは何か」というテーマのもとに、各界の知識人や政党人に、大学紛争の提起した問題についての論評を連載したことがあった。その中で、三島由紀夫氏は語る。

「空文化されればされるほど政治的利用価値が生じてきた、というところに、新憲法のふしぎな魔力があり、戦後の偽善はすべてここに発したといっても過言ではない。完全に遵奉することの不可能な成文法の存在は、道義的頽廃《たいはい》を引き起こす。それは戦後のヤミ食糧取締法と同じことである。近代日本における変革の論理が、本質的に道義的革命になくてはならぬと感じている点では、私と全共闘との間には、一脈相通ずるところがあるかもしれない」と言い、戦後の日本社会の本音（経験）と建前（観念）の違いを平気で許容していく体質を鋭く突いたのであった。

かくして「観念」の表象としての言葉は空疎となり、力を失い、言葉を発していても実体が薄く、相手の心に響かないものとなり、言語不通現象が惹起したのであった。その結果、いくら話し合っても分かり合うことができず、遂に暴力に訴えることによってでしか結着ができないという悲しい結末を迎えることになったのである。

なぜ、聖書を懸命に学んでいるはずの神学生達が、聖書の言葉に反していると思われる暴力的運動に走っていったのか。もっと平和的な解決方法があったのではないのかと、良識的な信徒達は嘆いたことであろう。こんなことのために、自分達は神学校への献金をし、祈り支えてきたのではないぞと怒りを持ったとしても当然である。しかし実は、彼らのかなり乱暴で未熟で傲慢な行動によって提起しようとしたことは、極めて重要な神学的意味を持っていたことを私は随分後に悟ったのであった。

東京神学大学全共闘は、なぜ自分達がこのような造反運動を行ったかという理由を綴った小冊子を出している。その表題は「死せる言葉の終焉」と名づけられていた。私はこのタイトルの中に、東神大全共闘のみならず、全国の神学校で造反運動を起こした神学生達の叫びの意味を知ったのである。それは、神学校で語られている教師達の言葉、また、教会で語られている牧師達の言葉、そこに本当の命があるのか、否それらは一応もっともらしく整えられていても、生きていない〝死んだ言葉〟ではないのか、という強烈な問いかけである。確かに、神学校の教師達や教会の牧師達が〝生きた言葉〟を語っていたならば、今日の神学校や教会の衰退や体たらくは起こらなかったであろう。〝命ある言葉〟が語られていなかったのである。〝死せる言葉〟だったのである。

ではなぜ、語る言葉に命がなかったのか。それは聖書が語っている本質をつかみとっていないからである。聖書の宗教は「言葉の宗教」ともいわれる。ヨハネ福音書はその冒頭において書き出す。「初めに言があった。言は神と共にあった。言は神であった。この言は初めに神と共にあった」と。ここにある〝言〟（ことば、ロゴス）とは、私の理解によれば〝聖霊〟のことである。その聖霊が人間の語る言葉と一つになる時、この地上において神の具体的な力が露わになるのである。その最も典型的な姿こそ、イエス・キリストにほかならない。それゆえに、当時の人々はイエス・キリストの語る言葉の中に、神の力と権威の現在を覚え、畏れおののくことになった（マルコ一・二七）。私の発見した確信によれば、「キリスト教とは聖霊による可能性の宗教」である。〝聖霊〟という天的観念（思想）が地上の人間と共に働くという経験（実生活）になることこそが、聖書の宗教の目指しているところなのである。だとするならば、神学生達の造反運動の奥にあったのは、この「聖霊による可能性の宗教」としてのキリスト教、即ち新約聖書のままなるキリスト教の希求にあったのではなかろうか。こう見るのは、あまりにも彼らを買い被《かぶ》っているだろうか。

二十七　初陣の東梅田教会での一年 ①

——刺激的だった未知の体験の数々——

私の初陣の地として与えられたのは、大阪の中心部梅田にある東梅田教会であった。教会は大通りに面して建っている九階建てビルの教会であり、隣接するビルは「読売新聞大阪本社」であった。八階と九階を教会として使用し、七階以下は貸事務所としていくつかの企業が活用していた。林立するビル街に則して教会もビルディング化することにより、都市伝道を推進し、同時にテナントを入れて利益を得ていくというあり方は、東京の日本キリスト教団銀座教会に続いて、二番目の都市型教会として注目を浴びていた。

しかし、このようなあまりにも世俗的・現代的な教会堂の建設とビジョンは一筋縄ではいかず、教会内からも強い批判が起こった。反対論者は声高に叫んだ。「このようなビルの教会堂では自分達は落ち着かなくなる。しかも、教会がビル経営をして、金儲けをするとは何事。それは教会の堕落につながる」と。東梅田教会は元々大阪にあった四つの旧メソディスト派の教会（両国橋教会、大手前教会、鶴町教会、大阪八幡屋教会）が戦後合同してでき上がった。それゆえに、〝聖化〟〝潔め〟を強調する伝統があり、世俗と一線を画することこそが大事なクリスチャンの佇まいであった。しかし一方では、教会に多くの大阪商人がいた。当時の主任牧師の妹尾活夫師は、これらの大阪商人の教会員達の支持を取り付け、〝潔め派〟グループを押さえ込むことに成功。散々苦労を重ねはしたが、遂に大阪では初めてビルディング教会堂の建設を達成したのであった。建設途中で、妹尾牧師は可愛がっていた一番下の息子さんの公平君を天に送った。反対派は「そら見ろ、神の裁きが下った」と囁き、賛成派は「坊ちゃんが、人柱に立った」と涙した。いったい妹尾牧師は献堂式をどのような思いで迎えたのであろうか。察してあまりある。私の伝道師就任の四年前の一九六五年のことである。

確かに反対派の主張した如く、私が就任した頃からビルの収益金をめぐる利権争いのようなものが何度か起こり、教会はあまりよい雰囲気ではなかった。しかも妹尾牧師は当時大学紛争の影響で起こりつつあった教団大阪教区の造反運動の黒幕的存在として見なされており、ビル会堂建設において妹尾牧師を支持していた大阪商人の人達の心を離れさせていった。その結果、教会内の対立はいよいよ増幅していった。教会には私のほかにもう一人関学の先輩である婦人伝道師の田村みや子師がおり、教育主事の中田真智子氏がスタッフとして働いていた。彼女達の造反派を支持する過激な言動は、教会内保守派の人達の眉を曇らせていた。そんななかで、私の立場は微妙であった。造反派の学生達との厳しい対立を経て関学を卒業し、本格的に教会の現場で伝道師として働くようになった私には、いくら新参者とはいえ、他の教役者達と同調するわけにはいかなかった。かといって、保守派の人達の常識論や道徳論を振り回して、事の本質を見極めようとしないあり方にもついていけなかった。そこで私は、どちらにも与することなく、自分に課せられた仕事を忠実に淡々とこなしていく道を選択したのであった。

私に課せられた三つの大きな務めがあった。一つは、毎週聖日礼拝後に行われている教会学校成人科の三つのクラスの一つを受け持つことであった。三人の教役者がそれぞれ聖書研究クラスを開いた。私は創世記の講義を始めた。新人伝道師という物珍しさのゆえか、私のクラスには最多の信徒達が集まってきたのには驚いた。私は神学生時代に城崎進教授から学んだ「旧約特講」の受講ノートをベースに、懸命に準備し、懸命に語った。すると、週を追うごとに、受講者の数は増えていき、遂には他の二つのクラスを圧倒する人数になっていった。やがて、夏の壮年会の一泊研修会の講師として「旧約聖書の面白さ」というテーマで語ってくれるように要請がきた。壮年会長の宮下富三治さんは、「手束先生の創世記の講義は本当に面白い。旧約聖書があんなに面白いものだとは知りませんでした。是非共お願いします」ということだった。

今、その講義ノートを見てみると、随分と未熟なものであり、しかも霊的理解がほとんど欠如した信仰的インパクトの薄いものである。にも拘わらず、駆け出しの新米伝道師のクラスに信徒達が続々と詰めかけてきたのは、私が関学神学部在学中に学んだいわゆる「聖書の実存論的解釈」を施して、創世記を講釈したことによると考えられる。「聖書の実存論的解釈」というのは、一口で言うと、実存哲学というマナ板の上で、聖書を料理していく解釈学的方法のことである。別な言い方をすると、私という主体はそのままで、聖書を現代に生きる私という主体が理解でき納得できるように解釈を施していく方法のことである。そこでは、聖書というものを遠い昔に起こった不可解な物語として解説するのではなく、今の私にとってもリアルに起こり得る意味ある出来事として提示していくのである。説教者は皆、何がしかの仕方で、このように語っているのであるが、私の創世記の講釈は、様々な解釈を並列的に取り上げながら、なぜその中から私がこの解釈を採るかということを論理的に説得的に説明し、その挙げ句に身近な実例や歴史上のエピソードをもって例話するという仕方であった。

このような聖書研究の基本的スタイルは今でも変わらないのであるが、この上に聖霊の導きによる霊的洞察が加わって、私の独自な霊的解釈が施され、それに感動的な例話を用意して味付けしていくというのが、今の私の説教である。現在、聖日礼拝で行っている「創世記連続説教」も、以上のことを理解した上で聴いていただくならば、更に味わい深いものとなるのではないかと思う。それにしても、二〇〇八年元旦礼拝から始まった「創世記連続説教」は、二〇一七年の正月でもう九年間にもなる。まだ三五章あたりをうろついている。終了するまでにはまだまだ相当な年月がかかりそうだ。

次に私が責任を負うことになったのは、〝職域伝道〟であった。昼休みに、あるいは会社終了時の夕刻に会社に出かけて行って、そこで聖書を分かり易く語るのである。主に若いＯＬ達（時には男子サラリーマンも加わって）が十人前後集まってきて、私のメッセージを聴き、お茶を飲みながら質疑応答の時を持って終わるのであった。月に一、二回住友林業、東洋紡、三菱電機などに夕刻に赴き、「聖書研究会」を持ち、毎週金曜日の昼には堂島にあった大日本土木の仮設ビルの一室で、「お昼の礼拝」を開いた。これらの「職域伝道」は、その頃急速に高度経済成長しつつあった都市伝道の試みとして、大いに成果を収めつつあった。それらの集会の中心には、もちろん東梅田教会のメンバーがいたのだが、他教会のメンバーも加わり、応援してくれていた。集会後には、今でいう〝セクハラ〟とか〝パワハラ〟とかという問題に悩む人々の訴えがなされ、まだ若く、会社勤めをしたことのない私は、その回答に窮した。このような人生経験の少なかった私に代わって適切なアドバイスをして、若きOL達の悩みに応じてくれたのが、〝はじめに〟で既述した長崎なみゑという五十過ぎの女傑であり、忘れ難き人の一人である。

しかし、大都会におけるこの先端的伝道の働きは、私にとって未知の世界を体験させてくれる刺激的なものであり、伝道者として大いに啓発を受けることになったのである。かくてこの時の体験は、伝道とは教会で待っていても決して進むものではなく、教会から外に出かけて、人々の生活の現場で展開することこそが豊かな実を結ばせることになるという聖書的原則を確認させ、やがて高砂という因習の強い地においてもこれを適用し、大きな成果を収めることになっていった。

私に課せられた第三の仕事は、毎週日曜日の夕刻、バスに乗って約一時間、大阪の吹きだまりといわれていた町工場密集地区の大正区に赴き、そこで行われていた大正区伝道所の夕拝の責任を持つことであった。最初は教職者が交代で行っていたが、伝道所に集まっている人々から「手束伝道師を是非専任に」という要望が出て、私がほとんど毎週行ってメッセージを語ることになった。伝道所といっても、専用の建物があるわけでなく、割合広い雑貨屋さんの六畳間で夕拝は開かれていた。そこには盲人の方々や出稼ぎの労務者の方々など、いわゆる〝底辺社会の人々〟が数人集まっていた。その雑貨屋さんの主人こそ、今は高砂教会員である若き寺田時雄兄であった。

夕方そこに着くと、バラバラと四人の幼い子供達が出てきた。親に似ず皆可愛い子供達であった。ニコニコしながら私にもよくなついてくれた。その子供達の後ろに奥さんが立っていた。いつも疲れた顔をしていたのが印象的であった。お店と子育てに苦労されていたのであろう。部屋にはいつも〝にぎり寿司〟と味噌汁が用意されていた。寺田兄がほかに経営していた寿司屋から運ばせたものであった。今でこそ、〝回転寿司〟の普及により、〝にぎり寿司〟も簡単に庶民の口に入るようになったが、当時は高級品であり、楽しみであった。当初は私の食事中、寺田兄が携帯マイクを持って街路に立ち、集会案内と呼び込みをしていたが、やがて私もするようになった。「ご通行中の皆さん、あなたは生きることに行き詰まってはいませんか。心に虚しさを覚えていませんか。その解決は聖書の中にあるのです。是非集会においで下さい」と、寒風のなかでも叫び続けた。そして寺田兄がチラシを配った。やがて、その通行人の中から在任中に二人の人が救われて、洗礼を受けた。ひとりは九州出身の出稼ぎ労務者であり、もう一人はチンピラであった。大正区伝道所の奉仕はわずか一年間であったが、若かった私が精魂を注いで取り組んだ〝底辺者伝道〟の思い出は、今もなお私の内で貴重な宝物となっているのである。やがてこの大正区伝道所は後任者によって引き継がれ、今は日本キリスト教団大正めぐみ教会として結実を見ている。

このように、寺田兄は大正めぐみ教会の基礎作りをなすという大きな業績を残した。だが、実は我が高砂教会にも、記憶すべき行跡を残してくれたのである。それは、今から四十四年前の一九七三年四月に遡る。高砂教会に就任したばかりの私は、その会堂の荒れ放題の有様に目を見張った。まるで倉庫のようだった。天井は雨漏りによるシミだらけ、壁はススだらけ、床も汚れきっていた。しかもその上、聖壇は閉じられ、聖壇の前には汚い幕が垂れ下がり、その幕の後ろの聖壇は物置になっていたのである。その時私は、歴代志下二九章の若きヒゼキヤ王が就任するや否や、最初に手がけたのが荒れ廃《すた》れた神殿の修繕であったことを想い起こした。そこで私は第一回の教会役員会で提案した。「塗料を購入し、皆で会堂の改修工事をしませんか」。しかし返ってきたのは、「そんなお金は今の教会にはありません」であった。だがその直後、寺田兄から連絡があった。「新しい教会への就任祝いをさせて欲しい」と。そこで私は、「私個人にはいらないが、教会堂改修のために塗料を欲しい」と厚かましい願いをした。彼は快く応じ、塗料が運ばれてきた。役員達は他の教会員がかくも大きな犠牲を払ってくれたことに驚き、それではと工事を始めた。もちろん私も毎日仕事着を着、頭に手拭いを巻いて手伝った。妻の父も応援にきた。当時の高砂教会は労働者が多かったので、工事は順調に進み、一週間後、会堂は見違えるように美化改修され、聖壇には十字架が掲げられ、聖壇として見事に回復されたのであった。私も妻も心が喜びで満たされるのを覚えた。しかし何よりも、主なる神御自身がこのことを深く喜ばれたのではなかろうか。それは、その後に起こった高砂教会に対する祝福の数々が立証しているように思える。

二十八　初陣の東梅田教会での一年 ②

――「聖化された人」橋本長老の想い出――

東梅田教会在任中、私が居を構えたのは大阪府吹田市の千里山であった。その頃の千里山は、翌年の「一九七〇年万国博覧会」を控えて、会場予定地では急ピッチで建設工事が進められており、周辺に大団地も建設されていたので、元々は閑静な住宅街であったにも拘わらず、人々の熱い生気で満ち溢れていた。

阪急電車「千里山」駅で降りて、歩いて五、六分のところにある二階建ての木造アパートの二DKの一室が私の居宅であった。その頃、このようなアパートを「文化住宅」と称していたが、〝文化〟とはほど遠い粗末なアパートであった。隣室の声はよく聞こえ、二階の住人の足音も騒がしく、夕食時になると隣の料理の臭いが立ちこめてきた。しかし、私には満足であった。私にやっと与えられた〝スウィート・ホーム〟だったからである。

というのは、私が伝道師として東梅田教会に勤め始めた約一カ月半、私の居宅はなかった。普通、教会に教職者が新しく赴任してくる時には、当然牧師館もしくはアパートやマンション等が用意されているものなのだが、私の場合はそうではなかった。後で聞いた話によると、私達の結婚式の際にもよくお世話下さった鶴岡政子さんが、彼女の家の近くに格安で一軒家の借家を見つけてくれていた。しかし、伝道師には贅沢だという有力幹事（メソディスト派では元来教会役員をこう呼ぶ伝統があった）のクレームがつき、立ち消えになってしまったという。そんなことで、幹事達のうちに借家探しの意欲が失せたのか、候補物件が一向に上がってこず、仕方がないので私は婚約者であった美智子の家、即ち日本キリスト教団鷹取教会（神戸市長田区）の応接間に寝泊まりして、東梅田教会まで通うはめになった。それはいくら婚約者の家とはいえ、狭い牧師館に七人もの人間が住んでいたところに割り込んで厄介になり、それも応接間での寝泊まりは、何とも落ち着かないことであった。

そして、やっと五月に入ってから落ち着き先が決まった。教会会計をしていた雑賀寿治さんが懸命に探してくれた物件であり、それは私が初めて降り立った地、阪急千里山駅近くにあった。不幸、不条理と思われるところに、むしろ神の大きな計画がある。こう悟るのには、まだ相当な年月を要することになるのだが、今思えば確かに千里山に住むようになったことの中に素晴らしい神の計画があったのである。そしてそのことはすぐに明らかになった。

アパートを契約した帰途、雑賀さんは急に思い立って「この近くに橋本定憲さんのお宅があるので、お寄りしましょう」と提案され、夕暮れだったにも拘わらず橋本宅へと案内して下さった。橋本さんは私が近くに住むようになったことを大変喜ばれ、以後様々な細かい配慮を下さったのであった。

　橋本さんは当時教会幹事の中心たる幹事長という要職にあり、八十歳を超えてはいたが聖歌隊でよく歌い、また頌栄女子短大の講師を矍鑠《かくしゃく》として務めておられた。人格的にも素晴らしく、多くの教会員達の信望を一身に集めておられた。また同時に祈りの人であり、水曜晩の祈祷会には千里山から四、五十分かけてほとんど休まずに出席しておられた。そこにはメソディスト教会の標榜たる「聖化された人」の姿をまざまざと思い知ることができたのである。それゆえに、この方が礼拝の司会に立つと礼拝の雰囲気が変わった。何か不思議な感動が湧き起こり、厳粛な思いにさせられたのであった。その時にはそれと認識できなかったのであるが、橋本幹事長と共に聖霊が豊かに働かれていたのである。

　私は五月半ばから十月初旬まで、ひとりでこのアパートに住みながら、結婚生活の準備をオフ・デイの月曜日に美智子と共にしていった。そして次々と運び込まれてくる家具を見ながら、長い独り暮らしにピリオドを打つ結婚生活の幸せを思い描いていた。そして十月十二日、幸いにも神の圧倒的な祝福のうちに結婚式を挙げることができたのであったが、いざ始まった結婚生活は厳しかった。教会からの謝儀（サラリー）が少なかったのである。月額二万五千円であった。その頃の高校卒の女子社員の初任給が三万円といわれていた。独身の時はそれでも過不足なくやっていけた。鶴岡政子さんが千里山教会の幼稚園に勤めていた娘の恵子さんを通して、頻繁に弁当を届けてくれたり、また私の交通費は教会が出してくれたからである（水道光熱費は自前）。だが所帯を構えると、事態は変わった。どんなに切り詰めても、三、四千円の赤字が出た。そのため美智子はしばしば昼御飯を抜いた。「美智子、すまん」と心のなかで手を合わせた。私はこの時期初めて、貧乏であることの辛さを体験し、次の啄木の歌を噛みしめた。

「わが抱く　思想はすべて　金無きに
　　因する如し　秋の風吹く」

そんな中でも、私達は什一献金を実行していった。私も妻も、以前から什一献金を励行していた。いつの頃からか、たとえどんなに苦しくとも、什一献金をするのがクリスチャンとして当然のあり方だという信念を持っていた。その頃の私はリベラルな信仰に慣らされており、いわゆる〝みことば信仰〟、即ち聖書に書かれてあることをそのまま忠実に実践するならば、それに続く祝福の約束は必ず実現するという信仰を持っていたわけではないのだが、不思議にもマラキ三章一〇節―一二節の御言葉は心に強く留まっていた。

「わたしの宮に食物のあるように、十分の一全部をわたしの倉に携えてきなさい。これをもってわたしを試み、わたしが天の窓を開いて、あふるる恵みを、あなたがたに注ぐか否かを見なさいと、万軍の主はいわれる。

わたしは食い滅ぼす者を、あなたがたのためにおさえて、あなたがたの地の産物を、滅ぼさないようにしよう。また、あなたがたのぶどうの木が、その熟する前に、その実を畑に落とすことのないようにしようと、万軍の主はいわれる。

こうして万国の人は、あなたがたを祝福された者ととなえるであろう。あなたがたは楽しい地となるからであると、万軍の主はいわれる。」

私は神学生時代もずっと什一献金をしていた。だが、このマラキの御言葉「わたしが天の窓を開いて、あふるる恵みを、あなたがたに注ぐか否かを見なさいと、万軍の主はいわれる」に対する実感はなかった。しかし、この時期には、この御言葉の真実をこれでもかこれでもかと実感し体験することになったのであった。米がなくなって困っていると、ある人が米を持ってきてくれた。パンがなくなると、誰かがプレゼントしてくれた。ミカンが欲しいなと思っていると、どこからか送られてきた。別に頼みもしなかったのに、いろいろな人の手を通して、主なる神は私達に必要なものを次々と供えて下さったのであった。まさにエリヤを養って下さった神は（列王上十七章）、今も生きておられるということを体験する日々となったのである。この経験を通して、私は「天の窓が開かれ、あふるる恵みの注ぎを受ける」という御言葉の現実を実感すると共に、この什一献金の祝福は経済的に貧苦の状況の中であればあるほど、その現れは如実であるということを覚え知ったのであった。以来私は、什一献金のもたらす祝福を疑うことなく、大胆に途切れることなく継続して今日に至っている。

その中で、什一献金の祝福は単に経済的に守られるだけでなく、子供達にも祝福が及んでいくことを知ったことは大発見であった。私は時として信徒達から、「牧師先生の三人の子供さん達はみんな立派に育っていますねえ。どうしたら、そんなによく育つんですか」と質問を受ける。私は「神の恵みです」と答えるのだが、何も謙遜ぶってそう言っているのではない。牧会途上で襲いきた様々な問題に忙殺され、私はほとんど子供達を構ってやれなかった。きっと子供達は寂しい思いをしたことであろう。本当に申し訳なく思う。にも拘わらず、子供達は皆立派に育ってくれた。これは什一献金による〝天からのあふるる恵み〟以外の何ものでもないといつも感謝している。

さて、話を元に戻すと、貧窮だった私達を主なる神が奇跡の御手をもって養って下さったことをリアルに体験したのであるから、私達はそのことを感謝し、主に讃美をしていればよかったのである。しかし伝道者として未熟だった私は呟きを持った。東梅田教会は決して貧乏教会ではない。大金持ちの教会ではないか。なのに、こんな低い謝儀しか出さないというのは不当ではないだろうか。しかも他の教会の伝道師達よりも、私の方がうんと働いているはずだ。美智子の父もよく言っていた。「そんな安い給料でよく働くなあ」と。どう考えても理不尽としか思えなかった。

こんな呟きを持っていた時、橋本さんが訪ねてくれた。いつものように私達の生活の足しになるものを携えて来られた。「先生、何か困ることがあったら、何でも言って下さい」。そこで私は「渡りに舟」とばかり、生活が大変であること、できれば、もう少し謝儀を上げていただきたい旨、丁寧にお願いした。じっと聴いておられた橋本幹事長は、「分かりました。他の方々とも相談して善処します」と答えて下さった。だがこの私の幹事長への切なる懇願は、妹尾主任牧師の逆鱗に触れることになったのである。しかしまだ若かったその頃の私には、まったく想定できていなかったのであった。

後年、この時の体験は実に貴重な宝物となったのである。一つは、「牧師は清貧に甘んずべし」という悪弊《あくへい》の考えを打ち破らねば、日本のキリスト教の発展はないという洞察。二つには、私が主任牧師になった場合には、副牧師や伝道師を生活上の困窮にさらしてはならないという決心。三つ目は、「エリヤの神」は生きておられ、主に仕える者を必ず助けて下さるという確信を持ったことである。そしてこの三つの悟りは、やがて韓国の教会との交わりを通して、間違いではなかったことを確認することになったのである。

それから六年後の一九七五年、夏に聖霊降臨の出来事があり、教会のカリスマ刷新是か非かで私達の教会が激しく揉《も》めていた一九七六年の早春、橋本定憲長老が「大塩にいる妹の村瀬あいを訪ねるので、ついでに寄らせて欲しい」と連絡をしてきた。こみ上げる懐かしさと共にお迎えすると、橋本さんは意外な話を持ち出された。「このたび、妹尾牧師が東梅田教会を辞することになった。後任の牧師を探している。私は手束先生を推薦したいと思っている」と。仰天した私は、「とんでもない。私は未熟な者であり、あのような大教会には間に合いません」と答えた。そして高砂教会に現在起こっていることを説明した。私の長々とした話を聞いた後、「そうですか」と言って橋本長老は天を仰がれた。そして暫しよもやま話をして帰って行かれた。駅まで送らせていただき、深々とお辞儀をして見送った。それが橋本さんの姿を見た最後であった。当時橋本長老は八十六歳、私は三十二歳。孫にも匹敵する若僧にすぎなかった。こんな青二才の私を忘れず、わざわざ千里山の地から草深い播州の地まで訪ねて下さったあの時のことを想い起こすたびに、今なお私の胸に熱いものがこみ上げてくるのを抑えることができないでいる。

橋本定憲長老は一九八〇年四月二十三日召天された。前夜式に駆けつけた私を見て、妹尾牧師の後継となった山田淳牧師は、「これで東梅田教会も終わった気がします」と無念そうに語られたのであったが、私も深く頷《うなず》かざるを得なかったのである。

二十九　初陣の東梅田教会での一年 ③

――伝道師辞任を巡る大きな波紋――

年が明けて一九七〇年。世相はいよいよ慌ただしい様相を呈していた。政治的には日米安保条約改定問題がマスコミをにぎわし、それに関連して、大学紛争も全国的に拡大し、高校においても紛争が勃発していった。他方、日本キリスト教団においては、「万博キリスト教館」出展を巡っての紛争の度合いは一層深刻化し、にっちもさっちもいかない手詰まり状態となっていった。そんな二月の初旬、突然に恩師の松村克己教授から教会に電話があった。「大学に戻って、神学部の助手になる気はないか」との打診であった。「少し考えさせて下さい。教会とも相談しなくてはならないので」と答えた。だが、私の内では「行きたい」という思いが抑えがたく起こってくるのを感じた。

一つは、松村教授からティリッヒの「組織神学」第三巻の講義を継続して受けることができることの期待であった。在学中、「組織神学」第四部の「生命と霊」（聖霊論）のほとんど終わり近くまで聴くことができた。だが、大部なるティリッヒ「組織神学」の最後を飾っている第五部

「歴史と神の国」（終末論）は、まったく手つかずのままで卒業をせねばならず、心が残っていた。そこには私の好きな歴史哲学が縦横に展開されていたからである。

二つには、紛争の真っただ中で卒業していった私には、その後の神学部、特に後輩達の動向が気になっていた。一応一九六九年の秋からは正常化していったのであるが、紛争の後遺症による後輩達の荒《すさ》んだ情報が次々と入ってきていた。「あの男も退学したのか、あの人も苦悩して休学しているのか」と私の心は痛んだ。挫折している後輩達ほどナイーブで真摯な人物が多く、在学中私を慕ってくれていた者達が少なからずいた。「何とかして彼らを励まし立ち直らせてやりたい。そんな機会はないだろうか」。こんな大それた思いが、私の内側にずっと息づいていた。

三つ目は、正直いって、やはり待遇の問題があった。その時のことを想い起こしながら、私は拙著『教会成長の勘所』において、次のように綴っている。「金を得たくて牧師になる者はいない。牧師になると決意したとき、富や社会的地位は放棄しているのである。主の御旨ならば、どんな清貧にも甘んじていこうという覚悟を、真っ当な牧師ならば、みんな持っている。そこで、開拓したばかりの極めて弱小な教会にでも、牧師達は使命を帯びて赴任していくのである。生活などとても成り立たないような低い謝儀しか出ないことがわかっているにも拘わらずである。

けれども、低い謝儀しか出せないというのと、低い謝儀しか出さないというのではわけが違う。世間並みの謝儀を出そうとすれば出せるのにあえて出さないとすれば、それは牧師というものを、あるいは牧師の働きを、不当に低いものとして評価していると見なさざるを得ない。辺境の地で食うや食わずの生活をすることはできても、これには耐えられない。ところが、日本の多くの教会では、このような不条理が堂々とまかり通ってしまっている」（一三二頁）。

かくて私は、翌日、主任の妹尾牧師に松村教授からの話を伝え、そうさせて欲しい旨を表明した。更にそれに加えて、東梅田教会の伝道師としてパートタイムで仕えさせてもらえないかとお願いした。しかし妹尾牧師の返答は、「辞任して神学部の助手になるのはよいが、パートタイムの伝道師というのは駄目だ」というものであった。当時の関西学院大学の助手の待遇はとてもよく、週に三日程大学に行って雑用をすればよく、後の四日間は研究等に自由に使うことができた。そのため神学部の助手達は、阪神間の教会のパートタイムの伝道師を兼任しているのが普通であった。教授達の中にも、そうしている人たちが多かった。しかし、牧会の業ひと筋に徹せず、そのような〝二足のワラジ〟を履くのは、妹尾牧師には献身不徹底な「駄目な奴」という考えがあったようだ。そこで仕方なく、私は伝道師として留任することを諦めざるを得なかった。

ところが、思いもかけず、このことを巡って大きな波紋が起きた。「手束先生、辞めんといてください。教会が謝儀を出さないならば、有志を募ってそれぐらいのお金は私が用意しますから」と、その人は私のところに談判にきた。その人というのは、同じ吹田市（千里山も吹田市の一部）に住む村上太一という方であった。この方も東梅田教会に多くいた商売人のひとりであり、〝牛乳屋〟を営んでいた。しかもこの方の人情味のある性格は、周囲の人々の敬慕を得、牛乳業界の役員などもしていた。

実はこの方も、一度は寺田兄と同じく牧師を目指して関学神学部に入学したことがあったが、挫折をし、〝牛乳屋〟を開業して成功した。年齢は私よりも十五歳ほど上であったが、なぜか私を気に入ってくれていたようで、夕方フラっと教会に立ち寄っては、「先生、食事に付き合ってくれませんか」とか、「お風呂に行きませんか」と誘って下さり、当時独身の貧乏伝道師にはとうてい経験できないところへと案内してくれるのであった。その折に、何度か口をついて出てきたのは「わたしの先祖は〝村上水軍〟なんですよ、わたしはその末裔《まつえい》なんです」という言葉であった。

〝村上水軍〟とは日本の中世時代、瀬戸内海で活躍した海賊のことであるが、ただの海賊ではなく、日本史の要衝において武家の争いに参じて、その勝敗を左右するほどの実力を発揮した。有名なのは壇ノ浦の戦いにおいて、源氏に味方し、義経に勝利をもたらした歴史的事件である。村上太一さんは自分が〝村上水軍〟の末裔であることがとても誇りであったようで、私が歴史好きであることを知ったからか、〝村上水軍〟について何度か語ってくれた。

またこんなこともよく私に向かって語った。「手束先生は将来必ず大教会の牧師になられるお方です。その見識といい器量といい、お若いにも拘わらず並ではありません。是非大成してください」と。私はその思わぬ賛辞に大いに戸惑いかつ恐縮させられたのであった。しかしその村上さんでも、私が高砂の田舎の小さな教会の牧師に留まり続けるとは思っておらず、やがては大阪のような大都会の大教会の牧師に抜擢されると思っていたようだ。私が今の新会堂を建ててから、吹田からわざわざ二度ほど高砂教会の礼拝においでになったが、「先生はいつまで高砂においでになるつもりなのですか」と尋ねてきた。そこで、「一生いるつもりです」と答えると、驚いた顔をして、「そうですか」と落胆した様子であった。もしかしたら、村上さんもまた、前述の橋本長老と同じく、私を将来東梅田教会の牧師に迎えたいと願っていたのかもしれない。

話を元に戻すと、村上さんは私を東梅田教会に留まらせようと願い説得に来たのであったが、私が事の顛末を話すと、「そうですか、妹尾先生が……」と言葉を詰まらせ、涙を流されたのであった。その涙を私は不思議な思いで眺めていた。いったいあの涙は何だったのだろうか。それは妹尾牧師に理解してもらえなかった私に対する同情の涙であったのか、あるいは自らの願いと妹尾主任牧師の思いとが衝突することの辛さゆえの涙であったのだろうか。いずれにしても、村上さんが私に見せた〝男の涙〟は、私の内に生じた謎と共に、生涯残る心温まる記憶の一つとなったのである。

もう一つの大変な波紋が起こった。既述した如く、私が力を入れた〝大阪の吹きだまり〟といわれた大正区の伝道から、クリスマスに二人の男性が受洗した。ひとりは九州からの出稼ぎ労務者であり、そしてもう一人はチンピラの青年であった。峰経夫君という。私よりも二、三歳下であった。彼は和歌山県の貧しい家で生まれた。母子家庭であったらしく、いろいろな苦労に出くわしたせいか、世をすねて極道の道に入っていった。しかし、そこから足を洗い、私が赴任する少し前より大正区伝道所の夕拝に顔を見せるようになっていた。寺田兄の話によると、最初来た時の彼の顔は非常に険しく、その目は血走り、殺されるんではないかという恐れを周囲の人に抱かせるほどのものだったという。私が来てからも初めの頃は、私の顔を睨《にら》むようにして話を聴いていた。しかし、やがてその目がだんだんと優しくなっていった。更に彼は、「先生、手伝います」と言って、私が路傍説教をしている間、寺田兄と共に伝道チラシを道行く人に配るようになった。そして受洗してから間もない暮れに、新婚だった私達のアパートに毛糸を持って訪ねて来て、「奥さん、俺にセーター編んでや」と言って、一万円を置いていった。せいぜい三千円ほどが相場なのに、三倍以上の金を置いていったのは、明らかに私達の生活の足しにして欲しいという、彼なりの思いやり以外の何ものでもなかった。私達はその粗野な振る舞いの中に隠された、彼の温かい心根に触れ、爽やかな感動を覚えたものである。

彼もまた、私が東梅田教会を去ることを聞き及んで、留まることをせがんだ。「僕もそうしたいんだが、教会にもいろいろ事情があってな、無理なんだ。勘弁してな」とのみ答えた。それで了解してくれたと思っていたのだが、翌日彼は私の知らないところで、とんでもない行動を起こしたのであった。「妹尾先生とお会いしたい」と教会にやってきた彼は、牧師室に入って座るや否や、黒いスーツの懐からあいくち（ドス）を静かに取り出し、机の上に置いた。そして妹尾牧師の眼を射すように睨みつけ、「本当のことを言って下さい。妹尾先生は手束先生を辞めさせたいんじゃないんですか」と言葉鋭く迫ったという。答え方次第ではただではおかないというその剣幕に、さすがに大物牧師として名を馳せた妹尾牧師も、体が小刻みに震えていたという。よほど恐ろしかったのであろう。まるで高倉健や菅原文太主演のヤクザ映画そのままの光景であったろう。その後、どんなやりとりがあったのか私は知らない。しかし、その出来事は、妹尾牧師から寺田兄へ、そして寺田兄から私に伝えられた。私は「えーっ」と叫んだ。「とんでもないことになった」と思った。慌てた私は、早速に峰君を呼び出し、今回の神学部助手への転任は私が望んだことであって、妹尾牧師の企てではないということ、またパートタイムの伝道師として残れなかったのは、次に専任の伝道師を迎えるためには仕方のないことなどを説明し、妹尾牧師に詫びを入れてくれるように懇願した。彼は憮然たる面持ちで聞いていたが、最後には「先生がそうして欲しいというなら、そうします」と言い、翌日そのとおりに実行してくれたのであった。

そのほかにも、青年会の一部からも、「手束伝道師辞任反対」の動きが起こった。困った私はかの長崎なみゑさんに相談した。じっと私の話を聴いた後、彼女は言った。「わたしも峰君と同じようにしたい気持ちで一杯です。でも先生の将来を考えたら仕方がありません。おまかせ下さい」。やがて、三月半ばに「手束伝道師辞任総会」が礼拝堂で開催され、議長の妹尾牧師から説明があった。説明後「何かご意見はありませんか」との問いが出された時、一瞬シーンとした。その刹那、後方から大きな声が発せられた。「賛成です。手束先生の辞任を承認します」。長崎さんの声であった。そして総会は無事終了し、私は安堵の胸をなでおろした。

かくて私が初陣の身を沈めた東梅田教会伝道師の働きは終わった。わずか一年間であったが、その務めは密度の濃いものであった。私だけが勝手にそう思い込んでいるのではなく、教会員の方々もそう感じていたようだ。それゆえに、後になってから「手束先生が東梅田におられたのはたった一年でしたか、そんなはずはないと思いますが」と、何人かの方から怪しまれたのであった。あの若き日に、懸命に働いた時の記憶、未熟ゆえの失敗もあったが、それを越えて、あの時の懐かしい人々、懐かしい風景、古稀を過ぎた今でも、昨日のように甦ってくる。

三十　恵まれていた大学助手時代①

――全てのこと相働きて益となる――

神学部助手の時代は、いろいろな意味で恵まれた三年間であった。収入の点でも三倍近くになった。以前何かで読んだことがあるが、自分の働きに対して、その対価が低かったとしても嘆く必要はない。やがて〝不思議な法則〟が働いてきて、あなたに見合うポストと収入が与えられるようになる、という内容のものであった。まさにその〝不思議な法則〟が働いてきたかのように、収入の面だけでなく、住居の点でもそうであった。西宮市の阪急門戸厄神駅から歩いて十分ほどのところにある分不相応な、当時としては豪邸に住むことになったのである。二百坪の敷地に一部二階建ての八部屋もある広い芝生の庭付きの家であった。その住宅地には、会社の重役や大学教授などの家が建ち並び、戦後一世を風靡した喜劇女優笠置シズ子なども居を構えていた。当時神学部の事務長をしていた小黒勝利という方がたまたま私の家を見つけたらしく、翌朝出勤すると、いきなり「手束さん、凄い家に住んでるんですね。家賃いくらぐらい払ってるんですか」と大声で尋ねてきたので、女性事務員達が驚いた様子で一斉に私の方を見、気恥ずかしい思いをしたものだった。

実は、この家の世話をしてくれたのは、美智子の父の妹にあたる岡田治子という方であり、ちゃきちゃきの商売人丸出しの人であった。この美智子の叔母の従妹の渕本知子という方が夫を亡くし、二人の男の子を女手一つで育てなくてはならず、やむを得ず大阪で店を始めた。そこで持ち家が空き家になるので、誰かに貸したいということになったのだが、それがちょうど私達の関西学院周辺での家探しと符号した。だが、ここに一つの条件が付いた。長男の誠君（当時高一）を預かってくれるなら、格安で貸してもよいという条件であった。私達はこんな広く立派な家に住めるなら、それぐらいならばと了承した。ところが、叔母からもう一つの条件が出された。ついでに、もうひとり中学一年生の女の子も預かってくれないか、というのである。その女の子は阪急小林にある聖心女学院の寮に入っていたが、どうしても寮生活に馴染めず困っているので、何とかしてくれないか。そうしてくれるなら、その子から部屋代、食費代等二万円を払ってもらい、優に家賃がまかなえるだけでなくおつりがくる、と叔母は口説いてきた。その少女こそ姫路の大塩の名門、梶原家の長女、梶原依子君であった。しかも、この梶原家は、私の就任後に洗礼を受けてクリスチャンホームとなった有本一家とは浅からぬ縁があったことを後に知ることになるのである。

だが、その条件には二つ返事で了承というわけにはいかなかった。私達はまだ結婚して五カ月の新婚である。しかもいつ子供ができるか分からない。そんな中で、中学生と高校生の二人の思春期の子供達の面倒を見るのは無理があるように思われた。しかし、妻の父は「ひとり世話するのも、ふたり世話するのも同じじゃないか。面倒みてやれ」と、私達の杞憂など一切介せずに言い放った。「お父さんたら、いつもああなんだから」と妻は怒っていたが、従わざるを得なかった。かくて私達は新婚六カ月にして高校生の男の子と中学生の女の子を預かるはめになったのであった。特に、まだ二十四歳の新妻にすぎなかった美智子には、どんなにか大変だっただろうか。しかも更に大変だったのは、二人の子供を預かって間もなく、妊娠をしていることが分かったのである。そのため、妻はツワリに苦しみながらも、子供達のために食事を作ってやらなくてはならなかったのである。妻にとっては受難の期間であっただろう。本当によく頑張ってくれたと思う。

一方、私はというと、学生達との対話・対論の日々が続いた。助手に就任する直前、当時の神学部長の小林信雄教授との会見のなかで、「今は教授と学生の間がまったく断絶状態なので、君が間に立ってくれるのは本当に有り難いことだ」と頼もしがられ、私は一途にその使命感に燃えていた。時には助手室で、時にはキャンパスで、時には家に呼んで、神学生達との対話・対論を繰り返し、何とか彼らが否定的な思いから立ち直って、再び召命に応えていけるようにと努力する日々が続いた。しかし、教授達への強い不信感と挫折感を克服させるのは容易でなかった。彼らを和ませるどころか、却って苛立たせることもあった。今省みると、その頃の私には、カウンセリングの技術が不足していたように思う。そこでつい、厳しい言葉を浴びせてしまい、相手を怒らせてしまうことになり、自らの不明さに頭を抱えた。他方、教授達に対しては、学生達の思いを代弁したり、擁護したりすることもしばしばあり、快く思われず、時にはなじられた。そんな折、キャンパスの木陰で他学部の学生達がギターに合わせて歌っていたフォークソング「戦争が終わって、僕らは生まれた。戦争を知らずに、僕らは育った」という歌詞が、妙に私の心に染み入ってくるのであった。紛争時にはあの美しかった関西学院のキャンパスも、見る影もなく荒廃をしてしまっていたが、今やすっかり回復しているのに、神学生達の心の荒廃が回復するのは遠い彼方のように思われ、何度も溜息《ためいき》をついた。その頃の私は、クリスチャンとして最も大事なこと、即ち「祈る」ということを怠り、人間的努力によって、何とかしようとはやっていたことに気がついてはいなかったのである。

もう一つ、私に大きな役割が回ってきた。それは、大学の教員組合の執行委員という務めであった。当時の関西学院大学には、神学部を筆頭に、文学部、経済学部、商学部、法学部、社会学部、理学部と七学部あったが、それぞれの学部からひとりずつ代表が出され、教員組合の執行委員会を形成していた。他の学部からは、教授か助教授が代表で出てきた。しかし、神学部では、教授、助教授の人達は皆代表になることを固辞し、結局押しつけられるようにして私が出ることになった。委員長には商学部の正田啓造教授が、書記長には社会学部の遠藤惣一助教授が、そして私は副書記長の任に就いた。毎週水曜日の昼食時に組合事務所に集まり、執行委員会を持った。また理事会との団体交渉の後には、よく飲み屋などに付き合わされた。執行委員の方々は皆とてもよい人達ばかりで、相当歳下で、しかも下っ端の私をも大切に扱ってくれた。

当時、大学教員組合は一つの難問を抱えていた。理学部の〝造反助手〟池田某の首切り問題であった。理事会としては、紛争が一件落着したのであるから、早期にこれ以上の火種を消し去ってしまいたかったようだ。そして執行委員会も、この問題に深く関わることに躊躇していた。無理もなかったと思う。私以外の執行部の教授達は皆、紛争の嵐のなかで、造反派の人達からの激しい突き上げに苦しみ傷ついてきた方々である。だから頭では〝不当首切り〟と分かっていても、簡単には全面擁護というわけにはいかなかったのであろう。しかし私には、他の執行委員の教員達のようなしがらみはなく、純粋に〝人権問題〟として考えることができた。その上、同じ〝助手〟という立場にあったこともまた、この問題を他人事として捨て置くことができなかったのである。そこで私は、理事会との団体交渉のなかで、舌鋒《ぜっぽう》鋭く〝首切り撤回〟を迫ったのであった。他の委員達は、私の院長や学長を含む理事の方達に対する厳しい論駁《ろんばく》を見て、「あんなにお偉方に逆らって、あいつの将来は大丈夫か」と心配していたという。しかし私は、助手の任期期間の三年を終了したら、牧師に戻ろうと決めていたので、そのような危惧に思いを馳せる必要はまったくなかったのである。だが、私の奮闘も空しく、池田助手の解雇は撤回されなかった。暫く後に、池田助手から手紙がきた。「私のために孤軍奮闘してくれたことを、山田先生（法学部代表執行委員の山田照美助教授のこと）から聞きました。本当に有り難うございました。御恩は忘れません。」としたためられていた。その後、彼はどのような人生を歩んだのだろうか。生きていれば、もう古稀は過ぎているはずなのだが。

人生には何も無駄はない、といわれる。御言葉にも、「全てのこと相働きて益となるを我らは知る」（文語訳ロマ八・二八）とある。傍目には、頼まれたわけでもないのに、神学生達の再起のために奔走したり、それまでは見も知らなかった理学部の助手のために戦ったりするのは、随分と身のほど知らずな愚かな振る舞いに映ったことであろう。実際、そんな私の姿を見て、気の毒に思ったのか、「もうそれ以上損な役割はやめた方がよい」と暗に忠告して下さる方もいた。私自身も一向に成果が上がらない有様に、空しさを覚えないわけではなかった。だが、この時の体験もまた高砂教会に就任してからの私の牧会に、大いに役立つことになったのである。

四十四年前、私が就任した頃の高砂教会は、社会派の教会として、その名を馳せていた。教会役員の半数が労働組合の活動家達であった。つまり、信徒のリーダー達はその多くが労働組合的発想の持ち主であり、したがって批判精神が旺盛であり、議論にたけ、甲論乙駁《こうろんおつばく》に慣れた人達だったのである。世間知らずの若い牧師などがきても、太刀打ちできるはずがなかった。後に詳しく書くことになるが、一九七五年夏の修養会に聖霊降臨が起こり、私達の教会は以後数年にわたって紛争の中に置かれることになったのだが、その時に起こった聖霊刷新是か非かの長く執拗な役員会での議論において、私が力尽きることなく最後まで頑張り切ることができたのは、学生運動の経験や助手時代の教員組合の執行委員の経験がものを言ったのである。言わば、議論のプロ達と対峙し得るようにと、事前に主なる神は私を訓練し鍛えていてくれたのであった。それゆえに、助手時代の学生達との対話・対論も、大学理事会との激しい応酬も、神の恩寵の御手のなかで運ばれていたのである。

更に、私が教員組合の役員をしたことによる恩恵をもう一つ付け加えたい。ある日、キャンパスを歩いていると、委員長の正田教授とバッタリ出会った。「ちょうどよかった。手束さん、あなたにお願いしたいことがある」と言ってきた。願いというのは、自分のゼミにいた学生が今度結婚式をランバス・チャペルですることになったのだが、司式をしてくれないか、ということであった。私は一瞬驚いた。というのは、大学には、各学部にチャプレンがおり、結婚式などはその人達に依頼するのが常であったのに、まだ駆け出しの私に頼んできたからである。「私でいいんですか。私はこれまで司式をしたことがないんですが」。「いや、あなたに是非して欲しい」とたたみかけてきた。恐らくは、正田教授は私に好意を抱いていてくれていたのであろう。「手束さん。あなたのような牧師のいる教会は近くにないんですか。あるならば、私もその教会へ行ってみたい」と、以前語りかけてきたことがあるからである。

一週間ほどたったときだったろうか。私の住居を訪ねてひとりの紳士がやってきた。部下をふたり随伴していた。正田教授からの紹介で私が結婚式を司ることになった人であった。名刺には全日空××課長安田晃二とあった。私よりも十歳ほども年上であるばかりか、威風堂々とした人であった。懸命に祈って臨んだせいか、結婚式は初めての司式であったにも拘わらず、予想以上に恵まれたものとなり、列席者はその感動を祝辞の席上で語った。それから二十年ほどが過ぎた沖縄伝道旅行の途上、当時全日空沖縄支社長をしていた安田晃二氏と久美子夫人と再会を見た。その後も、沖縄に行った折に何度か会い、信仰を持つことを勧めた。そして二〇一一年十月、彼らはついに洗礼を受けたのである。

三十一　恵まれていた大学助手時代②

――造反派への反論としての学術論文の執筆――

三年間の神学部助手時代、大学紛争で傷ついた神学生達の更生活動と大学教員組合の執行委員としての働きに力を尽くしてきたことについては、前項で書いた。しかし、そんなことばかりをしていたわけではない。〝研究助手〟として、与えられた恵みの時を生かすべく、私なりに学習研究にも打ち込んだのである。

松村克己教授の組織神学特講におけるティリッヒ「組織神学」第三巻の講義を他の何人かの院生や教員達と共に聴講することを欠かさず、他方その聴講生の一人でもあった当時社会学部チャプレンであった熊谷一綱先生の発案で、文学部哲学科の博士課程で学んでいた菊池守一君などと一緒にティリッヒ研究会を持っていた。今でも明瞭に想い起こすのだが、ちょうど我が家で研究会を開いていたその日に、戦後の日本史上に鮮明に記録されている〝連合赤軍〟による「浅間山荘事件」が起き、研究会そっちのけで、テレビ報道に釘づけになってしまったことがあった。それでも最後には、熊谷先生の促しでわずかな時間をティリッヒ研究に振り向けたものである。そんな真面目な方であった。

熊谷一綱先生は、私の関学高等部時代の恩師でもある。高等部のチャプレンとして教鞭を執っておられた。この方は無類に親切な方であった。特に高校時代に下宿生活をしていた私をたびたび自宅に招いて下さって御馳走し、時には日帰りではあったが休日には旅行に連れ出して下さり、〝田舎者〟の私に大和路などを案内して下さったこともあった。今時、あんなに親切な高校教師は滅多にいないであろう。私はその頃のことを想い起こしながら、厚い感謝の念を込めて、私の二番目の著書『続・キリスト教の第三の波――カリスマ運動とは何か』の〝あとがき〟に次のように記した。

「まず、関西学院大学商学部教授であり、学院の宗教総主事でもあられる熊谷一綱先生にお礼を申し上げたい。原稿の段階で読んでいただき、貴重な批評や助言をいただいた。それらは、その後の原稿の整備の上で重要な学びとなった。実は、先生は私の関西学院高等部時代にチャプレンとして様々に御指導下さった恩師である。私が一年生のクリスマスに洗礼を受けた時、先生はこのことを喜び、自宅に私を呼んでお祝い下さった。確かまだその頃、先生は結婚したばかりであったと記憶しているが、美しい奥様と共に心からの御歓待を下さった。茨城県の田舎から出てきて、一人下宿暮らしをしていたその頃の私には、今でも心温まる記憶として鮮やかである。」

熊谷先生は二〇〇六年三月心不全にて急逝された。七十七歳であった。その二年ほど前だっただろうか、私は先生がリウマチで苦しんでいることを聞き及び、宝塚の御自宅に見舞いに伺い、その癒しのために按手して熱く祈らせてもらったことがある。私が祈った後、先生はさも嬉しげな顔をされて、「有り難うございました」と丁寧に感謝の意を表された。あの時の、あの何ともいえない喜びの笑顔が、今も脳裏から離れない。

さて、私の研究業績であるが、関西学院大学神学部研究会発行の紀要『神学研究』第二十号（昭和四十七年二月）に、「パウル・ティリッヒの義認論――その今日的意義」を寄稿している。実は、その前年の第十九号に載せてもらうつもりで用意していたが、「編集上の都合」により一年遅れることになった。第十九号には松村克己教授の「神の問題――P．ティリッヒと波多野精一」という論文が載っていたので、そのせいかなと思ったが、理由は定かでない。

私は「パウル・ティリッヒの義認論――その今日的意義」を渾身《こんしん》込めて書いた。それは何も学問的野心からではない。それがまったくなかったかといえば嘘になるが、この論文の執筆動機は、全国の神学校の紛争のなかで、いわゆる〝造反派〟の神学生達やそれに与する〝造反派教師達〟の根拠となった神学思想に対する反論を意図していた。造反派の人達に運動の神学的論拠づけを与えていた代表的著書としては、田川建三『原始キリスト教史の一断面』やユルゲン・モルトマン『希望の神学』を挙げることができるであろう。これらの著書について、詳述する余裕はないが、要するに二冊共が主張しているのは、キリスト教というものがマルクス主義と轡《くつわ》を並べて、社会変革に取り組むことの中にこそ、キリスト教の今日的意味があるのだということを主張するものであった。田川建三は聖書神学の立場から、ユルゲン・モルトマンは組織神学の立場から、極めて説得的に〝変革の思想〟としてのキリスト教を展開し、それが当時の日本社会全体を覆っていた〝変革の思想〟を追究する空気のなかで、圧倒的に造反派の若い牧師や神学生達に支持され、その神学的論拠を与えていったのである。造反派の人達は叫んだ。「今日の体制化したキリスト教は変革されなくてはならない。第二の宗教改革が起こされなくてはならない」と。

しかし、そのような造反派の主張は、キリスト教を霊的宗教のレベルから一挙に社会的政治のレベルへと引き下げるものであり、世俗の波の中へと教会を引き摺り込んでしまう大きな危険性を持っているように、私には思えた。事実、日本キリスト教団の紛争後、否、紛争中から、教会を反体制運動や社会運動の拠点のように考えて、専らそのような活動を教会形成の中心であるかのように振る舞う牧師達が急増していった。だが、このような教会のあり方は、キリスト教を安易なヒューマニズムのレベルへと落とし込むものであり、教会をして〝味を失った塩〟（マタイ五・一三）にさせてしまうことになり、結果外に捨てられて踏みつけられる〝運命〟を迎えるしかないように思えた。また、そこで展開されるキリスト教は勢い倫理主義（律法主義）的色彩を帯び、自分達と同じように社会変革に取り組まない人々への批判攻撃とならざるを得ず、聖書の中核となるべき〝恩寵絶対主義〟は無視され、むしろ〝行為義認主義〟ともいうべき主張がヤコブ書などを引用しながら、声高に主張せられていた。このような状況を踏まえて、私はこの論文の執筆に打ち込み、私なりに造反派の神学への強烈な反論を展開したのであった。

ティリッヒによると、神学は二つの極を持つ楕円のようなものである。キリスト教のメッセージが擁する〝永遠の真理〟という一つの極と、この〝永遠の真理〟が受け入れられなければならない〝時代的状況〟というもう一つの極である。それゆえに、神学の課題は、その〝時代的状況〟を分析して、そこに含まれている問いを取り出して概念化し、その問いに対して〝永遠の真理〟である聖書がどのように答えているかを見いだして、これまた概念化することによって、その問いと答えの相関関係を明らかにすることであった。要するに、人間実存の問いと、それに解答を与える聖書（啓示）との問答、呼応の関係こそ、ティリッヒの神学の根本をなすものであり、それゆえに彼の神学は極めて実存論的神学の性格を帯びていた。そしてこの〝相関、呼応〟の方法は、同時に私の神学的思考の方法ともなっていった。

私は今でもよく礼拝後に信徒達の次のような感想に直面する。「牧師先生はなぜ私の抱えていた問題をご存知なのですか。今日の説教はまるで私のための説教のようでした」。このような率直な感想を聞くたびに、私の説教が成功していることを喜び、主の御名を称えているのである。私の説教の組み立ては、現代日本人の、はたまた高砂教会員達の内に蔵している問いが何かを見いだして、それを概念化し、それに答える形で聖書のメッセージを説き明かすというものである。このような説教の組み立ては、まさに私がその若き日に打ち込んだパウル・ティリッヒから学んだものにほかならない。説教だけではない。これまで私が世に出した著作の多くも、そのような視点から書き上げられているはずである。それゆえに、ある人々からは、「神学書にしては自分達の生活にリアルに響くものがあり、読み出したらやめられなくなった」という感想を聞くことになった。

かくして、私が初めて世に問うた学術論文「パウル・ティリッヒの義認論―その今日的意義」は、当時日本のキリスト教界全体を揺るがしていたいわゆる〝造反運動〟の潮流に対する私なりの反論であると共に、〝造反運動〟の激しい主張のなかで、「何かおかしい」と思いつつも、有力な答えを見いだせないでいた人々にとって、なにがしかの解答を提示するものでもあった。特に私は、造反派の人々の主張する「神の死の神学」や「イエス神学」に、なぜバルト神学に造詣《ぞうけい》の深い神学者達（例えば、滝沢克己九州大学教授や井上良雄東京神学大学教授）が深いシンパシーを寄せていったかについて関心を持ち、論文のなかで次のように論断した。

「このようなバルトの神の言葉の神学を、ティリッヒは後年、還元主義的（reductionistic）として総括し、これを批判した。あまり聞き慣れぬこの言葉は、ある本質的な事柄をのみ問題とし、それ以外のものを二次的三次的なものとして抹消してしまうことを意味する。興味深いことには、この還元主義的傾向は新正統主義（Neo-orthodoxy）といわれるバルト神学のみならず、急進的神学（radical theology）といわれる神の死の神学やイエス神学の中にも見られるのである。両者は共にナザレのイエスとの関わりを排他的に強調することによって、文化、歴史、諸宗教に対する顧慮を不純なものとして排除する。両者は共に本質主義的であって、ナザレのイエスの時代と今日の時代の決定的な差をあまり考慮に入れようとせず、これらを短絡的につなごうとする。しかし、このような還元主義的神学は、懐疑の時代に生きる多くの人々にとって説得的ではないばかりか、その律法主義的響きのゆえに、独善的感じを抱かせるに至る。」

以上の論述は、もしかしたら信徒の方達にとって何を言っているのか分からないかもしれないが、ごく意訳して言うと、次のようになる。《本質主義（純粋思考）というのは、言葉だけを聞いていると、あたかも真実であるかのように見えるが、しかし人間というのはその背後に様々なしがらみに絡まれ、同時に、真実と不真実、美と醜、善と悪を合わせ持つ曖昧な（両義的）存在であり、そうは純粋に生きることはできない。だから、信仰ということについても、純粋ではあるが、観念的非現実的であってはならず、様々な問題を抱えた生身の人間をしっかりと見据えた現実的なものでなくてはならない。キリスト教がなかなか日本人に受容せられないのは、純粋さを強調するあまり、綺麗事に流れ易く、律法主義的独善的な感じを人々に抱かせていることにあるのではないか》となる。そしてこの私のスタンスは今でも変わっていない。日本の教会のこの本質主義的体質こそ、日本の教会の成長を妨げている隠れた大きな理由ではないだろうか。

三十二　恵まれていた大学助手時代③

――楽しかった芦屋西教会伝道師時代、しかし――

神学部助手に就任して十カ月ほど過ぎた頃、神学部実践神学教授の藤井孝夫先生から一つの話があった。自分の牧している芦屋西教会の伝道師として教会を手伝ってくれないかという要請であった。藤井孝夫教授は学生時代「説教学」や「倫理学」などの実践神学を講じて下さり、「部落問題研究会」の顧問をしてもらっていたこともあり、是非もなく要請を受諾したのであった。実は、神学部助手就任と共に、母教会の甲東教会で伝道師として働かせてもらうことを願ったが、叶わなかった。芹野先生は了承してくれたのであったが、ある有力役員の強い反対があって駄目になり、落胆していたので、とても嬉しかった。

芦屋西教会とはその二、三年前に芦屋打出教会から分裂してできた教会である。事の真相や詳しい経緯は知らないが、要するに芦屋打出教会牧師の牧会に対する不満・不信からのものであった。カトリック教会は、ローマ教皇を頂点にした全体主義組織なので、個別の教会でトラブルが起こっても、上から有無を言わさぬ神父の転任などによって、事件の表面化や深刻化を防ぐことになるのであるが、プロテスタント教会の場合はそうではない。個別教会の主体性が大幅に認められているので、上からの指導や調停が徹底しにくく、悪くすると分裂に至る。元来、プロテスタント教会はカトリック教会から分裂して生まれたものであるから、分裂というのはプロテスタント教会の持つ〝運命の遺伝子〟ともいうべきものなのかもしれない。もっというならば、キリスト教そのものがユダヤ教から分裂して成立したものであるから、分裂それ自体をあってはならぬ悪いものと考える必要は毛頭ないであろう。パウロは言っている。「たしかに、あなたがたのなかでほんとうの者が明らかにされるためには、分派もなければなるまい」（Ｉコリ一一・一九）。また主イエスも宣う。「あなたがたは、わたしが平和をこの地上にもたらすためにきたと思っているのか。そうではない。むしろ分裂である」（ルカ一二・五一）。

それゆえに、分裂そのものを悪と考える必要などまったくないのであるが、綺麗事好きなキリスト教界では、それが何かいけないことのように考えがちである。しかし見方を変えれば、分裂によって新しい教会が誕生するのであるから、主の働きがそれだけ拡大したことになる。ならば「災い転じて福となす」の言葉の如く、分裂という痛みにいつまでも拘泥《こうでい》することなく、それを前向きに捕らえて、主を見上げつつ前進することこそが神の祝福を引き寄せることになる。ところが分裂の痛みを負うことになった多くの教会が、いつまでもその痛みを克服できずに、却って悪魔の罠に陥ってしまっているのを見る時、私は残念でたまらない。折角の飛躍のチャンスを自ら潰してしまっているからである。

後に詳述することになるが、一九八〇年カリスマ刷新の是非を巡って高砂教会が真っ二つに大きく分裂するという悲痛を味わったことがある。これに対して他の牧師達からも激しい批判が浴びせられ、まだ若く経験の乏しかった三十五歳の私は大いに苦悩し、困惑し、萎縮した。そんな折、兵庫教区の牧師達の集まりがあり、私は恐る恐るそれに参加した。案の定、私に対する視線は冷たかった。ところがひとりの大先輩が近づいてきて声をかけてくれた。「手束君、元気か」。私はおずおずと「ええ、教会が分裂してしまって」と小さな声で答えた。するとその方は大きな声で、「何の、神様はいろいろな経験をさせて君を鍛えているんだ。気にするな」と叫んだ。実にその言葉は、私にはただの励ましの言葉ではなく、天からの言葉のように響いた。そして「救われた」という大きな安堵感が私を包んだ。あの時のあの言葉こそ、私を救い出してくれた癒しと命の言葉であり、今もなお、私の耳にこだまし続けている。あの救いの言葉をかけてくれたのは、当時兵庫松本通り教会の牧師であった沼信行という方であり、目立った働きをせず地味な牧会に終始した方であったが、私にとっては天使の代言者ともいうべき方となった。

またまた脱線したので本論に戻す。一九七一年の三月、芦屋西教会伝道師就任の直前、藤井教授から自宅に招聘状が届いた。そこには、「あなたを芦屋西教会伝道師として招聘いたします。ただし、任期は二年」と短く書かれていた。その時には、何気なく読み過ごしていたのだが、この文面が後に大きな問題となってくることなど、まったく思いも及ばなかった。

芦屋西教会での伝道師生活は、楽しい楽しいものだった。毎月一度の聖日礼拝の説教と毎水曜の晩の聖書研究祈祷会が私の務めであり、その他請われるままに家庭訪問をして、信徒の方々の相談に与ったりしていた。日曜日の礼拝が終わると、私と同世代か少し上の世代の人々の家庭での集まりに招かれ、そこで食事をふるまっていただいた後、マージャンなどを教えてもらった。夫婦単位で五、六家族が常に相集う忌憚《きたん》のない集まりであった。彼らは皆芦屋出身の育ちのよいエリート達であり、することなすこと皆洗練されていた。彼らにとって、私という存在は、信仰の指導者というより、同年代の仲間であり、言いにくいこともズケズケ言ってくることもあったが、「今度の伝道師はだいぶ上等だ」とばかり敬意を表してくれていた。そこには強固な仲間意識が築かれていたのである。

一方、婦人会は五十歳以上の年輩の婦人達が多く、これまた育ちのよい裕福な方々がほとんどであった。その中に、私の亡母の友人でもあったカネボウ化粧品社長の川端真一氏の妻外志子夫人もいた。川端家とは、私が高一の時のあの田中家での出会い以来、何回かの交わりがあったので、私の伝道師就任を殊の外喜んでくれた。更に婦人会の中心的存在であった剣持ハルさんは、その息子さん夫婦が甲東教会で共に教会生活をしていたこともあって、極めて好意的に遇して下さった。これら婦人会員達から一目置かれていた川端さんや剣持さん達のひいきもあってか、他の婦人達も私や妻に対してとても懇切であり、「ああ、いい教会で働けてよかった」としばしば妻と語り合った。そして教会員達の何人かも、助手の任期が終わったら私が専任になってくれることを願っている旨を表明してくれたのであった。更に、当初あまり身体の調子がよくなかった藤井教授も、暗にそろそろ自分は手を引きたいので後は私に委せたい旨の発言をしていた。そこで私も主だった教会員達も、すっかりそのつもりでいたのである。しかし、人生とはそうそう筋書き通りいかないものだということを、やがて知ることになったのである。

伝道師二年目の六月頃だっただろうか。藤井教授は突然に役員会の席上、当時竜野教会伝道師だった八十川昌代師を来年四月から専任伝道師として迎えたい旨、提案してきた。そこにいた者達は皆呆っ気にとられて言葉が出なかった。ひとり剣持ハルさんがおずおずと口を開いた。「手束先生はどうされるんですか。どこか行くところが決まったのでしょうか」。その言葉を制圧するかのように藤井教授は言い放った。「手束先生は任期二年のはずですから」。皆は「えーっ」とばかり顔を見合わせた。私も内心「何だこれは」という思いであった。

確かに牧師や伝道師を迎えるにあたって、予め任期を定める教会があることはある。それはその任期が終わったら必ず辞めてもらうということではなく、一応任期を区切って再任するか否かを両者の意向を聞いて決めるという意味として普通理解されている。しかし、藤井教授のやり方は、そのような教界の常識を覆すものであった。私は尊敬していた藤井教授の常軌を逸した振る舞いに大いに困惑し、これをどう理解すべきか頭を抱えた。しかし、その時は何も発言せず、藤井教授を信頼しようと思った。藤井教授のことだから、きっと何か深い考えがあるのかもしれないと思ったからであった。もしかしたら、藤井教授は私に赴任して欲しい教会があるので、このような措置をとったのかもしれないと、勝手な期待を抱いたりしていた。だが、そうではなかったということが、やがて判明したのである。

秋になっても、私の赴任教会の話は藤井教授からも小林信雄神学部長からもなかった。一方、私と共に助手をしていた一年先輩の森里信生さんには、東海教区の大教会への赴任が早々に決定していった。そして、芦屋西教会では、クリスマスを間近に控えた十二月の初旬、臨時教会総会が開かれ、私の辞任と八十川昌代氏の専任伝道師の件が上提された。その刹那、八十過ぎの老婦人が立ち上がって発言をした。その老婦人というのは、中山正子という方で、元芦屋市の市会議員をしたことがあり、当時行われていた「素敵なおばあちゃんコンテスト」で全国優勝をしていたモダン極まりない、しかも頭脳明晰なしっかり者であった。ちょうど、現在日本で活躍している台湾出身の評論家金美齢さんを思わせる方であった。「私はこの案件には承認できません。お聞きしますと、手束先生はまだ赴任先が決まっておられないとのこと。だのに先に辞めさせるというのは失礼じゃありませんか。人事というのはもっと慎重に扱うのが常識というものです。多くの人達も今回の人事についてはおかしいと言っています。なぜ皆さんはもっと自分達の意思をはっきりと表明しないのですか」。藤井牧師の顔色が変わった。そして、私の任期は最初から「二年だけ」の約束であり、本人もそのことは了承済みだと答えた。「それは違う」と思った私は、立ち上がって発言した。「確かに招聘状には二年任期と記されていましたが、しかし、私はその前に何らかの話し合いがあると思っていましたが、何の打診もありませんでした。堰《せき》を切ったように議論が沸騰し、収拾のつかない状態へと進んでいった。「これはいけない」と思った私は、もう一度立ち上がり意見を述べた。「皆さん、私のことを心配して下さって有り難うございます。私はここで辞任します。八十川先生の招聘を是非承認して下さい。私のことは何とでもなりますから」と。そして総会は終わった。

帰り際、私が外に出てくるのを待っていた中山正子さんが私のところに寄ってきて、憤懣《ふんまん》やる方ない顔で語りかけてきた。「何ですか、これが教会の総会ですか。情けない。神学部の教授ともあろう方がみっともない。みんな卑怯なんですよ。陰ではおかしいと言っていながら、藤井先生の前では何も言わずに。私は手束先生の教会に行きますから。決まったら教えて下さい」と言い残して去って行かれた。そして、彼女はその言葉のとおり、私が高砂教会に就任して暫くの間は、月一度くらいの割合で高砂教会まで通われた。芦屋から二時間近くもかけてである。そして、旧会堂の聖壇の椅子がパイプ椅子だったのを見て、「聖壇に相応しい椅子を献品したい」と申し出られ、立派な椅子を二脚寄贈して下さったのであった。その二つの椅子は四十四年たった今でも、何ら遜色なく、宣教センターに置いて用いられている。よほど上等なものだったのであろう。

かくて、私は無念の思いを秘めながら楽しかった芦屋西教会を去ることになった。今思えば、そのことの中にも実は神の深い計画があったのである。即ち、主なる神は私に大きな使命を果たさせるために、心地よく牧会し易い阪神間の教会にいることを許されず、私を困難な荒地へと追いやられたのであった。ちょうど、神の選びの民イスラエルが四十年間の荒野の生活を余儀なくさせられたように。はたまた主イエスが公生涯に先立って四十日間荒野で試みに会われたように、私をも厳しい荒野に追いやり、七年間徹底的に訓練を施し、使命を託するに相応しい人間になるか否かを試されたのであった。その意味で、藤井孝夫教授のなした理不尽と思われる行為の中に、実は神の摂理的な意志が秘められていたのである。

孟子は語る。「天の将に大任を是の人に降さんとするや、必ず先ず其の心志を苦しめ、其の筋骨を労せしめ、其の体膚を窮餓せしめ、其の身行を空乏（窮）せしめ、其の為さんとする所（意図）を拂乱せしむ。心を動かし性を忍ばせ、其の能くせざる所を曽益（増益）せしむる所以なり」。

この孟子の言葉の如く、やがて私の身にこれでもか、これでもかと試練が襲いかかり、主の訓練（ヘブル一二・五―一一）を受けることになったのである。芦屋西教会での苦い出来事はまさにその序曲であった。

三十三　就任時の高砂教会①

――「私はここで骨を埋めます」との覚悟――

一九七三年の二月も押し迫った頃、一通の電話があった。当時尼崎教会の牧師であった種谷俊一師からであった。既述した如く、この方は私を献身へと導いてくれた方である。「赴任地を探しているということだが、高砂教会へ行く気はないか。ワシの故郷だが、柄の悪いところや。それでも行ってくれたら六万円の謝儀を出す」と、種谷先生らしい直截《ちょくせつ》的な物言いで迫ってきた（実は、随分後に知ったのだが、これには藤井孝夫教授から種谷師への懇請があったのである）。私はその招聘に何か運命的なものを感じた。そこで私はその三日後の二月二十七日、尼崎教会で高砂教会の役員達と〝見合い〟をしたのである。そこには当時役員であった山下繁、松田徹、馬道末寿、得田政子の面々が私を待っていた。後で聞いたのであるが、私が着く前に、それら役員達が「手束先生ってどんな方ですか」と尋ねると、種谷牧師は「気障（キザ）な奴や」と素っ気なく答えられたという。悪口を言ったわけではない。種谷牧師独特の〝仲人口〟だったのである。〝見合い〟の翌日、種谷師から電話があった。「どうだ決めてくれたか」。「高砂の人達はどうなんですか」と問うと、「もちろん、来て欲しいといっている」とのことであった。かくて急速に〝結婚〟が成立したのであったが、馬道兄の述懐によると次のような次第であった。「（手束牧師は）大学教授タイプで高砂の田舎に相応しいタイプではないと私は心に感じたが、尼崎教会を出て帰る役員達は口々によかった。なんとか牧師先生が見つかった。これで一年間は何とか無牧の教会として過ごさなくてもよいと云う思いだったのです」（『ヨルダンの河渡ろう――手束牧師と共に歩んだ二十年』一七頁）。

かくしてその年の三月末、私と妻は二歳の信吾を連れて、西宮から高砂へと引越していったのである。その時のことを引越しの手伝いにきてくれた妻の妹山内牧子（二〇〇三年に肺がんで帰天）は次のように印象深く書き残している。この文章は赴任当時の高砂教会の状況を知る上での貴重な証言なので、少し長いが引用してみたい。

「二十年前の春、兄達の引越しの手伝いに初めて高砂の町を訪れました。第一印象は『灰色の寂しい、うら悲しい』という印象でした。春の日差しがさんさんとふり注いでいるのに寂しく悲しいのです。私達の到着した教会もまさにこの形容詞にぴったりでした。…中略…

その後、牧師館というにはほど遠い倉庫の様なところへ案内されました。言葉が声にならないという体験をこの時したのです。台所の半分はコンクリートの床で、隣の畳の部屋の天井はなく吹き抜けで、梁の上には廃材が何本も横たわっていました。資材置き場さながらでした。食器棚には黒ゴマをどっさりこぼしたようにゴキブリの糞だらけ。お風呂は水漏れで使えず、ふたもなく脱衣所もありません。二階までは急で細い階段が途中で継ぎ足されていました。二階の寝室も雨漏りがひどく、壁はどさっと落ちたままでした。窓も壊れ、陽にやけて破れたカーテンが、まだ冷たい三月の風にヒラヒラと舞っているのでした。…中略…まったく人の生活の気配のなさに不気味な感じすらしたのでした。私も開拓伝道者の子女として献身の厳しさも少しは知っていましたが、この時ほど兄夫婦を不憫に思ったことはありません。高砂に来るまでの生活とは天と地ほどの差となりました。

しかし、兄夫婦は案外平気で、充分なる覚悟ができていた様です。一番動揺したのは私であったかもしれません。この時は、まだ聖霊体験をなさる前でしたが、もう既に前向き肯定的思考で信徒増員の情熱に燃えておられました。」(「ヨルダンの河渡ろう——手束牧師と共に歩んだ二十年」二六—二七頁)

また詩や短歌などを少しばかりたしなんでいた私の父は、同じ「ヨルダンの河渡ろう」誌の中に、「私の長男は牧師—風の吹く高砂の駅」と題した次のような詩を投稿している。

「大学の助手と
割のよい収入と
西宮の快適の家をすて
公害と労働の町高砂に

三十三　就任時の高砂教会 ①

私の長男は自ら進んで移っていった。
私がその町高砂を訪れたのは
師走の風の冷たい午後であった。
駅から電話すると長男は
女の子の乗る小さな自転車にのって
駅まで迎えにきてくれた。
車の多い狭い通りを
自転車を押した長男と私は
並んで話しながら歩いていった。
ゴダゴダした商店街が切れて
住宅街に入る南側に
教会の塔が見えた。
木造の小さな教会であった。
久しぶりに会う孫の信吾は
手を出しても
寄りつこうともしなかった。
古い教会は話をしている間も

ガタガタと冷たい隙間風が
ようしゃなく入ってきた。
二階の書斎も窓にすき間があって
そこから冷たい風が吹き込み
まるで冷蔵庫のようだった。
…後略…」

以上の二人の人物が描いた当時の高砂教会の有様は、恐らく現在の大きく美しく、何もかも整った教会堂や牧師館しか知らない人々にとっては、信じ難いものがあるであろう。私があえてこのように就任時の教会の酷い有様を紹介したのは、何も私がどんなに苦労したかなどと言いたいからではない。かつて、町の人々が「あの教会は潰れた」とか「あの教会はお化け屋敷だ」と噂し合っていた田舎の教会が、今や日本中の教会に少なからぬ影響を与え、注目される教会になったことを通して、神の恩寵の凄さとそれに目覚めることによって、日本国中に点在している潰れかかった田舎の教会にも大きな可能性があることを証したいからにほかならない。

私の父は亡くなる二、三年前に義母との折り合いが悪く、義母による虐待に耐えかねて私のところに逃げてきたのだが、その父がよく私に向かって「おまえは立派だ」とか「おまえは優秀だ」などと言ってくれていた。しかしそれは、何も自分を引き取ってくれたがゆえの世辞ではなく、就任時の荒れ廃んでいたあの教会をよくぞここまでという思いからであっただろう。倒産した阪本紡績の再建に失敗し、挫折感と無力感に打ちひしがれた体験を持つ父にとっては、高砂教会の再建と驚異的な成長と復興はあまりにも眩しく見えたのではなかろうか。しかし、父は分かっていなかったのである。それは決して私自身の実力というのではなく、私の背後には実は全能なる神がおられ、その方は同時に恩寵なる方であって、その恵み深い御手がいつも支え導いて下さっていたという事実を。一応洗礼を受けてはいたが、教会に来ることの少なかった父は、全能にして恩寵なる神が現実に生きて働かれるということを明確に信じることができずに、二〇〇四年、九十歳の人生を閉じていったのであった。

引越しの翌々日は日曜日であった。当然、高砂教会で最初の聖日礼拝を捧げることになっていた。いったい何人の信徒達が来るだろうかと気になった。というのは、教団年鑑によると、前年度も前々年度も平均礼拝出席者十七名となっている。しかし、この十七名という中には牧師の家族も含まれているはずである。となると、実質的には十名そこそこの礼拝がなされていたことになる。四十数名ほどの現住陪餐会員が名簿には列記されているのであるから、その礼拝出席率は極端に悪いといえる。こんなところにも当時の高砂教会の衰退ぶりを垣間見ることができる。

けれどもいくら信仰が冷えているといっても、新しい牧師が着任したのであるから、どんな人物なのかという物珍しさもあるはずである。きっと七、八割の信徒は顔を見せるだろう。それくらいの礼儀というものはあるだろう。私はそう考えていた。ところがである。いよいよ礼拝が始まり、会衆席を見ると、数人しか座っていない。「いったいどうなっているんだ。自分は歓迎されていないのか」と深い落胆が私を襲った。だが、礼拝が進むうちにポチポチとひとりふたりと出席者が増えてきて、説教の途中でやってくる者もあり、最終的には二十名近い人数となった。私は一面ではホッとしたが、他面会員の半分にも満たない現実に強い危機感を覚えた。

そんな危機感のゆえか、私は高砂教会での最初の説教「キリストを指さしながら」（ガラテヤ一・一―一〇）の終わりにあたり、「わたしはこの地で骨を埋める覚悟です」と結んだ。なぜあんなことを公言してしまったのか、言う必要もなかったのに、と後で悔やまないでもなかった。恐らくそこには、若年者にありがちな気負い、即ちこの沈滞し切っている教会を何とかしなくてはならない。そして、そのためには自らが覚悟のほどを示して、信徒達に活を入れる必要があると思ったからであろう。しかし、それ以上に、主なる神が私をこの教会に導かれたのだという確信めいたものが私のうちに深く刻まれていたからである。その確信は、種谷牧師の仲介によって、高砂教会の役員達と出会っての帰途、満天の星を眺めていたときに沸き起こってきた喜びに根差していた。

一九九四年七月七日の聖日に、私は「公言された言葉の威力」という説教をしている。そのなかであまり深く考えずに公言してしまった言葉であっても、それは不思議な力をもって働き、やがて実現に至っていくことになる。それゆえに、決して否定的破壊的な言葉を公言してはならず、公言する言葉は常に信仰的建設的な言葉でなくてはならないことを説いている。

確かに、私が就任時に公言した「私はこの地で骨を埋める覚悟です」という言葉は、無意識の部分で私を捕らえ続け、今日に至っている。これまでの四十四年間の牧会のなかで、何人の人達が私に向かって勧めてくれたことだろうか。「いつまで、こんな田舎にいるつもりか。都会に出た方がよい。その方があなたに向いているし、力を発揮できるはずだ」と。そのような勧めを有り難く思いながらも、しかし私にはどうしても、高砂の地から離れて都会の地へ行こうとは思えなかったのである。

作家城山三郎はその代表作の一つ『男子の本懐』において、昭和の大不況を乗り越えるために、文字どおり命をかけていった浜口雄幸首相と井上準之助蔵相の二人の政治家の姿を描くことにより、真のリーダーとは覚悟のできる人であると強く訴えて、覚悟のできなくなってしまった現代人に警鐘を鳴らしたという。浜口首相や井上蔵相の覚悟と私の覚悟などは比肩し得べくもないが、それでも主なる神は私の「この地で骨を埋めます」という覚悟をじっと見ておられ、それを良しとして下さったのであろう。

西欧には「幸運は勇者を好む」（Fortume favors the brave.）という諺がある。これに近い日本の諺となると、「身を捨ててこそ、浮かぶ瀬もある」となるのであろうが、微妙に意味合いが異なっているようにも思える。前者の場合は、覚悟する人に神は働かれ祝福されるという霊的原則を示していると解される。確かにこれまでの私の牧会の歩みを振り返ってみても、覚悟して祈りと信仰をもってぶつかっていった時に、神は道を開かれ、やがて大きな祝福に与ることになったのである。しかし、その祝福はいつでも試練と一つになってやってきたのであった。

三十四　就任時の高砂教会 ②

――辞表を振りかざした〝波乱の幕開け〟――

四月二十二日のイースター礼拝後、定期教会総会が開催された。日本基督教団教憲教規（「教会憲法教会規則」の略式名称）によって、私が議長席に座り、教会役員の松田徹兄が副議長席に着いて、総会が始まった。すると、次々と見慣れない顔ぶれの人々がやってきて、着席をしていった。隣の松田副議長に、「あの人は」と聞くと、「教会員の××さんです。後からきたのは○○さんです」と答えてくれた。日頃は礼拝に来なくても、総会にはやってくるという人々に対し、それを律儀とみなすべきか、あるいは〝総会屋〟と考えるべきなのか、私は今までの教会では経験したことのない現実に、大いに困惑した。

そんな中で議事は進められていき、いよいよ役員選挙となった。投票が行われ開票の結果、六名の新役員が選ばれたが、その顔ぶれに私は唖然とした。前役員が一人を残してすべて姿を消し、新しい顔ぶれになったのはよいとしても、そのほとんどは教会に来ていない人々であった。後で分かったことであるが、前任の川染三郎牧師の辞任にあたって、川染師を擁護していた前役員の面々は、川染師を批判し辞任へと追い込んでいった人々に憤りを持ち、「それならば、あなた方が役員になって、新牧師と共に教会運営にあたりなさい」とばかり下工作を行い、強烈な〝しっぺ返し〟を謀った結果であった。その場にいて新役員に選ばれた原二郎さん（私はこの方の荒っぽくはあるが、悪意ない性格が大変好きだったのだが）は、「何だ、これは、ワシャやらん」と怒鳴って立ち上がり、礼拝堂の扉を思い切り力を入れて叩きつけて出ていった。「バターン」という激しい音が会堂一杯に響きわたった。

元日本基督教団の総会議長であった辻宣道牧師（静岡草深教会）はその著『教会生活の処方箋』において、次のように語っている。

「まず役員たるひとは集会によくでるひとであってほしい。あたりまえです。いまもよくある例ですが、役員にでも選んでおけば、いまよりもっと集会にでてくれるだろう。こういって選ぶひと、選ばれるひとがいます。これは絶望的なほど病気が進んでいる教会です。こういうひとはしばしば信仰歴の古いひとであり、礼拝にこないから信仰的に育たず、その発想と判断はひどく世俗的です。」（傍点筆者）

まさに辻宣道師の言うとおり、当時の高砂教会は〝絶望的なほど病気が進んでいる教会〟の一つだったといえる。それゆえに新任牧師が就任したばかりなのに、日頃教会に来ない人々を役員に選んだばかりか、選ばれた人々の半数が役員就任を拒否するという、まったく常識では考えられない事態に立ち至ってしまった。思いもかけなかった異常事態を前にして、私は「これでは教会運営ができない。いったいどうしたらよいのか」と深く思い悩んだ。というのは、教団の教憲教規によると、教会運営のためには役員会を組織し、月一回は役員会を開催することが義務づけられているからである。そこで私は一つの決意を固めた。その決意とは、辞表を書いて懐にしのばせ、役員に選ばれた人達の家を回り、説得することであった。これは一種の賭けであり、私の覚悟の強さを示すことによって相手に翻意を促すものであるが、失敗すれば自分自身の首を締めることになる。結果、私の「背水の陣」は功を奏し、役員就任を拒んでいた人々は、私の辞表を見て、皆しぶしぶ役員就任を受諾してくれたのであった。

二〇一五年五月、〝大阪都構想〟を巡っての住民投票が行われた。周知の如く、反橋下連合軍のネガティブ・キャンペーンによって、僅差で〝都構想〟反対派が勝利し、「大阪百年の計」は無念にも葬り去られてしまった。この〝都構想〟を勝利に導くために、当時の橋下徹大阪市長は「もしこれで敗れるならば政治家をやめる」と訴えて、不退転の覚悟を示すことによって住民の賛意を求めたのであったが、完全に裏目に出てしまった。気の毒というほかはない。橋下市長の敗北記者会見以後、連日大阪市には「橋下さん政治家をやめないで」という電話やファックスが大量に届いたという。恐らく橋下氏は多くの市民達の期待やラブコールと〝背水の陣〟の挫折の間で、複雑な思いを抱きながら過ごしたことだろう。

たかだか二十八歳の若僧にすぎなかった私の「もし駄目なら辞めます」という決意と橋下氏のそれとでは、その地位や社会的影響力を考えると比肩し得べくもないが、もしあの時私の不退転の決意が届かず、うまく役員会が組織できなければ、今日の私はなかったであろう。そう考えると、そこにも神の深い助けの御手があったことを覚え、感謝せざるを得ないのである。主なる神は私をして賭けに勝たせて下さり、〝波乱の幕開け〟を果たさせて下さったのであった。

私は主著の一つ『教会成長の勘所』の第一部を「教会成長的教会役員論」として飾っている。それは教会成長にとって勘所中の勘所こそ、どのような教会役員を選ぶか、また優れた教会役員をどのようにして養育し訓練していくかが果てしなく重要であるかを示している。それは私が就任早々に出くわした役員選出にまつわるゴタゴタと、その後のカリスマ刷新是か非かを巡るなかで体験した一部役員達の造反に苦悩した経験が醸成《じょうせい》してくれた牧会論的知恵にほかならない。

少々自賛めいて恐縮だが、高砂教会を訪れてきた多くの他教会の牧師や信徒達が、一様に高砂教会の信徒達の姿を称讃する。皆が喜んで、生き生きとして奉仕している姿に感服するという。自由で解放的な雰囲気にありながら、まるで軍隊のように一つになって機動的に動いていけるのはなぜなのか。そう不思議がるという。「ゲノッセン・シャフト」(契約による友愛社会)というのは、人数が増えれば増えるほど、まとまりがなくなるのが常である。にも拘わらず、あれほどまとまりよく動いている秘訣はどこにあるのか、と問うてくる。そこで私は答える。それは偏によい役員の形成にあると。多くの人は気づかないのであるが、教会をいつの間にか動かしている、ある原理がある。〝モデリング原理〟という。即ち、人は無意識的に他の誰かをモデルにしながら、自分の行動を決めていく。「子は親のするようにする」といわれているように、モデルにしていくのは、大抵その人が尊敬している人物か先輩格の人である。特に教会のように「ゲノッセン・シャフト」的共同体においては、上からの強制や押つけは嫌われるし、それは聖書の原理にも背いている。しかし同時に、神から託された使命を果たしていくためには「モダリティー」（社交サロン型機構）から「ソダリティー」（使命遂行型機構）への転換が必要となる。そのために最も有効な手段が〝モデリング原理〟である。つまり、役員達がモデルとなって、他の一般信徒達に「クリスチャンとはかくあるべし」「教会生活はかくあるべし」と、その実際的な生きる姿を通して教え示していく。すると、いつの間にか一般信徒達も見よう見まねでそれに倣っていくようになるのである。かくして、「高砂軍団」とか「手束軍団」とか揶揄的にいわれる高砂教会が成立したのである。たまに高砂教会のこのような規律ある姿を見て、「カルトだ」などと誹謗中傷する輩がいるが、「馬鹿も休み休み言いなさい。あんなに解放的で、あんなに笑いに溢れたカルトがあるものか」と私は言いたい。

さて、ここでもだいぶ話が脇道に逸れてしまった。本道に戻す。なぜ総会であのような異常事態が起こってしまったかということである。その背景を追求していくと、そこにも日本の教会、特に地方の教会が抱えている容易ならざる問題が横たわっていることが判明する。それは教会に限らず、この世の団体が大なり小なり体験する〝新旧会員摩擦〟ともいうべき事柄である。

　当時の高砂教会には、派閥とまではいえないが、大きく二つのグループに仕分けし得る流れがあった。一つは、長い間高砂教会を守ってきた地元の人達のグループである。この人達は「先祖の代から我が家はキリスト教」と言ってはばからなかった、言わば〝檀家〟ともいうべき人々がほとんどであった。そして、この人々は戦前から少ないクリスチャン同士で婚姻関係を結ぶことにより、親類縁者となっている者達が多かった。その名目的中心をなしていたのは、〝農民の父〟と呼ばれた農民運動家河合義一氏（後に社会党の国会議員）であったが、社会運動に忙しかったせいか、教会形成に参与することは少なかった。

　他方、もう一つのグループは、戦後高砂や加古川の美しかった海岸線を埋め立てて建てられていった企業に勤務する人々であった。特に一九五五年（昭和三十年）に、高砂教会初の専任牧師として就任してきた若き西原明師の〝労働者伝道〟が実を結び、何人もの若き労働者達が教会の門をくぐった。私と尼崎教会で〝見合い〟をした四人のうち、松田徹、山下繁、馬道末寿などは、このグループに属した。このグループの人達は、地元の人達とは違って、教会にせっせと足を運ぶことが多かったので、やがてこの人達が教会活動の中心をなしていった。ここに、檀家的信徒が多かった地元のグループとの間に微妙な摩擦が起こりだした。高砂教会は自分達が先祖以来守ってきた教会であり、何事も自分達の意向を抜きにして運営してもらっては困るという、言わば〝前近代的思考〟から抜け出せないでいる地元グループの人々の願望。かたや〝労働者伝道〟によって、あるいは転勤等によって入会してきた人達は、教会に来ないくせに古参だからといって威光を傘に着ようとする地元の人々に対する反発から、教会の近代化を図ることを目指した。この両派の対立が明瞭にぶつかり合ったのが、前任者の川染三郎師の時であった。その対立のはざまで傷ついた川染三郎夫妻は、失意のうちに教会を去っていったのだが、両派の対立は私が着任してもなおくすぶり続け、定期教会総会の席上で再び燃え盛ったのである。

以上が私の観察したざっとした分析であるが、もちろん他の複雑な要素も絡み合いながら、教会内の不毛な争いを続けてきたのが当時の高砂教会であった。つまり、荒れすさんでいたのは建物だけではなく、教会員達の心も荒れすさんでいたのである。精神のすさんだ有様が、建物にも反映していたとも言ってよいであろう。霊的表現を用いれば、悪魔によって完全に牛耳られてしまっていたのである。そして、このような日本の田舎に多数存在する潰れかかった教会をどう再建するかということが、二十八歳の未熟な私に課せられたあまりにも大きな課題だったのである。この課題を果たさせるべく、就任三年目に主なる神は、この教会に聖霊を降すという破天荒な仕方で介入し、高砂教会の再建は人間の努力や知恵によっては不可能であることを悟らせたのであった。更にその上に、日本の教会の聖霊による刷新と復興のための旗振り役として立たせるために、私を厳しく訓練されたのであった。その取り扱いは七年間に及び、そのなかで就任後の地元グループばかりか近代化グループをも敵にして戦わねばならないという、苦しい苦しい〝悪戦〟を経験することになったのである。

三十五　就任時の高砂教会 ③

――立ちはだかった二つの壁――

神がある人物を通して御業を遂行しようとする場合、その出発は往々にして〝荒野〟から始まる。私の場合も、その例に洩れず〝荒野〟からの出発であることを余儀なくされたことについては、前項、前々項において書いた。ところで、主なる神は〝荒野〟からの出発を強いることによって忍耐力を醸成させようとするだけでなく、更に〝壁〟（ハードルといってもよい）に直面させることによって、これまでの佇まいに対して、根本的変革を迫ってくることが常套手段である。そこで、私もたちまちのうちに、〝壁〟の前に立たされることになった。

まず第一の壁は、私の語る説教が信徒達に届いていないという壁であった。これまた自賛めいて恐縮なのだが、実は私は説教ということについてはいささか自信を持っていた。東梅田教会伝道師時代も、芦屋西教会伝道師時代も、信徒達は喜んで私の説教を聴いてくれていたからである。それは既述した如く、「聖書の実存論的解釈」をほどこした説教が、遠い昔の話を説明することに終わることなく、信徒達の現実の生活にリアルに結びつくものになっていることに、驚きと喜びを感じてくれていたからであろう。その頃は月に一度の割合で礼拝説教をさせてもらっていたが、その月に一度の私の説教を楽しみにして礼拝に集まってくる信徒達も少なくなかった。前任の芦屋西教会の中山正子さんなども、「ワタシね、日曜日教会の入口に手束先生の説教題が貼り出されている時には、アアヨカッタという思いで教会に入ってくるんですよ」とあからさまに語っていたものである。

かつてパウル・ティリッヒと共に、神学の牙城ユニオン神学大学の看板教授であったラインホルド・ニーバー（後に米国大統領顧問）は、その若き日に十三年間、労働者の町デトロイトで牧師をしたことがあった。彼が赴任した教会はわずか十八家族しか在籍していない小さな教会であったが、若きニーバーの説教は教会員達の心を魅了し、教会員達は日曜日が来るのを楽しみにしたという。「牧師先生、今度はどんな説教をしてくれるんだろう」と、家庭のなかで互いに語り合ったという逸話が残っている。私も神学生時代にこのことを読んだ時、「凄いなあ。まだ二十代だったのに、そんなに素晴らしい説教をしていたとは。自分もそんな風になりたい」と願ったものである。そして東梅田教会や芦屋西教会の信徒達の好反応に気をよくした私は、不遜にも「自分も少しニーバーに近づいてきたかもしれない」などと思っていたものである。

ところがである。高砂では俄然様子が違った。「手束牧師の話は難しい」「よく分からない」という反応が返ってきたのである。「えーっ、どうして」という思いであった。阪神間の教会にばかりいた私には、阪神地方というのは言わば特殊地帯であり、文化的には比べものにならないほど、播州地方よりもうんと高いレベルにあるということが分かっていなかったのである。しかもそれがよいか悪いかは別にして、当時「キリスト教はインテリの宗教」という言い草に象徴されているように、教会には当然の如く知的レベルの高い人々が多く集まっていたのであった。私の経験した阪神間の教会は、教会員の半数以上は四年制大学の出身者であったが、高砂教会はそうではないことが間もなく判明した。当時の高砂教会はというと、大学出身者はほんの一握りであり、高校卒業者も多くはなく、半数以上が義務教育のみの人達であった。正確に数えたわけではないが、今でも高砂教会では、四年生大学出身者となると、四分の一くらい、もしかしたらそれ以下かもしれない。もちろん、大学出身者だからといって必ずしも教養があるというわけではなく、義務教育だけだといっても驚くほど知的レベルの高い人々もいるのも確かである。だから大学を卒業しているか否かで、その人の教養や知的レベルを一概に測るわけにはいかない。さりながら、尼崎教会で初めて出会った時の馬道未寿兄の述懐に「（手束牧師は）大学教授のようなタイプで高砂の田舎に相応しいタイプではないと私は心に感じたが」とあるように、当時の高砂教会の信徒達にとっては、高い知性や教養に対するなにがしかの引け目や違和感があったことは否定できない。だからといって、全部がそうだったというわけではなく、「今度の先生の説教はいい」といって熱心に聴いてくれた信徒もいるにはいたが、大勢としてはそうではなかった。そして「難しい」「分からない」という批判の声が次々と届いてきたのである。

それらの批判の声は私を悩ませた。それはこれまで折角築き上げ、それゆえに自信を持っていた私なりの説教の手法に対して、全面的に否を突きつけてくるもののように思われた。「いったいどうしたらよいのか」と私は頭を抱えた。その時、一つの逸話を思い出した。それは神学生時代に、高砂市の北方に位置する加西市にある「関西農村センター」で行われた、関学神学部の学生と聖和女子短大の宗教教育科の学生との合同研修会で、講師のひとりが語った講演の中に出てきたものである（残念ながらその講師の名前は覚えていない）。

曰く、神学校を出てすぐに、ひとりの若い伝道者が農村地の教会に遣わされた。彼は神学生時代、懸命にキリスト教的実存哲学者として知られたゼーレン・キェルケゴールについて学び、キェルケゴールの論文を書いて卒業した。彼は自分はキェルケゴールの専門家だという自負をもって、説教でキェルケゴールの素晴らしい思想について語り続けた。ある時、その教会の役員のひとりが礼拝後に近づいてきて、厳しい顔で牧師に注文をつけた。「先生、もういい加減キヌケーゴロウの話はやめて、イエス様の話をしてくんな」。笑い話のような話である。講師はこの笑い話のような実話を引用して、私達に言葉鋭く語った。「農村に遣わされたならば、農民の言葉で語れ」と。「農民の言葉で語れ」というのは、何もズーズー弁で語れという意味ではないだろう。それは農民の「生活の座」を大事にせよということであり、農民にとってピンとくる題材や農民のものの考え方に応える形で語れという意味である。

私はこの話を思い出して深く反省し、説教のスタイルを変えていった。一口でいうと、シンプルな説教をするということである。〝シンプルな説教〟とはいかなることかというと、まず語らんとすることを一点に絞るということである。説教で取り上げる聖書の個所からは、幾通りものメッセージを取り出すことができる。よくいわれるのは、「三点に絞れ」ということであり〝三ポイント説教法〟といわれている。しかし私は三点ではなく、一点にのみ絞った。そしてその一点を上から下から、右から左からスポットを当てていく。どのようにスポットを当てるかというと、そのメッセージを引き立て例証していく様々な例話や諺、更には詩歌などを用いて、スポットを当てていくのである。すると、メッセージが分かり易くなるだけでなく、メッセージが彩りをもって浮き立ってくることになる。つまり、メッセージが一枚の絵のように聴く人々の心の中に跳び込んでくることになるのである。そこで私が神学校などで講じた説教学の原理は「説教とは言葉で絵を描くことである」ということになる。

私のこのような説教法は、日本でもかなりの支持を得たようで、「手束牧師は固いイメージに似合わず、よく分かる感動的な説教をしてくれる」との評価を与えられ、他教会に招かれて説教するだけでなく、これまでも五冊の説教集を世に出すに至った。それだけではない。やがて主の導きのなかで開かれた台湾伝道旅行では、特に山の中に住み、学識や教養とはほど遠く、そのほとんどが農業や林業に従事している〝高砂族〟（原住民）の人々には歓呼をもって迎えられ、これまで二十九年間にわたって奉仕に与る光栄を与えられてきたのである。もしあの時に、思いもかけず〝説教の壁〟にぶちあたることがなかったなら、今日の私はなかったであろう。

第二の壁は、いくらよく準備して説教しても、人々が教会に来ないという伝道の壁である。阪神間の教会にいた時には、次々と新しい人が教会にやって来ていた。阪神間にいくつもあるキリスト教主義の学校などから紹介されて来たり、企業に勤めるクリスチャン達が転勤で大阪や神戸にやって来たり、またキリスト教に関心をもって自主的に求道してくる人も後を絶たなかった。阪神地方には、キリスト教を受容する雰囲気が強く漂っていたのである。しかし、高砂は違った。そこにはキリスト教を敵視しないまでも、これを頑なに拒もうとする強い雰囲気があった。「高砂や、この浦舟に帆をあげて…」で知られる謡曲〝高砂〟の発祥の地であるこの町は、あまり広い地域でもないのに、百以上の神社、仏閣が点在する因習の強い町であった。霊的な言い方をすると、悪霊の呪縛力によって霊的に閉ざされた地域であり、それゆえにクリスチャンが海岸線にひしめいている大企業の工場に転勤してきても、なぜか教会に行こうと思えなくなってしまうのであった。目立つ場所に十字架を掲げた小綺麗な会堂さえあれば自然に人々がやってくる、という阪神地方の教会とは雲泥の差があったのである。

この第二の壁の前で悩み立ちすくんだ私は、一つの決心をした。「人々が集まって来ないならば、こちらから出かけるほかはない」。その具体的な手がかりは、当時山陽電鉄浜の宮（加古川市）での〝新野辺集会〟という、月二度の割合で行われていた地域の婦人達による午前中の集まりであった。私はそこに集う数人の婦人達に言った。「これからは、この家庭集会を単に信徒達の学びと交わりにとどめず、伝道の場所としたいと思いますので、必ず求道者の人を誘ってきて下さい」。更に、私が就任する少し前から、加古川自由メソディスト教会から縁あって高砂教会の礼拝に参じていた芝本さんという熱心な一家があり、その家でも〝加古川集会〟を開いてもらい、伝道の拠点としていった。すると、次第に救われる魂が起こされ始め、人数が増えてきたので株分けをし、新しい家庭集会を次々と作り上げていったのである。そして遂には十カ所ほどの家庭集会ができ上がり、私は連日のように電車あるいは自転車で家庭集会回りをするはめになったのであった。この伝道のための家庭集会は大きく功を奏し、救われる人々が急速に増え続け、播州の田舎の地にありながらも、兵庫教区の中で最も成長する教会となっていった。

後に知ったのだが、創価学会が戦後急激に発展していったのは、「座談会」と呼ばれる家庭集会を基盤にした伝道の成果だったという。創価学会だけではない。他の新宗教と呼ばれる宗教団体も皆一様に、家庭を基盤として伝道を展開し、隆盛を誇っている。このことは、〝家庭〟という生活の場における伝道がいかに有効であるかを物語っている。そこでは、人々は教会堂という敷居の高い建物を目指すよりも、遥かに気軽に集まれるだけでなく、リラックスして自分の問題を少数者の前で表白することができ、それゆえに容易に信仰を受け入れ易いムードが生まれるのである。考えてみれば、初代教会の伝道も家庭を拠点にしてなされたのであり、しかも他の新宗教においても大きな成果を収めているとするならば、なぜ〝キリスト教開発途上国〟の日本において、教会はこのことを等閑視《とうかんし》し続けていたのかと、考えれば考えるほど不思議である。かくて、私の伝道方針は一貫して「教会で待っているのではなく、教会から出て、家庭を拠点として伝道せよ」ということであり、それによってわが高砂教会は播州の田舎の地にあっても大都会の教会を凌《しの》ぐほどに成長することができたのである。そしてこの私の方針の正しさは、韓国、中国、台湾などで興っているリバイバル、即ち急激なクリスチャン増大の裏には、「区域礼拝」とか「家の教会」とか「セル（細胞）」とか呼ばれる、家庭を拠点とした伝道の業があったことを知ることにより確認できたのであった。

かくて主なる神は、阪神地方の恵まれた教会では決して体験できなかった厳しい壁の前に立たせることにより、私に自己変革を迫り、これまでの固定概念を打ち砕いて、新たな次元へと目を開かせて下さったのであった。そしてこれを通して、私自身の人生をも思いもかけない新たな扉を開いて下さり、大きく引き上げていかれたのであった。〝立ちはだかった二つの壁〟がなければ、今日の高砂教会も私もあり得なかったのである。

三十六　聖霊降臨のもたらした大転換 ①

――大転換への序曲――

高砂に来て二年を過ぎた一九七五年五月、教会は赴任時より礼拝出席が倍加し、三十名台をキープするようになった。教会財政は三倍になり、したがって教師謝儀（牧師給与）も倍増した。先輩の牧師達からは、「あいつ若いのに凄いな」と羨みともやっかみともつかぬ声が聞こえてきた。まさに当時の私の教会は傍目には順風満帆の有様であった。が、私の深い部分は「何か足りない」という思いを消すことができずにいたのである。

そんななかで、五月十八日のペンテコステ（聖霊降臨祭）の礼拝の前日、私は説教作りに苦しんでいた。なぜならば、それまで私は〝聖霊体験〟なるものを経験しておらず、それゆえに聖霊については、ティリッヒの「組織神学第三巻」（聖霊論）で学んだ如く知的にしか理解していなかったので、聖霊について確信をもって語るべき言葉を持っていなかったからである（ちなみに、一九七三年と一九七四年のペンテコステ礼拝の説教を調べてみると、そこではやはり聖霊について間接的にしか触れられていない）。「いったい、明日の礼拝で何を語ったらよいのだろう」と考えあぐねていた時、書棚にあった一冊の書物が目にとまった。デニス&リタ・ベネット著『聖霊とあなた』という本である。この本は私が買った本ではなかった。妻の父三島実郎牧師が「是非読むように」と言って置いていった本であるが、パラパラと開いてみたが異様な感じがして、読まずにツンドクしたままになっていた。

当時義父は「カリスマ運動」なるものにかぶれていた。その頃、妻美智子はよく父親の変貌を嘆いてこぼしたものである。「この頃お父さん変なの。異言とかいやしとかに夢中になってしまって、困ったわ」と。その頃の妻は〝異言〟とか〝いやし〟ということに強い拒否感を持っていた。というのは、娘時代に鷹取教会に〝聖霊のバプテスマ〟を体験したと言ってはばからない〝刑務所帰り〟の人物がおり、異言を語ったり、いやしをしたりして教会員達の関心を魅きつけていたが、やがて問題を起こして教会を分裂させていった。その後その人物は独立伝道者として立ち、そのカリスマ的力により多くの若者達を魅了し、その若者達のうちから後にペンテコステ派の指導者となる何人かの牧師達も輩出されていった。その人物の品位の欠けた傍若無人の振る舞いに嫌悪感を抱いていた妻は、同じ痛い目を経験しながら、なぜ父親が〝カリスマ運動〟にのめり込んでいったのか、理解できなかったのである。

しかし私は〝カリスマ〟についての忌まわしい体験などなく、「へえー、そんなキリスト教も今でもあるのか」と、言わば中立的立場で聞いていたわけであるが、さしたる関心も持つことはなかった。

私が〝カリスマ〟という言葉に触れたのは、大学一年生の教養課程のなかで選択した「社会学」の授業においてであった。ドイツの社会学者であり経済学者でもあったマックス・ウェーバーによると、人間の支配・統治には三つの類型がある。ひとつは「伝統的支配」と言うべきものであり、ある特定の伝統や権威によってその社会なり集団なりを治めていく方法である。主に古代社会や封建社会においては、この方法が採られた。二番目は「合理的支配」ないし「法制的支配」と呼び得るものであり、人間同士の契約によって生まれた法律制度によって治めていく方法であって、近代社会において顕著である。更にウェーバーはもう一つの支配統治形態があることを指摘する。それが「カリスマ的支配」といわれるものであり、慣行とか制度とかに依存せず、偏にある特定の人物の素質や能力を認め、崇拝し、情緒的に深く傾倒することによって成り立つ統治・支配である。

以上のように、ウェーバーはその著『支配の社会学』において、三つの支配・統治形態について説明し、そのなかでも、「カリスマ的支配」ということの重要さを打ち出したのである。それゆえに〝カリスマ〟という言葉の持つ意味合いは、今日の社会ではほとんどウェーバー的意味合いにおいて用いられるようになっており、これが〝カリスマ運動〟に対する誤解と偏見を増長させたことは間違いない。しかし学生時代の私は、この〝カリスマ〟という言葉が、キリスト教信仰を理解する上での〝キー・コンセプト〟の一つであることを識ってはいなかったのである。

〝カリスマ〟（Χαρισμα）というギリシャ語は、聖書では〝御霊の賜物〟あるいは〝霊の賜物〟と訳している。それはウェーバーの言うように〝支配概念〟ではない。むしろそれとは逆の奉仕概念として用いられている。この語を多用しているパウロは「各自が御霊の現れ（カリスマ）を賜っているのは、全体の益になるためである」（Ｉコリ一二・七）と語り、キリストの体を作り上げていくために与えられている奉仕的用語であることを明瞭にしている。そもそも、〝カリスマ〟という言葉自身が〝カリス〟という語にギリシャ語の名詞の第三変化の単数主格の語尾である〝マ〟（μα）をつけたものである。元来〝カリス〟とは「恵み」を意味し、人間の功績によらず、神の恩寵によってのみ与えられる賜物のことであるから、支配概念ではあり得なかった。かくて、〝カリスマ〟という言葉は本来の聖書的意味合いとは真反対の支配概念として、しかも「カリスマ的指導者」という言い方に代表されるような〝神がかり的な強烈なリーダーシップ〟の代名詞として広く用いられるようになり、危険な印象を与えることになったのである。そのため「カリスマ運動」という当初の呼称は、今日では控えられ、「聖霊刷新運動」と名乗るようになっているのであるが、〝聖霊刷新〟と呼ぶと確かに人々の抵抗感は薄れるとしても、この運動が目指す〝聖霊のダイナミズムの回復〟という趣旨もまた同時に薄まることになり、やはり「カリスマ運動」と呼ぶべきであると、私は考えている。

実は一九七五年の一月、私は〝カリスマ運動〟ということについて聞く別な機会を得ていた。それは箱根観光ホテルで「ベテル聖書研究」の講習会が行われた席上においてであった。この講習会に参加するきっかけを作ってくれたのも、妻の父である。「ベテル聖研とは、聖書全体をパノラマを見るように理解させてくれる。ちょうど富士山を見るように、絵巻物を見るように聖書全体が心の中に入ってくるんだ」という誘い文句に乗せられて、日曜日を挟んだ十日間缶詰めになって講習を受けた。確かに義父の言うように、その講習は素晴らしく、感動した私は「帰ったら早速高砂教会でも、信徒訓練の手段として開催しよう」と決意したのである。以後四十年以上、この独特な聖書研究会を用いて、信徒訓練を施し続け、一期二年間の学びなので、今や二十一期生を教えている最中である。この講習会の素晴らしさは、創案者のアメリカのルーテル教会のハーレイ・スイガム師の講義の見事さや面白さもさることながら、文字どおりエキュメニカルな教職者達の集まりとなっており、そこにはカトリックの神父やシスター達も何人も参加していて、彼らと食事の時間に親しく語り合うことができたことである。その交わりのなかで、一人の才色兼備のシスターが自著を取り出した。そしてその本を読んでくれた同じ修道会のシスターから「私達の主張と同じだから」と〝カリスマ運動〟の集会に誘われたのでどうしようかと迷っている旨の発言をした。すると同じテーブルの福音派の牧師が「カリスマ！　それは危険ですよ」と諌《いさ》めたので、私は「カリスマのどこが危険なんですか」と尋ねた。するとその福音派の牧師は黙ってしまった。要するに、さしたる神学的理由があるわけではなく、イメージや感情で言っているにすぎないことが分かった。このことからも、〝カリスマ運動〟を批判する大方の人達はそうであることが容易に推察できるのであるが、やがてこの私自身がカリスマ運動に対する誤解や偏見を解くための書物を何冊も世に出すことになるとは、その時にはまったく予想していなかったのである。

さて話を元に戻す。一九七五年のペンテコステ前日のことである。翌日の説教で聖霊について何かを語らなくてはならない私は、苦しまぎれに『聖霊とあなた』を読み始めた。その第五章は「聖霊によるバプテスマを受けるにはどうすればよいか」であった。そこには、聖霊のバプテスマを受けるための様々な諸注意、特に〝罪の悔い改め〟が強調されていた。そしてその後にどう祈るべきかが具体的に示されていた。まず第一に、聖霊によってバプテスマされるように主に願うこと（Ask）。第二に、願った瞬間に、受けたと信じること（Believe）。第三に、信じたことを口で告白すること（Confess）なのであるが、この場合には信じて異言を語りだすことを意味した。私はふと「このとおりやってみようか」と思った。聖霊のバプテスマというものを体験すれば、聖霊について自信を持って語れるようになるかもしれないという期待が起こった。そして手引きどおりに祈り始めたのである。

最初の罪の悔い改めの祈りには、随分と時間がかかった。「あなたの心の内にあることをすべて打ち明けよ」とあるので、やり始めると、出るわ出るわ、次々とあのことこのことが思い出され、一つひとつを悔い改めていった。人間とは知らない間に何と多くの罪責感をため込んでいるかを、その時思い知らされたのである。どれくらい時間がたっただろうか。心がスッとしたので、次に聖霊に満たされることを熱心に祈り求めた。そして、そのことを信じた。その瞬間であった。酒に酔ったような気分になり、体が左右に揺れだしたのである。「何だ、これは」と思ったが、そのような状態が暫く続いた。その酒酔いのような状態のなかで、私は使徒行伝二章のペンテコステの記事の一節を想い起こしていた。「あの人たちは新しい酒で酔っているのだ」（一三節）。

後に明らかになるのであるが、私はこの時、確かに聖霊のバプテスマの体験をしたのである。しかし異言を語り出したのは、それから五カ月ほど後のことであった。つまり、私の場合、聖霊のバプテスマを受けることと異言を語ることとは同時的な事柄ではなく、時間差があったのである。このことは、私に一つの重要な霊的悟りなるものをもたらした。それは、聖霊のバプテスマ（聖霊の満たし）を受けていても、必ずしも異言を語るとは限らないということである。確かに異言を語るということは、聖霊のバプテスマが与えられている重要なしるしではあるが、それが唯一のしるしではないということである。そしてこのことは、やがて推進することになる〝カリスマ運動〟を幅広く展開する上で、貴重な悟りとなっていったのであった。

だがその時に聖霊のバプテスマが授与されていたことは確実であり、知らないうちに私の霊の目は開かれていたのである。かくて約二カ月後に起こった修養会の席上での聖霊降臨の出来事を、集団ヒステリー現象などと思わず、然とそれを見定め確信することができたのであった。実に主なる神は、リベラルな学問的な神学に凝り固まっていた私を、聖書本来の霊的神秘的宗教としてのキリスト教へと開眼させるために、一歩一歩と手を打たれたのであった。

三十七　聖霊降臨のもたらした大転換②

――その時、聖霊が降《くだ》った――

〝十九世紀の自由主義神学〟の代表的人物といわれているアドルフ・フォン・ハルナックは、新約聖書は使徒行伝二章のペンテコステを中心にして編集されており、ペンテコステこそが新約聖書解釈の鍵となることを神学的に論証していった。ハルナックは決して霊的な人物ではない。しかし純学問的探求の結果、彼はそう結論をつけざるを得なかったのである。そしてこのハルナックの発見は、キリスト教というものを考えるにあたって、限りなく重大な意味を擁している。つまり、キリスト教というのは、本来カリスマ的性格の宗教であり、聖霊のバプテスマ（聖霊の満たし）の体験がなくては、成立し得ない宗教だということである。にも拘わらず、なぜ今日のキリスト教はカリスマ的性格を失ってしまったのであろうか。その歴史学的神学的理由についての詳細は、ここで書くのは差し控えたい。是非共私の『続・キリスト教の第三の波』を参照していただきたいが、現在品切れなので、近いうちに増刷したいと考えている。

「カリスマ運動」というのは、言わば新約聖書の指し示している本来のキリスト教に帰ろうという運動であり、今日の知的教養主義的キリスト教や礼典儀式主義的キリスト教、はたまた倫理道徳主義的キリスト教（いわゆる社会派もこれに含まれる）に対して、厳しく変更を迫っていく運動でもある。それはまた同時に、〝活ける神〟である聖霊の体験を強く推進する運動でもある。それゆえに、このことを分からせるために、主なる神は、前項で書いた小さな聖霊体験に留まらせることなく、更に強烈な体験へと私を導いていったのであった。

一九七四年の秋、義父三島実郎牧師より一組の夫婦が紹介されて、高砂教会に通うようになっていた。西山敏和・節恵夫妻である。彼らは長い間教会生活から遠ざかっていたが、「ワシの弟子だから、よろしく頼む」という義父の依頼を受け、訪問し、間もなく正式の教会員となった。今は倒産してしまった殖産住宅という大手建設会社の優秀なセールスマンであった。そのため、すぐに執事（当時は役員といっていた）に選ばれ、役員会でも積極的に発言するようになった。その彼が一九七五年の夏の修養会の講師に、「是非、三島実郎先生を」と推奨してきた。私は困った。義父はカリスマ運動にかぶれている人である。何を言い出すか分からない。そんな義父を招いて大丈夫だろうか。教会内に問題が起こらないだろうか。そこで私はやんわりと反対した。〝やんわり〟というのは、自らの身内に対して強く拒絶するのは、義父に申し訳ないし、役員達も変に思うのではないかと思ったからである。しかし西山兄はセールスで鍛えた弁舌力をもって、他の役員達をも味方につけて説得してきたので、ついに私も押し切られた。「皆さん、びっくりするかも知れませんよ」、こういって、私はしぶしぶ承諾したのであった。

かくて、七月二十六日（日）から二十七日（月）にかけて、三島実郎牧師を講師にした一泊二日の修養会が、加古川市にある「国民宿舎美登呂荘」にて開催された。参加者は二十六名。集会を持ったのは、「美登呂荘」の〝二階座敷〟にある「山鳩の間」という何とも暗示的な部屋であった。そして、その修養会はこれまで経験したことのない不思議な雰囲気に包まれていた。恐らく濃厚な主の臨在が修養会全体を覆っていたのであろう。義父の話は面白く、大いに会衆を笑わせ、しかも「いつも喜んでいなさい。絶えず祈りなさい。すべてのことについて感謝しなさい。これが、キリスト・イエスにあって、神があなたがたに求めておられることである」（Iテサ五・一六―一八）から、キリスト教信仰の心髄部分を見事に解き明かすものであった。そして遂に二日目の最後の集会が終わった。

そこで私は会衆に問うた。「質疑応答の時間を持ちましょう。何か質問のある方はどうぞ」。すると義父は私の言葉を遮《さえぎ》り、「信仰は頭だけのものやない。ワシらの信じている神様は活けるお方や。ヤコブ五・二四には『あなたがたの中に、病んでいる者があるか。その人は教会の長老たちを招き、主の御名によって、オリブ油を注いで祈ってもらうがよい』とある。ここにオリブ油を持ってきている。この御言葉どおりに実行してみようやないですか。誰か、この中に病気の人がいますか。その人は前に出てきなさい」と権威に満ちて語られた。するとひとりの兄弟が、おずおずと前に出てきて跪《ひざまず》いた。義父は命じた。「手束牧師、病人がいやされるように按手して祈りなさい」。私はその言葉に一瞬たじろいだ。なぜならば、それまで按手して祈るということをしたことがなかったからである。もちろん牧師であるから病人の側に寄り添って祈るということをしたことがなかった。が、病人の患部や頭に手を置いて祈るということをしたことがなかった。しかし私は義父の強い言葉に押されて、仕方なく他の役員達と共に手を置いて祈り始めた。「天のお父様、あなた様は今も活けるお方であり、いやし主です……」。その瞬間であった。

「バリ、バリ」と音がした。しかも目をつぶって祈っているのに、天の一角が崩れて煙のような霧のようなものが〝二階座敷〟に注がれてくるのが見えた。そしてそこに居合わせた人々が、全員ワァーッとばかりに泣き出したのであった。聖霊が降ったのである。「いったい、何が起こったのだ」と、私は突然の異様な事態を理解できずにただ困惑していた。その後暫く放心状態になって皆で車座に座っていたのだが、その部屋の中心部分には陽炎《かげろう》のようなものが臨在しているのを私は見た。それはちょうど、澄み切っていた空気よりも更に澄み切った臨在であり、「水の中に水銀を入れたようなこの上ない透明なものであった」と、後に私はよく表現している。

しかし残念ながら、「バリ、バリ」という音を聞いたのも、煙のような霧のようなものが注がれてくるのが見えたのも、また部屋の中心に陽炎のような臨在を見たのも、私ひとりだけであった。だが、皆が一斉にワァーッと泣き出したのは誰もが証言する客観的事実であった。恐らくは、前項の「大転換への序曲」で書いたように、ペンテコステ礼拝前日に私は聖霊のバプテスマを体験していたので、特別に霊の眼が開かれていたがゆえに、あのような超常現象を実際に目で見、耳で聞くことができたのであろう。これは、恐らく私に対する神の特別な配剤と考えていたのだが、しかし後に分かったことは、聖書の手順の如くだったのである。

使徒行伝二章の描くペンテコステの出来事は、「突然、激しい風が吹いてきたような音が天から起こってきて、一同がすわっていた家いっぱいに響きわたった。また舌のようなものが、炎のように分れて現れ、ひとりひとりの上にとどまった」と表現している。恐らくは、このようなペンテコステの超常現象は、そこに居合わせた全員が見聞きしたわけではないだろう。多分十二弟子のみが体験したはずである。というのは、十二弟子のみがペンテコステ以前に復活した主イエスから「聖霊を受けよ」(ヨハネ二十・二二)と聖霊を吹き込まれ、したがって霊の眼、霊の耳が開かれていたはずであるから。使徒行伝の著者ルカは、十二弟子から聴いた超常現象を、自分は体験していなかったにも拘わらず、事実として書きとめたのであろう。そして、使徒行伝においても、そこに居合わせた全員(百二十名ばかりの人々)にエクスタティックな現象(この場合は異言現象として)が起こったことは、高砂教会同様誰にも否定できない客観的な現象だったのである。

ナザレのイエスの弟子達にとって、復活のキリストとの出会いは、彼らを敗北感や挫折感から立ち直らせるための極めて重要な意味を持っていたが、ペンテコステの体験はそれ以上であったはずである。なぜならば、ペンテコステ（聖霊の満たし）を通して、彼らはナザレのイエスの十字架の意味と力、即ち救いを悟り確信できただけでなく、その福音を全世界に向けて命がけで伝道していく使命意識と勇気とが与えられたからである。つまり、聖霊はそれまで弱虫でどじることの多かった彼らを作り変え、凛とした「四次元的人間」（超人）へと変革していったのである。それは使徒パウロの言葉を使うと、次のようになる。

「神はあらかじめ知っておられる者たちを、更に御子のかたちに似たものとしようとして、あらかじめ定めて下さった。それは、御子を多くの兄弟のなかで長子とならせるためであった」（ロマ八・二九）。

即ち、聖霊に満たされるということは御子イエス・キリストと同系列の「神の子」族となるということであり、長兄であるイエス・キリストの似姿へと変えられていく者になることだ、というのである。ティリッヒの言葉を借りるならば「新しい存在」（New Being）になるということである。だとするならば、聖霊に満たされた人というのは、これまでの人生とはレベルの異なる新次元の人生を歩んでいくはずである。事実、十二弟子達はペンテコステ以後、〝十二使徒〟となり、ナザレのイエスと出会う以前のウダツの上がらない人生とは大きく異なる、超越的生き方を辿っていったのである。そして私も〝美登呂荘の出来事〟以後、クリスチャンとしても牧師としても大きく変造され、人生を大きく飛躍させていくことになったのであった。

かくて、私も高砂教会も〝美登呂荘の出来事〟によって、大転換を果たすことになったのであるが、この素晴らしい大転換は何も私が熱心に懸命に求めることによって与えられたものではなかった。言わば一方的に神の側から起こされたものであった。なぜ主なる神は〝聖霊降臨〟というあまりにも貴重な出来事を私の教会に起こして下さったのであろうか。当時の高砂教会は紛れもなく〝社会派〟の教会であり、私自身も教会も今のようによく祈るわけではなく、〝霊的な牧師〟でも〝熱心な教会〟でもなかった。にも拘わらず、他の教会では滅多に起こり得ない驚くべき〝聖霊降臨〟の御業が起こったのは、いかなる理由があるのであろうか。もちろん、神の意志を全面的に人間が知るのは不可能なのであるが、そこには二つの大きな意味があることを後に悟ることになった。

一つは、聖霊のバプテスマ（聖霊の満たし）は決してホーリネス派の人々の言うように、〝聖められた人格〟即ち自我を主に明け渡した人物に対して、神からの褒美、認証として起こるのではなく、恩寵によって信仰を通して誰にでも起こり得るということである。あまり祈りもしない社会派の肉的な教会に聖霊が降ったことが、何よりの証拠である。私の尊敬する神学部の先輩である山内一郎関学神学部元教授（元関西学院院長）が、私の牧会四十周年の祝賀の一環として教会員達が編纂してくれた記念誌『神の国は近づいた——続・ヨルダンの河渡ろう』に寄稿して下さっている。その第三部〝手束牧師とは誰なのか〟で、山内教授は言う。「『聖霊論的プロテスタント原理』の提唱者」であると。つまり、山内教授は〝恩寵によってのみ〟の救いについてのプロテスタント原理を聖霊についても適用したことの出色さを評価して下さっているのだが、これは偏に肉的教会に突然もたらされた、あの〝美登呂荘〟の〝二階座敷〟における出来事の体験に根差しているのである。

そしてもう一つは、高砂教会に対する神からの特別な召しと委託ということである。主なる神が私と高砂教会になしてくれた超自然的な聖霊の注ぎの出来事は、決して神の気まぐれによるのではなく、神の大きな計画と強い意志によって起こされたものであると考えるほかはない。いったい主なる神は私と高砂教会に何を期待し意図されたのであろうか。それは、日本の教会に信仰復興運動を興すための一大拠点となるようにという願いであることが、後に明らかになっていった。

しかし事件当初はそのことをまったく自覚してはいなかったのである。そこで主なる神は、私と高砂教会に対する特別な計画と召命を促すために、更なる強烈な体験を起こすことによって、目覚めさせていったのである。しかし同時に、そこにはサタンの嫉みによる大きな試練が待ち構えていたのであった。

三十八　聖霊降臨のもたらした大転換③

――選ばれし者の恍惚と不安 二つ我にあり――

高砂教会に聖霊が降ってから約三カ月後の十月二十三日（木）～二十五日（土）までの期間、「聖霊セミナー」なるものが大阪府箕面市で開催された。この「聖霊セミナー」というのは、カナダの牧師レスター・プリッチャード師がカリスマ運動を推進するために、ほかに二人のカリスマ的牧師とチームを作り、世界各地に出かけて聖霊に関する教えを展開しているものであった。夏の修養会で圧倒的な聖霊の傾注に与った経験をしていた私は、一も二もなく義父三島牧師の誘いに応じて参加したのであった。

会場の「箕面山荘」に着くと、もう集会は始まっていたのだが、そこには黒い聖職服に身を包んだ多くのカトリックの神父やシスター達も参加していた。それだけでも驚きであったのに、更に驚いたのはそこで歌われていた讃美の新しさであった。明るく軽妙なメロディーに合わせて手を叩き、時には手を上げて大声で讃美している有様に、私はただ圧倒された。日本キリスト教団の教会でしか教会生活をしたことのなかった私は、讃美とは静かに歌うものだという固定観念があったために、呆然としてたじろいだ。

その上に、三人の講師の講義もこれまで聴いてきた神学の講義とはまったく異質なものであり、「聖霊セミナー」の名称の如く、聖霊御自身が講師の口を通して語っているとしか思えない、優れて霊的格調の高さを帯びたものであった。その中で、私が一番感動を受けたのはアルゼンチンのリバイバルの指導者のひとりカルロス・フォン・オーティズ師の講義であり、その講義の内容は今でも記憶しているだけでなく、その後の私の〝カリスマの神学〟形成や説教に少なからぬ影響を与えるものとなったのである。

セミナー三日目の最終セッションに立ったオーティズ師は、その講義の終わり近く、霊に燃やされた様子で語った。「教会の最も素晴らしい時代、新約聖書はなかったのです。彼らが持っていたのは聖霊のみでした。しかし、今の私達は、その大切なものを持っていないのです」と。その言葉を聞いて、私の心は高鳴った。「そうだったのか。そうなのか。そのとおりだ」と。その時私は突然パウル・ティリッヒが「組織神学」第三巻のなかで、繰り返し書いている言葉を想い起こした。「信仰とは神の霊によって捕らえられている状態である」。そして、これまで何か内側でもやもやしていたものが一気に氷解していくのを覚えた。

「信仰のみ」と並んで「聖書のみ」を標榜する私達プロテスタントは、信仰の土台を聖書に置いている。もちろん、それ自体は間違いではない。しかし、考えてみれば初代教会は新約聖書を持ってはいなかったのである。とすると、キリスト教信仰を根本的に成立させているのは、ティリッヒの言う如く、聖霊の御業とその体験ということになる。新約聖書は初代教会の人達が体験した聖霊の出来事の影であり軌跡なのである。ティリッヒの言葉を使えば、聖霊体験をシンボル化（物語化）したものの集積したものが聖書であるということにほかならない。とすれば、聖霊体験抜きにしては聖書を本当に理解することは困難であり、聖霊の活きた働きのないキリスト教とは、いつの間にかキリスト教とは名ばかり、本来のそれとは逸脱したものになってはいないだろうかという疑問が起こる。とすると、聖霊体験の観点から、今日のキリスト教を洗濯し直すことこそが、どうしても必要だということになる。こう考えてきた時、私は〝カリスマ運動〟の持つ意味を翻然《ほんぜん》として悟った。そしてこの運動に私自身も挺身しようと決心したのである。

オーティズ師の講義が終わってすぐだっただろうか、三島牧師が急に講師陣に向かって次のように要請した。「われわれ日本キリスト教団の牧師達のために按手して祈って欲しい。教団の中でも、この運動をもっと浸透させたいと思いますので。この中にいる教団の先生方は、どうか前に出てきて下さい」。すると、義父と私、それにもうひとり教会には内緒で参加したという牧師が前に出てきた。三人が跪《ひざまず》くと講師陣の促しによって、そこに居合わせた聖霊に満たされた牧師達も前に出てきて私達を取り囲み、私達の頭や肩に手を置いて祈り始めた。その按手の祈りを受けているうちに、何か熱いものが体内に流れ込んでくるのを感じた。後で分かったのだが、その時私は〝油注ぎ〟を受けたのである。

〝油注ぎ〟というのは、主なる神がある人物に特別な使命を託して、そのために必要な力と権威を神の霊を注いで賦与することである。それは多くの場合、〝油注ぎ〟をいただいている〝油注がれた者〟の按手によって継承伝達される。旧約における典型的な例としては、ヌンの子ヨシュアがモーセによって按手を受け、モーセの後継者としての〝油注ぎ〟を受けた出来事に見ることができる（民数記二七章）。また新約においては、バルナバとサウロが異邦人伝道に送り出されるにあたって、アンテオケ教会の指導者達が断食祈祷の後に按手することによって出発している。以後彼らの働きは飛躍的に高まっていった。〝油注がれた者〟となったからである（使徒一三章）。わが日本キリスト教団においても、牧師（正教師）になるためには、正教師試験に合格しただけでは駄目で、必ず先輩牧師達の按手を受けることになっている。私達の属する兵庫教区では、いかなる理由かつまびらかではないが、何年か前に按手をやめて按手式を行うという破天荒を犯して、教団から厳しくとがめられたことがあったが、とがめられて当然である。〝油注ぎ〟は按手を通して継承伝達されるからである。その頃の兵庫教区のリーダー達は按手することの霊的意味についてまったく分かっていなかったのであろう。

しかしここに深刻な問題がある。按手を施す牧師達自身が〝油注ぎ〟を受けていないので、〝油注ぎ〟を受けていない牧師達がいくら按手をしても〝油注ぎ〟は継承伝達されないという問題である。つまり、按手礼が形骸化しているのである。ここに今日の教会が衰退している根本的理由があると、私は考えている。そこで私は、著書『日本宣教の突破口――醒めよ日本』

の最終章を〝油注がれた牧師達よ、いでよ〟で結んでいる。アメリカには酷い悪口の一つに、「おまえのような奴は聖霊を受けないで牧師になれ」という言い草があるという。日本でこれに近い悪口となると、「おまえのような奴は豆腐の角に頭をぶつけて死んでしまえ」ということになろう。豆腐の角に頭をぶつけて死ぬことなどあり得ないのと同様に、聖霊を受けないで牧師になることなどあり得ないはずなのだが、現実にはこのような牧師が多く存在する。それゆえに、日本のリバイバルのためにはどうしても〝油注がれた牧師達よ、いでよ〟となる。

幸いなことにというより、まったく感謝なことには、私はあの「聖霊セミナー」で〝油注ぎ〟をいただき、上からの力が与えられ、それまでには考えられなかったような牧会の大転換、大飛躍を経験するようになったのであるが、しかし同時に悪魔の熾烈な攻撃を受け、十字架の道を歩むことになったのである。そして早速にそのことを暗示する出来事がセミナーの帰り際に起こった。義父の運転する車の助手席に乗って聖霊に満たされた喜びに溢れて、私は車の外の景色を眺めていた。その時の箕面の山々の美しさは今でも瞼に残っているほど、鮮烈な美しさを湛えていた。ところが、急に私の内に激しい不安と胸騒ぎが起こった。「もしかしたら、これから自動車事故に遭遇するのでは」と思った私は、義父に気づかれないように小声で異言で祈り始めた。にも拘わらず、胸騒ぎは一向に収まらず、いよいよ苦しくなって、遂には正常に体を起こしていることができずに、前のめりにうずくまってしまった。驚いた義父が「どうした。車に酔ったか」と問いかけてきたので、「いいえ、大丈夫です」とだけ答えた。そればかりか、私の異言の祈りはいつしか「クー、クー」という呻き声に変わり、いくら異言で祈ろうとしても、「クー、クー」という呻き声になった。「どうしたのだろう」と私は大いに困惑したのであったが、後にその理由が御言葉によって明らかになった。

パウロはロマ八・二六で語っている。「御霊もまた同じように、弱いわたしたちを助けて下さる。なぜなら、わたしたちはどう祈ったらよいかわからないが、御霊みずから、言葉にあらわせない切なるうめきをもって、わたし達のために執りなして下さるからである」。ここにある〝御霊のうめき〟を私の知る限りの聖書学者や牧師達は皆「異言のことだ」と解釈している。しかしそうではない。〝御霊のうめき〟はまさに内なる御霊が言葉にならずに（異言はどこかの言葉）呻くことなのである。何のために呻くのか。その人を切に執り成すためである。サタンの激しい攻撃や誘惑にあっても、決して破局に至らないように、御霊御自身が天の父に懸命に執りなし祈って下さっているのである。私はこれまで多くの方々の執りなしによって支えられてきたことを強く覚え、溢れる感謝を抱いている。本当に心から「有り難うございました」と申し上げたい。しかしそればかりでなく、御霊みずからが切なる呻きをもって執りなして下さっていたのである。パウロもまたこの〝御霊の執りなしの呻き〟を体験したに違いない。御霊が私をあの使徒パウロと同じように扱って下さっているとは、何という果報者なのであろうか。

翌二十六日は聖日であった。その早朝二階の書斎で異言で熱く祈っていると、一種の恍惚状態のようになった。そのとたん、〝霊的なショート〟が起こった。ちょうど電気がショートするように、天から降りてくる神の霊と内側にいて下さる御霊が出会ってバチバチと火花が散ったような幻が脳裏に映った。

その日は「宗教改革記念礼拝」であった。別に「宗教改革記念礼拝」を意識したわけではなかろうに、礼拝堂は珍しく開始前から満席となっており、しかもいつもと違う霊的な雰囲気で覆われていた。今でも覚えているのだが、その時の私はいつもの私ではなかった。文字どおり圧倒的に聖霊に満たされており、「あの時の説教の声は、恐ろしいほど神的権威を帯びており、先生の声ではなかった」と、後に何人もの信徒達が証言した。使徒五章一〜十一節の「アナニヤとサッピラの物語」から今日の教会の聖霊による刷新の必要性をもって結んだ説教の終わり、意図せずして預言の言葉がほとばしり出た。「万軍の主はいわれる。私はこの教会にリバイバルを興す。高砂教会よ、日本キリスト教団の（あるいは日本の教会の）信仰復興の拠点となれ」。その時、説教壇と会衆席の間に、ザァーッと聖霊が鳩のように降ってくるのが見えた。使徒四・三一にある〝第二の聖霊降臨〟が私達の教会にも起こったとその時は思った。だが聖霊が鳩のように降ってくるのが見えたのは私だけであり、会衆はただ何か不思議な神秘的感動によって包まれ、上気したのみであった。

後にこの時の体験を精察してみて分かったことがある。それは単なる〝第二の聖霊降臨〟というより、高砂教会に対する〝油注ぎ〟であったと見るべきだということである。というのは、

〝聖霊が鳩のように降る〟という表現は主イエスに対する神からの油注ぎがなされた時に特別に使われているということが第一。第二には、これまで私達の教会には〝栄光の訪れ〟即ち聖堂全体に濃密なる主の臨在が覆うという事態が三回も起こっているからである。それゆえ私個人に対してだけではなく、教会そのものが神よりの特別な選びのうちに置かれたと認めざるを得ない。かくて高砂教会は神からの特別な使命と大きな務めとが課せられただけではなく、同時にそれを潰そうとするサタンの激しい攻撃を受けることになったのである。「ヨルダンの河渡ろう――手束牧師と共に歩んだ二十年」の中で、ナレーターの北野千波姉は「手束牧師にとってはまさしく、―選ばれし者の恍惚と不安の二つ我にあり―（マラルメ）の思いであったことだろう」と書いているが、この言葉は同時に高砂教会に向けるべき言葉でもあったのである。

三十九　聖霊降臨のもたらした大転換④

――「キリスト者の完全」と「いやしの賜物」の拝受という大きな体験――

「箕面山荘」で〝油注ぎ〟を受けて帰ってきた私は、〝聖霊充満〟というより〝聖霊盈満《えいまん》〟という状態にあった。祈りたくて祈りたくて仕方がなく、手を上げて異言で祈っていると、巨大なエネルギーが天から降りくるような感覚にしびれ、二、三時間がアッという間に過ぎた。ある時、私がいつものように教会堂二階の書斎で異言で激しく祈っていると、まだ五歳だった長男の信吾がたまたま階段を上ってきて、私のその姿を見て驚き、「お母さん、大変だ。お父さんが気が狂った」と叫びながら慌てて降りていったこともあった。更に、その頃の私は毎朝四時頃に自然に目が覚めた。そこで床から起き、階下の礼拝堂に行き、家族達が起きてくる時まで祈った。夜十二時頃に床についていたにも拘わらずである。私は既述した如く、中国の旧満州から栄養失調状態で引き揚げてきたため、体力は他の人達より紛れもなく劣っていた。にも拘わらず、その頃の私は三、四時間の睡眠で十分に事足り、昼寝を必要としなかったのである。まるでナポレオンかスーパーマンになったような感じであった。かくて人間の内側の霊の充溢《じゅういつ》は、肉体の充実にまで影響を及ぼすことを体験的に識ったのであった。

更に不思議な喜びが溢れ、平安と寛容に満たされ、嫌なこと辛いことにも何ら怒りや憤りの感情が湧いてこなくなっていたのである。本来私は激し易い性格である。池井戸潤の小説『半沢直樹』ではないが、酷い目に遭わせられたら〝倍返し〟をしたくなる人間である。ただ牧師という仕事がら、理性で懸命にそのような感情の爆発を抑えていたにすぎなかった。しかし、その頃の私は、どんなに酷いことをされたり言われたりしても、怒りや憎しみの感情が湧き起こらなかった。まさに「もし、だれかがあなたの右の頬を打つなら、ほかの頬をも向けてやりなさい」（マタイ五・三九）という心境だったのである。

もっと不思議なことには、私の内から性的欲望がまったく昇華されていて、よく新聞の下の方の欄に掲載されている週刊誌などの性的関連の記事の見出しを見るだけで気分が悪くなり、吐き気を催した。その頃の私は、「山上の説教」で主イエスが語った「だれでも、情欲をいだいて女を見る者は、心の中ですでに姦淫をしたのである」（マタイ五・二六）という、男には絶対的に不可能と思われる戒めを自然のうちに実行していたのである。だから、テレビを観ることも嫌だった。

このことにまつわる面白いエピソードがある。それから十数年後のことであるが、中賢均牧師の導きによって韓国ソウルにある神学校、それも牧師再教育のためのクラスで「聖霊に満たされることの重要性」について講義をしたことがあった。その中で、「山上の説教」は、かのアルベルト・シュヴァイツァーの言うがごとく「神の国の倫理」であり、肉の人間にはとうてい不可能な倫理である。しかし聖霊に圧倒的に満たされる時、即ちこの世にあって神の国を体験する時、「山上の説教」における戒めは悠々と実行できるようになる旨を語り、先述したような私の体験を披露した。私の講義の後、質問の時間があった。すると、小太りで茶目っ気たっぷりそうな若い牧師が質問に立った。「モクサニム（牧師様）は今でも週刊誌の広告を見ただけで、吐き気を催すのですか」と。そこで私は「今はそんなことはありません」と短く答えたのであったが、どうも通訳の申牧師はこれまた茶目っ気たっぷりに韓国語に訳したようだ。「今は週刊誌も熱心に読むそうです」と。そこにいた牧師達は皆腹を抱えて大声で笑った。私もつられて笑いに笑った。今思い出しても、笑いが込み上げてくるほのぼのとした情景である。

話を元に戻す。妻美智子の証言によると、その頃の私は、内側から何ともいえない神的権威が輝き出ていて、近づくことが恐かったという。そういえば、私が彼女の顔を見て話しかけると、彼女はすぐに目を伏せた。私の顔をまともに見ることができなかったというのである。そんなこととは露知らず、私の方は「なぜ美智子は私と目を合わせたがらないのか」と不思議に思っていたものである。出エジプト三四・二九以下には、シナイ山から下ってきたモーセの顔が光を放っていたので、人々はモーセに近づかなかったことが記されているが、恐らくそれに近い現象が起こっていたのかもしれない。

私の母校の関西学院は、元来メソジスト派の宣教師によって創立せられた学舎である。このメソジスト派というのは十九世紀の初頭英国で起こった信仰復興運動に由来し、ジョン・ウェスレーの聖霊体験によって起こされた聖霊運動の結果にほかならなかった。このジョン・ウェスレーの中心的神学主張に「キリスト者の完全」という教理がある。「キリスト者の完全」とは、「人間の罪が、ある瞬間に聖霊の超自然的な働きによって根絶され得る」という主張であった。その聖書的根拠としてウェスレーが掲げたのは、「山上の説教」の一節「あなたがたの天の父が完全であられるように、あなた方も完全でありなさい」（マタイ五・四八）であった。しかし〝油注ぎ〟を受ける以前の私は、このキリストの要求も、その御言葉を根拠にしたウェスレーの「キリスト者の完全」の教理も、何か極めて空想的で実現不可能な無理難題の事柄にしか思えなかった。しかし、〝油注ぎ〟後の私は、まさに自然のうちに「キリスト者の完全」を体験し、無理なく「山上の説教」を実行していたのである。アルベルト・シュヴァイツァーがいみじくも言ったごとく、「山上の説教」は「神の国の倫理」であり、聖霊に圧倒的に満たされた人には、実現可能な倫理であることが肌で分かったのである。それは私にとって貴重な貴重な体験であった。

この時期、もう一つ貴重な体験をした。それは、私に病をいやす賜物が開かれたという体験である。私が高砂教会に赴任した一九七三年のクリスマスに、一挙に四人の受洗者が与えられた。当時の教会にとっては極めて珍しいことであった。しかし、その四人のうち、今でも高砂教会に残り続けているのは、ただ一人、汐崎多々子姉だけである。

受洗後間もなく、彼女は病気のため教会を休んでしまった。末期の胃がんを患っていたのである。夫によると、もう手術もできないという。私はその深刻な病状に呆然とした。そこで私は、「朝早く起きて、彼女のために祈ろう」と決心した。牧師としてそれ以外になすべきことを思いつかなかったからである。早天祈祷などそれまでは数えるほどしかしたことがなかったが、しかし今思えば、まさしく聖霊の導きであった。私は毎日朝早く祈り始めた。そして一週間後、再び家を訪ね、彼女の癒しのために熱心に祈った。その時主が働かれた。彼女の証によると、私が祈るやいなや、何か温かいものが天から注がれてきて彼女の身体を満たし、深く感動して涙が出てきたという。そしてその時から、彼女の不治の病は不思議にも回復に向かい始め、手術や抗がん剤治療も一切なく、完全に癒されてしまったのである。

〝カリスマ（聖霊の賜物）〟などと言わなくても、クリスチャンには、熱い祈りの結果により信じ難い〝いやしの奇跡〟が起こることがたまにある。しかし、だからといって、その人に〝いやしの賜物〟が与えられていたということにはならない。〝いやしの賜物〟が与えられているという場合、その人が祈ると、いやしの業が頻々として起こってくることを意味する。「頻々《ひんぴん》と」というのは、いったいどの程度の割合なのかという質問が出て来そうだが、野球選手が三本に一本ヒットを打てば、〝強打者〟と言われるように、三人に一人がいやされれば、文句なく〝いやしの賜物〟を持っているともいえる。というのは、いやしを求める祈りの場合、同時にいやしの祈りを受ける側の問題も大きいからである。〝いやしの賜物〟が行使される場合、それを受ける側の信仰や霊性が問われる。キリストでさえも、故郷のナザレではわずかしか奇跡を行うことができなかったことが共観福音書において強調されている（マタイ一三・五三―五八、マルコ六・一―六、ルカ四・一六―三〇）。それゆえに、十人のうち一人でも祈りによって超自然的いやしの業が起こるならば、その人は〝いやしの賜物〟を持つ人と言ってもよいように思える。そして私の周囲にも頻々として〝いやしのみ業〟が起こるようになり、それはやがて高砂教会の信徒達の自主的な目論見として、『癒しのみちから』という小冊子にまとめられていった。やがてその小冊子は、私の『キリスト教の第三の波』シリーズの最後を飾った、『キリスト教の第三の波・余録――講演と証し集』の中にまとめられて世に出されたのである。

いやしの賜物が与えられるきっかけとなった出来事が、その当時起こった。確か日曜日の午後だったと思うが、教会に緊急の電話が入った。教会員の津上佳子姉からの電話だった。「先生、夫がクモ膜下出血で倒れて病院に担ぎ込まれ、死んだようになってしまいました。助けて下さい」と、彼女は泣きながら悲痛な叫び声を上げた。「すぐに祈りに行きますから」と答えた私は、車で病院に急行した。車のなかで私は、文字どおり懸命に祈り続けた。異言で祈った後、日本語で祈り、また異言で祈った。「主よ、津上真一さんはまだ若いのです。死ぬには早すぎます。いやしの奇跡を起こし、御名の栄光を現してください」と渾身の力を振り絞って祈り続けた。その時、御言葉が鋭く私の心に響いてきた。「この病気は死ぬほどのものではない」

（ヨハネ一一・四）。そのとたん、私の体中に熱いものが大きく回転し始めたのを覚えた。その時「治った！」という確信が起こったのである。病院に着くと、津上兄は死んだように横たわっていた。妻の佳子さんはすっかり動転していた。早速私は津上兄の頭の上に手を置いて、短く静かに祈った。「天のお父様、栄光を現して下さったことを感謝します。あなた様が津上兄を奇跡の御手をもっていやして下さったことを感謝します。あなた様の全能の御手を誉め称えます。有り難うございました」。そして津上姉に向かって語った。「御主人はいやされましたよ」。彼女は驚いた表情で、私を見、そしてまだ昏睡状態の夫をも見た。私の言葉と現実の深刻な状態のギャップに困惑している様子であった。私が「それではこれで失礼します」と帰りかけると、「先生、夕方から遠くにお出かけになると聞いておりますので、行き先の電話番号を教えて下さい」。そこで私はきっぱりと「もう治りますから、教える必要ありません」と言って、その場を辞した。随分と大胆な言葉を吐いたものである。しかし私の内には必ずいやされるという揺るぎない確信があった。果たせるかな、翌日津上兄は完全にいやされていたのである。

その時から、私が気合いを入れて祈ると次々といやされる人が出てきた。特に、循環器系の病の人々が面白いようにいやされていった。後に知ったのであるが、主なる神がある人物に〝いやしの賜物〟を与える場合、ちょうど巷の医師にもそれぞれ専門の分野があるように、聖霊による〝いやしの賜物〟にも専門分野があるという。私の場合、さしずめ循環器系に強い

〝いやしの賜物〟を備えて下さったようだ。それは津上兄のクモ膜下出血のいやしのために身を挺して祈った時に、期せずして開かれたにちがいない。その典型的な実例は、東播地方で名医といわれた当教会の信徒田中三郎医師の心不全からのいやしである（『続・聖なる旅』三一七頁参照）。だが、そのあまりにも劇的な心不全からのいやしを経験した三年後、惜しむらくは田中医師は別な病で死んでいった。しかしその死に顔は微笑みかけているような美しい顔であった。「あっ、この方を天使が迎えに来られた」と私は確信した。そしてこの田中医師の美しい死は、キリスト教における〝いやし〟の意味を如実に物語っている。

ティリッヒによると、地上における奇跡的な〝いやし〟といえども、人間の死の必然性を消すことはできない。それは「永遠の命」という象徴に示されている救いにおいて成就を見る。つまり、地上的いやしは決して絶対的なものではなく、来るべき〝永遠なるいやし〟（永遠の命）のしるしにすぎないというのである。別言すれば、神による地上での〝奇跡的いやし〟は、天上での〝永遠的いやし〟即ち〝天国〟を指し示すものにほかならないということである。それゆえに、主イエス・キリストも、その弟子達も「しるしと不思議を伴う宣教」を行うことによって、主なる神が愛と憐れみのお方として生きて働いておられることを証するだけでなく、そのお方が完全ないやしをもたらす〝天の御国〟へと私達を誘っておられることを示そうとしたのであった。かくて、私もそれ以後大胆に〝いやしの業〟を行い、感謝なことに多くの人々をいやすことができたのであったが、それは間もなくサタンの激しい妬みを招くことになったのである。

四十　カリスマ刷新をめぐる七年間の戦い①

――牙をむいた悪魔の宣戦布告――

〝カリスマ刷新運動〟。これは前世紀半ばから起こった教会の刷新・改革運動である。しかし、この刷新・改革運動は、それまでのものとは違って、有能で強烈な個性を持った特定の人物の一念発起によって起こってきたものではない。聖霊が世界の至るところのクリスチャンに注がれ、これを体験した普通のクリスチャン達が次々と立ち上がって、運動の輪を形成していったものであった。この点でも、初代教会の運動と同じである。このことは、主なる神が今日の教会を、もう一度初代教会の持っていた霊的神秘的宗教として回復しようとしていることを意味している。つまり、今日のキリスト教は文化・教養としてのキリスト教であり、倫理・道徳としてのキリスト教であり、祭儀・礼典としてのキリスト教になり下がっており、新約聖書に描かれている〝原始キリスト教〟の姿とは大きくズレてしまっていることは否み難い。

ところが、人間というのは、一度こうだと学習したものから脱却することは容易ではない。

特に日本人はそうだ。「日本的伝統主義」（小室直樹）というものがある。かつて正しいといわれたことをいつまでも正しいとしてしまう性向のことである。七十年以上前に発布せられたアメリカ製の憲法を、一言一句触らずに今日に至っているという世界的な不思議さは、「日本的伝統主義」の根深さを物語っている。そして、これは政治の世界だけではなく、宗教・信仰の世界においても、深い影を落としていると言えそうである。宣教師訓練センター所長の奥山実師によると、世界にはクリスチャンが二十億人いるが、そのうちの十二億人がカリスマ的信仰を受け入れているという。何とほぼ三分の二である。ところが日本では百万人のクリスチャンのうち、せいぜいよくて二割程度ではなかろうか。その差の確然たる有様に驚かされる。

日本でも聖霊は懸命に働いて下さっているはずである。聖霊体験をした牧師や信徒達も少なからずいるであろう。にも拘わらず、カリスマ刷新が進まないのは、「日本的伝統主義」に阻まれ、異端視されたり批判攻撃を受けるのが恐いので、公にすることをためらっている人々が多くいるからではなかろうか。かつて、日本で最大級といわれている教会の牧師が私に語ったことがある。「手束先生は、よく『自分はカリスマだ』と堂々と言えるね。自分もそうだがそんな風にはとてもできない」と。私はそれを聞いて、「こんな立派な大物牧師でも、そうなのか」と大いに驚かされたものである。そしてこの日本人の美徳でもある「日本的伝統主義」に悪魔はつけ込み、カリスマ刷新は妨げられ、日本の教会のリバイバルは封じられてきたのである。それゆえに、カリスマ刷新運動がブレークスルーするためには、「日本的伝統主義」を通して働いてくる悪魔との戦いが焦眉となるのである。そして私も否応なくこの戦いに巻き込まれることになったのであった。

私の就任の少し前から、他の教会から芝本一家と他に三人の方々が高砂教会の礼拝に参加していた。これらの人達は本来は加古川自由メソディスト教会の信徒であったが、細かい事情は知らないが、そこを出て、やがてその頃加古川で開拓伝道を始めていた保守バプテスト派の宣教師と共に歩むようになった。芝本善夫・節子夫妻は、遂には婦人服屋を営んでいた自らの店の道路を隔てた向かいにある持ち家を提供し、そこを相当の自費をはたいて改修し、教会堂として用いるまでに、宣教師の働きを支えるべく献身をしていったのであった。恐らくその宣教師にとっては、当初の芝本夫妻の厚い献身ぶりに感動し、パウロを助けてコリント教会の創設に献身した〝プリスキラとアクラ〟（使徒一八章）のように頼りにしたことであろう。だが、やがて芝本夫妻はその宣教師とケンカ別れしていった。その理由について、芝本さんはある時の家庭集会においてガラテヤ書を引きながら語った。「宣教師達の律法主義的生き方についていけなくなった。パウロがあのように律法主義を蛇蝎《だかつ》のごとく嫌った意味がよく分かった」と。

そして、どういう経緯かは知らないが、高砂教会に来るようになった。私の就任時の頃の彼らは輝いていた。毎週休むことなく礼拝に参加していた。元々の信徒達がともすれば休みがちなのとは対照的であった。しかも一家は音楽をよくたしなんだ。主人の善夫さんはオルガンを弾き、長女の夕衣子さんも保母であったがピアノやオルガンをよくこなした。次女の聖子さんは大阪音大に通うヴァイオリニストであり、その音楽センスの高さも、これまでの高砂教会にはないものであった。その上に、よく捧げた。献金の額も群を抜いていただけでなく、当時の教会には窓にカーテンがなかったので、それらを全部寄付してくれた。更に、私が訪問をすると大変喜ばれ、きちんとおみやげを用意しておられた。そして奥さんの節子さんは家庭集会にいく人もの商売人仲間の奥さん達を集めて、積極的に伝道の先頭に立ってくれていたのである。私は加古川集会に行くのが楽しみであった。かくて、私はこの家族への深い愛と信頼を抱くようになった。

ところがである。聖霊が降り、カリスマ刷新の働きが始まり、いやしの奇跡が起こり、聖霊のバプテスマを体験する人達が次々と起こされていった刹那、突然に善夫さんが激しく反対運動を始めた。当初私を支持していた節子さんはこれを諌《いさ》めたため、その対立はあわや離婚という抜き差しならないところにまで発展し、遂に節子さんが折れた。このことを聞いた私は急いで夫妻を訪問し、話し合いの時を持った。しかし、それは話し合いというものではなく、彼の私の牧会と人格に対する罵詈雑言《ばりぞうごん》による糾弾の場となった。そして遂には「カリスマなどという茶番劇はやめろ、謝れ！」と罵倒してくるのであった。「なぜこんなに怒っているのだろう。誰かがざん言でもしたのだろうか。あの美登呂荘の出来事があった時に、彼もその場にいて涙を流していたではないか。なのにそれを茶番劇などと言うとは」と内心反問しながら、何とかこれを収めたいと侮言に耐えた。そして「未熟な点は赦して欲しい」と頭を下げた。帰り際、節子夫人が「先生、御免なさい。主人は欠陥人間なんです。赦して下さい」と申し訳なさそうに見送ってくれた。

ところが事はこれで収まるどころか、何かにつかれたかのように芝本夫妻の私への攻撃はいよいよ激化していった。「あの牧師はとんでもないペテン師だ。早く辞めさせるべきだ」という電話が飛び交った。芝本一家と共に、高砂教会に移ってきたもう一人の方からも手紙が来た。「いつまで高砂教会にしがみついているのだ。出て行け」と。「ブルータスよ、おまえもか」と暗澹《あんたん》とした気持ちに陥った。というのは、この方は精神的弱さを持っており、よく祈ってあげたことがあったからであり、時には加古川奥の実家まで自転車で往復二時間近くかけて訪問した。更にこの芝本夫妻の排斥運動に便乗する人々があった。それは、就任時の高砂教会②の「辞表を振りかざした〝波乱の幕開け〟」の中で書いている〝地元グループ〟の一部の人々であった。彼らも異口同音に「手束牧師を辞めさせよう」と叫んだ。ところが、当時の役員会は〝近代化グループ〟の人々で占められており、私を擁護する立場に立った。そして一九七六年二月、「愛する兄弟姉妹への手紙」（『高砂教会百年史――聖霊の深き流れ』四一一―四一四頁参照）を全信徒に送付し、事態は一応収拾されていった。この文章を執筆したのは高砂教会にカリスマ刷新のきっかけを作った西山敏和兄であった。しかし、やがてその彼によって更に大きな紛争と分裂へと教会は進んでいくことになったのである。

この〝第一次紛争〟ともいうべき出来事の最中に、私達の家族にもう一つの大きな試練が起こった。芝本事件が起こって間もなく、私は疲れと苛立った思いで、夕食の土鍋の料理の煮立つのを待っていた。すると、当時五歳の信吾が近くで走り回っていたので、「コラ、静かにしろ」と怒鳴った。信吾は驚いて電気コンロのコンセントに足を引っかけて倒れた。その上に、煮えたぎった土鍋が落ちてきた。一瞬の出来事だった。信吾はギャーっと叫んだ。それを見ていた二歳の恵満も「お兄ちゃんが可愛そう」と思ったのか、火がついたように泣き出した。美智子が駆け寄って処置をし、救急車を呼ぼうとした。すると信吾が叫んだ。「救急車呼ばなくてもいい。お父さん、お祈りして」と。だが私も妻も、悪夢のような事態を前にして動転し、信吾の信仰に応えるほどの信仰を発揮できなかったのである。救急車が来て運ばれていく時、信吾は私に向かって泣き叫んだ。「お父さん、痛いよう、なんで神様の子供がこんな風になるの、なんで」。私はこれに答える言葉もなく、ただ呆然と救急車を見送った。我に返って後片付けをした後、畳の上に正座をし、両手をつき、うつ伏せになって必死に祈り始めた。「主よ、とんでもないことになりました。どうか、信吾を助けてください。いやしの御手を置いて下さい…」。その時、不思議な光景が霊の内に見えた。黒い地面がムクムクと動き出し、黒装束の忍者のような怪物が次々と地面に跳び出してきて、キキィーという叫び声と共に牙を向いて私を睨みつけたのである。「あ、悪霊だ。そうか、悪魔が今宣戦布告してきているのか」と瞬時に悟った。その悟りと共に、その少し前芝本事件を知った義父三島牧師がやってきて、私と妻に残していった御言葉を想い起こしたのであった。

「この大軍のために恐れてはならない。おののいてはならない。これはあなたがたの戦いではなく、主の戦いだからである」（歴代下二〇・一五）

この御言葉の如く、この時を手始めに悪魔は次々と攻撃を仕掛けてきて、これでもかこれでもかと私を七年間苦しみ悩ませ、「もう駄目かもしれない」と追い詰められることが何度もあった。しかし勝利の主がいつも私に味方して下さり、知恵を与え、助っ人を送って下さり、霊の戦いに勝利することができたのであった。まさに勝利の主は恩寵の主でもあられた。七年間の戦いの経験を通して私は練り鍛えられ、やがて大きな神の働きを担うに足る器として整えられていったのであった。

それだけではない。あの時救急車で高砂市民病院に担ぎ込まれた信吾は、その火傷の酷さに若い医師は目を見張り、「もしかしたら、危ないかもしれません」との宣告を受けたのであったが、恩寵なる神は奇跡的に助けて下さった。今なお、その体にはケロイドがくっきりと刻まれているのだが、それを信吾は信仰の目を持って然と受け止め、次のように述懐している。

「しかし、いくらわたしが牧師になど死んでもならないと心に決めて、イエス様に背を向けてもそれは無駄な抵抗だったのです。なぜならば、私は五歳の時に大火傷を負い、瀕死の状態にあった時、その中から神様は私を奇跡的に救い出して下さったのです。そして、私の身体に『おまえは私のものだ』という焼印を残されたのです」（「ヨルダンの河渡ろう――手束牧師と共に歩んだ二十年」二一七頁）

今彼は、新潟の山奥の町において雪と戦いながら厳しい牧会を続けている。彼が決して自己憐憫や被害者意識に陥ることなく、このような霊の眼、信仰的解釈を保持することができるならば、やがて神は大きく引き上げ用いて下さるであろう。それを見る時が楽しみである。

四十一　カリスマ刷新をめぐる七年間の戦い②

——悪役を演じさせせられた男の悲哀——

「司馬遼太郎の小説はなぜこうも面白いのだろう」。私は彼の小説を読むたびに、何度もこう心のなかで呟いた。登場する人物が皆活きている。そして、まるで自分もまたその物語の中にいるような錯覚に陥る。やがて、その理由が分かった。それは以前私が読んでいた毎日新聞紙上で、彼のものを書く手法について彼自身が書いていたからである。彼は言う。「私は歴史上の人物を描く場合、裸眼、複眼で洞察するように心がけている」と。いかなることかというと、人がある言動をなす場合、そこには必ずその人なりの考えや思いがある。それが傍目にはどんなに無謀であり間違っていると思われても、決して簡単に裁いてはならず、虚心になってその人物を理解してやることである。一方的な偏ったものの見方を採ることなく、でき得る限り冷静にその人物になりきって理解するようにし（裸眼）、また多様な観点から観てやることである（複眼）。それゆえに、司馬遼太郎はマルクス主義者のように、すべてを善悪二元論で割りきってしまう教条主義的なものの見方を極端に嫌ったという。私はそれを読んで、「なるほど、そうだったのか」と得心した。

以後私は、人物を評価する場合、特に文章に残す場合、できるだけその人物の立場に立って理解し描写することを心がけてきた。たとい、その人物がどんなに私を酷い目に遭わせたり、傷つけたりしても、その人の立場に立って公正に理解し描写することを旨とし努力したのであった。もちろん、人間であるから、まったく冷静に公正に描写するというわけにはいかないであろう。多少なりとも、主観的な思い込みが入ることは避け難い。しかし少なくとも、私なりに精一杯の〝裸眼〟〝複眼〟による描写に努めてきたことは確かである。

二〇〇〇年十一月、私達の教会は教会創立百周年を迎えた。そのために様々な祝賀記念行事を行ったのであるが、その一環として『高砂教会百年史――聖霊の深い流れ』を出版刊行することができた。その半月ほどたった時であったろうか、ひとりの人物が私に面会を求めてきた。高砂教会分裂派によってできたはりま平安教会の教会員であった西山敏和兄である。彼は私の部屋に入ってきてソファーに座るや否や、いきなり「高砂教会百年史を読ませていただきました。公正に書いていただいて誠に有り難うございました」と言い、ソファーテーブルの上に手をついて深く頭を下げたのであった。私は彼のその姿を見て、私の能《あた》う限り公正に記述していくという「百年史」編集方針が実を結んだことを知り、深く喜び、主に感謝したのであった。

実は、彼がわざわざやって来て、感動のあまりとはいえ、私の前に手をついて詫びと感謝を述べたのには、深い理由があったのである。

一九七五年の夏の修養会で聖霊降臨の御業が惹起し、高砂教会にカリスマ刷新の働きが始まったことは既述した。またそれに対する反対・反発の運動が起こってきたことも前項において書いた。当初西山敏和兄は馬道末寿兄と共に、高砂教会のカリスマ刷新の旗振り役を演じており、彼らの熱い思いと行動は私にとって大きな励ましとなっていた。しかし、芝本事件が終息し、教会が新たな段階へと進もうとする中で、彼の中に大きな変節が起こった。新会堂建設問題を通してである。

現在私達は地方の教会では稀有な立派な教会堂を有している。二十九年前の一九八八年十一月、この会堂が完成した時、その壮麗さに驚いた神戸新聞の記者が取材に来て、翌日の〝東はりま版〟のトップに「播州最大の教会完成―ロマネスク風の建物―」という見出しで大きく報道してくれたほどであった。しかし、この快挙をなし遂げるためには、ドラマチックな経験と辛酸をなめなくてはならなかった。その詳細については、拙著『信仰の表現としての教会建築』の第一章〝会堂建設物語〟に綴ったので、そちらを是非読んでいただければ幸いである。

その過程の初期に、私は思わぬ手痛い反対運動に直面した。〝地元グループ〟の人達からである。ここで「思わぬ」と書いているのは、七万坪にのぼるカネボウ高砂工場跡地にやがて生まれる新しい住宅街の中心部分に、カネボウの好意により格安の値段で三百坪を教会に売却してもよいという、この上ないよい話に反対してきたからである。恐らく、彼らには以前の荒れ廃れた会堂であっても、自分達が苦労してやっと建てたものであるという強い自負とこだわりがあったのである。そのため、その建物を壊し、場所を移して新会堂を建てるなどというのはもってのほかであり、しかも〝近代化グループ〟のみの役員会において、そのようなことを決めるのは許し難い暴挙として映った。そこで彼らは、それを阻止すべく、あらゆる手を使って反対運動を展開していった。一般会員に対する電話による激しい揺さぶり工作はいうまでもなく、果てはカネボウ本社に「あれは牧師が勝手にやっていることだから、相手にするな」と、偽りの情報を流すほどであった。「何という卑劣なことを」と憤った私は、危機感をもって役員会を開いて対抗措置を講ずるべく訴えたのであった。ところが、西山兄はそれに抵抗した。曰く「教会は愛と赦しの場所でなければならない。相手が攻撃してきても、相手の言うことをよく聴いてあげれば、きっと分かってくれるはずだ。自分が反対派の人達と膝を交えて話し合い、納得してもらうようにする。土地確保のための資金三千六百万円のうち、既に二千万円の約束献金がなされているのであるから、残りの一千六百万円は私が出してもよい。だから自分に委せて欲しい」と。彼の言うことは間違っていない。しかしあまりにも綺麗ごとではないだろうかと思ったりもしたが、「そこまで言うなら」と私も他の役員達も彼に委せることにしたのであった。しかし私の心の中から、なぜか不安の思いを払拭することができなかった。そしてその不安は的中したのである。

彼は長い間教会から離れている間、相当の期間「倫理研究所」の「早起き会」に参加し、リーダー的働きをしていた。しかしゆえあって、そこから離れている時に、私の訪問を通して教会生活を再開し、聖霊のバプテスマに与った。けれども初代のクリスチャン達が、キリストの十字架の贖《あがな》いを信じ、聖霊体験をしてもなお、なかなかユダヤ教的発想から脱し得なかったためにパウロの厳しい非難にあったように、彼も「早起き会」的発想から十分に脱し得なかったようである。それゆえに、彼の主張する「愛」とか「一致」は、聖書のいうそれらとは微妙に違っていた。即ち、聖書のいう「愛」や「一致」は、その上に「聖霊による」という前提がつくのであるが、彼の場合、「肉による」情愛的なものであるように私には思えた。しかし、信徒達にはこの微妙な相違は簡単には分からない。その上彼は、殖産住宅の優秀なセールスマンであったので、その弁舌は非常に巧みで、普通の人にはとうてい太刀打ちできないものがあった。そのため、勢い私と彼の間で鋭い議論の応酬がなされることになり、延々と続いた。時には彼との議論が収まらず、役員会は真夜中まで続いた。かくて、遂に先述した「自分に委せて欲しい」に信頼し、反対派の説得を彼に託した。

彼は相当な自信を持って反対派の説得に回った。しかしその結果はというと、説得に失敗したばかりか、ミイラとりがミイラになってしまったのである。つまり、反対派の人々に同情し、彼らの意見に同調し、遂には彼らの「カネボウの土地購入を強行するなら教会を去る」との言葉に動揺し、カリスマ刷新にも疑問を覚えるようになっていったのであった、やがて、カネボウ土地取得が反対派の猛烈な運動が功を奏し、教会総会にて三分の二にわずか二票足らずで否決されたのであった。その時ほくそ笑みながら意気揚々と帰って行く反対派を横目で見ながら、嘆き悲しむ賛成派の人々に向かって、「これでいいんだ。これでいいんです」と語っていたという。彼にとっては、「一致」「和の精神」こそが最も大事であり、その前には「神の意志」や「霊的真理」などは従属的なものだったというより、「一致」「和の精神」こそ「神の意志」であり、「霊的真理」だったのである。

使徒一五・三六―四一には、パウロの第二回伝道旅行に出発するに際して、〝刎頸《ふんけい》の友〟であったバルナバとの間に争いが起こり、決別する出来事が記述されている。それは、第一回伝道旅行の際に途中で脱落してしまったマルコを、再び随行させるか否かを巡る激論の結果であった。パウロにとってバルナバは恩人であり盟友であった。だのになぜ、こんなことでパウロはバルナバに譲歩できなかったのか。それは、パウロの厳しい妥協しない性格のゆえだったのか。それもあったであろう。しかし事の本質はもっと根深いところにあったのである。その謎を解く鍵は、ガラテヤ二章一三節の「そして、他のユダヤ人達も彼と共に偽善の行為をし、バルナバまでがそのような偽善に引きずり込まれた」にあると私は考える。つまり、エルサレムの使徒会議の決議（使徒一五章）にも拘わらず、ペテロやバルナバがユダヤ人クリスチャンに気を使って異邦人クリスチャンとの会食を避けたことは、「ただ信仰によってのみ」というキリスト教信仰の本質を揺るがす重大事であり、パウロにとっては絶対に容認できない事柄であった。

なぜペテロやバルナバは、このような信仰の真理をないがしろにしかねない曖昧な態度をとったのであろうか。恐らく、人々の心や人々の思いを大切にするあまり、神中心の立場に断固として立ち切れなかったからである。神学的言い方をすると、人本主義（ヒューマニズム）から十分に脱しきれず、人間の情に絡まれて、神本主義（神中心主義）に確固として立ち得なかったということになる。そしてこのような信仰姿勢は今日のキリスト教界全体を覆っており、それが日本の教会の復興と成長を妨げている最大の理由である、と私はみている。作家的想像力を発揮すると、パウロは〝アンテオケ事件〟（ガラテヤ二・一一―一四）を通して、このバルナバの弱さに直面して失望し、マルコを随行させるか否かの問題の中にも同じ事の本質を敏感に感じとり、あれほど強く反対したのであろう。やがてパウロと袂《たもと》を分ったバルナバは、使徒行伝の中から忽然《こつぜん》として姿を消していく。このことは、神の軍配はパウロに上がったことを意味している。

私と西山兄の激しい対立の根本的理由もここにあった。高砂教会に聖霊降臨をもたらすきっかけを作り、聖霊刷新の先頭に立っていた人物であったが、自らの内なる人本主義要素を払拭できなかったのである。やがて彼は反カリスマの急先鋒になり、私を糾弾する文章を書き、それをご丁寧にも活版印刷にして全国に配布するという暴走を冒していった（『百年史』八三四―八三八頁参照）。そこには、自分達を全面的に義とすることによって私を徹底的に断罪し、牧師失格者として貶《おとし》めて潰してやろうという強い敵意と悪意が込められていた。しかしその結果、この文章を書いた本人自身がやがて神の恵みから大きく引き離されていったのである。

時は流れて、その十一年後。新会堂が建ち上がっての三年目の一九九一年十一月、献堂三周年の祝いに西山兄が出席してくれた。そこで私は敬意を表して、彼に祝辞を請うた。すると彼はやおら立ち上がり、思いもかけないことを語り出した。「今日の高砂教会の祝福と繁栄があるのは私のお陰である。私が教会を分裂させていなかったならば、こんな立派な会堂は建たなかったし成長もなかった。私のような悪役がいてこそ、主役は輝くのだ。私はとんだ悪役を演じさせられてしまった」と。そこに居合わせた者達は皆息を飲んだ。何という途方もない発言、何という哀しい言葉だったことか。その発言の中に、彼の自らのしたことに対する深い反省と慚愧《ざんき》の思いを感じとり、私は心のなかで執りなし祈った。

二〇一五年の十二月九日、彼は突然天に召されていった。私は妻と共に葬儀に臨み、その冥福を祈ったのであった。

四十二　カリスマ刷新をめぐる七年間の戦い③

――挫折のなかで獲得した〝恢復〟の信仰――

最近のマス・メディアにおいて、「心が折れる」という表現がよく出てくる。昔はこのような表現はなかったように思う。「心が萎《な》える」とか「しおれる」とかという風に言われていた。「萎える」とか「しおれる」という表現は、今は希望を失って力が抜けた状態にあるけれども、やがて再生していくという思いが込められている。しかし、「心が折れる」という表現には、〝再生〟や〝復帰〟という希望がまったく失われてしまっている意味合いが強く打ち出されている。このような表現が多用されている背景には、挫折の中に込められている積極的意味を汲み取ろうとしない現代の日本人の精神力の衰えや、日本社会全体を覆っている「可哀想な人達に寄り添うのが正義」という風潮があると考えられる。

しかし、そのような風潮は〝亡国への道〟である。私の提唱してきた「日本民族総福音化運動」は、弱体化し続けている日本人の精神力と、それを助長しているマス・メディアなどの〝安っぽいヒューマニズム〟に抗して、キリストによる精神革命を通して、日本人に信仰による強靱な精神力を醸成することにより、日本を再生させようとする「救国」の運動でもある。そしてそのような運動の提唱者となるために、主なる神は、私をして何度もしぼませ、へこませ、そこから信仰によってもう一度立ち上がっていく体験を贈ってくれたのであった。そのなかでも、最も貴重だったのは、前項でも触れた新会堂建設途上でのカネボウ土地取得の挫折という出来事であった。

私が七万坪に及ぶカネボウ高砂工場跡地にできる新しい住宅街の中心部分に新会堂建設計画を進めていったのは、決して私の野心からではなかった。その詳細な経過については拙著『信仰の表現としての教会建築』をお読みいただきたいと願うが、その第一章の冒頭にあるように、「それは神の言葉から始まった」のである。「神からの言葉（レーマ）をいただくまで、決して床に着くまい」と誓って、机に向かって祈りはじめての十二時過ぎ、エゼキエル書三六章八―一一節の御言葉が私を襲った。私は感動のあまり泣いた。それは紛れもなく、明確な神の語りかけであり、ゴー・サインであった。かくて私は確信をもって神の意志を実行し始めたのである。しかし必死の努力にも拘わらず、土壇場であえなく葬り去られたのであった。その時の私の驚愕《きょうがく》と悲嘆は尋常なものではなかった。なぜならば、神御自身が始めるように指示されたことが、全力を傾けたにも拘わらず、なぜ挫折したのかという信仰的霊的困惑と苦悩に陥ってしまったからである。その時、私は初めて十字架上の主イエスの叫び、「わが神、わが神、どうしてわたしをお見捨てになったのですか」という沈痛な言葉の意味を理解することができた。

仏教学者として著名な鈴木大拙は、このイエスの言葉について「イエスという人物は大したことはない。死ぬ間際にあんな泣きごとを言うとは」と論評したということであるが、イエスの叫びの真意を本当に理解していたかどうかは極めて疑問である．イエスは決して死ぬのが恐くて、そのように叫んだのではない。天の父なる神の指示どおり歩んできたにも拘わらず、その正念場で神が沈黙しておられることに対する深刻な信仰的霊的困惑と苦悩に陥ったからにほかならなかった。その意味では、あの時、私自身も十字架に架けられる体験をしたのであった。

この時のことについて、現在牧師室第二秘書を務めてくれている松本美和執事は次のように述懐している。

「今なお、わたしの心のうちにはっきりと焼きついている光景があります。机に頭を伏して、全身の力が抜けて、魂も抜けてしまったのではないかと思われるほど落胆しきった牧師先生のお姿。イエスが、ゴルゴダの丘へと十字架を背負って歩まれた哀れな姿にも似て。

これは新会堂建設用地購入のビジョンがまったく絶望的になった一九八七年二月の臨時教会総会においての開票直後の光景です。反対者が喜び勇んでその場から立ち去ろうとするざわつきの中、このことは必ずなると信じて祈ってきた者たちにとってこの瞬間がどれほど長く感じられたでしょうか。まるで時間が止まってしまったかのようでした。すべてが悪魔の手の中、まさしく悪夢を見ている瞬間でした。

このお姿から今の牧師先生を誰が想像し得たでしょうか。権威に満ち、気品にあふれた、神様に従順であるがゆえに勝利の人生へと転換された輝かしいお姿を。」（「ヨルダンの河渡ろう――手束牧師と共に歩んだ二十年」七一―七二頁）

神の約束の土地を失った私は、深い挫折感と信仰的霊的混乱にうちひしがれていたが、それに拘泥している暇はなかった。総会で否決され、結果、購入が不可能になったことと、このために多大な協力と支援をして下さった方々に報告とお詫びのために回らねばならなかった。とても辛いことであったが、人間として牧師として、どうしてもすぐにしておかねばならないことであった。

まず、カネボウ不動産株式会社の常務取締役兼開発部長の木下義人氏のところに赴いた。私が総会の結果を報告し、土地取得が不可能になったことを告げると、木下氏は驚きの表情を隠さなかった。私は即座に土下座し、「申し訳ありません」と床に頭をつけた。「何をするんだ。やめろ」と彼は叫んだ。そして静かに言った。「先生、どうかソファーに座って下さい」。それから暫くの間、事の顛末を説明した。そのなかで、木下氏は思いもかけないことを私に語ってくれた。「先生に最初にお会いした時、自分はこの若い牧師（当時三十三歳）のために何かをしてやらなければならないという気持ちに不思議にも襲われたんですよ。ですから、私にとっても今回の結果は本当に残念です」と。その言葉を聞いて私は、木下氏に対して感謝の思いと共に申し訳ないという思いを一層募らせたのであった。

しかし後日物語がある。翌年、毎日新聞が〝シリーズ「宗教」―カリスマ運動―〟という連載で高砂教会を取り上げた時に、電話をかけてこられて大阪でお会いした。「実は私も軍隊時代不思議な体験をして、助かったことがあるんですよ。それも、先生のいう神の超自然的な介入だったのかもしれない」などと話をしてくれた。また現会堂が建った時（一九八八年十一月）には、わざわざ見に来られ（落成式は都合が悪くおいでになれなかった）、私が留守中だったので、帰り際、祝いの言葉と共に祝い金を置いていかれた。更に二〇〇〇年に高砂文化会館での「高砂教会百周年記念祝典」にもおいで下さり、国内から教会員も入れて四百名以上、その上外国からも百名以上の来賓がきて盛大に催されている有様を見て、「先生は大した人ですね。お会いできてよかったです」と言い残して帰っていかれた。私の方こそこの方とお出会いできてよかったと、今でも主に感謝している。七、八年前、訃報の通知を奥様から年賀状の返信でいただいたが、豪放磊落《ごうほうらいらく》な人柄を偲びつつ、亡くなる前に、お会いできなかったことを悔やんだ。

そのほかにも、高砂市議会議長だった柳川猛氏や高砂市総務部長だった長谷川茂氏などのお世話になった方々に報告とお詫びに回った。お二人とも、「ワー、残念ですね」と我がことのように口惜しがってくれた。その姿を見るにつけ、「神が始められたことが、なぜこのように挫折したのか」という疑問がいよいよ深まり、私を苦しめた。賛成派だったある方などは「神の啓示だと牧師先生が言うから信じてついてきたのに、なぜこうなったんですか」とあからさまに不信の言葉をぶつけてきた。私には応答すべき言葉がなかった。その時期の私は、神の賜物として授かった愛し子イサクを捧げねばならなかったアブラハムにも似て、「なぜなのだ」「どうしてなのだ」と何度も何度も心のなかで叫び続けた。

そこで私は聖書を貪り読むことによって、その解答を探しまわった。そして遂に神からの応答（レーマ）がやってきた。イザヤ六一章七節を読んだ時、私の身体にビリビリと電流が走った。それは次のような神の語りかけであった。

「あなたがたは、さきに受けた恥にかえて、二倍の賜物を受け、はずかしめにかえて、その嗣業を得て楽しむ。それゆえ、あなたがたはその地にあって、二倍の賜物を獲、とこしえの喜びを得る」

そうだったのか。そうなのか。あの神の約束は反故《ほご》にされたのではなかった。一見、反故にされ、それゆえに大きな屈辱を蒙ったかのようにみえたが、しかしやがて二倍の賜物となって返ってくるのだ。「主よ、感謝します。一度約束したことを必ず果たされる尊い御名を誉め称えます」と讃美していると、いい知れぬ喜びと力が心の内に溢れてくるのであった。かくて、私の信仰的精神的危機は克服されていった。そして今、私達の会堂は新しい住宅街の中心部分に建つことはできなかったが、高砂市の中心部分に建っているのである。それも、当初の三百坪の予定地をちょうど二倍以上上回る六百坪の土地を擁して。まさにイザヤ六一・七の御言葉は今や完全に成就したのであった。しかも他にも広大な土地の上に建つ納骨堂と牧師館兼迎賓館のプレミアムがついてである。

そしてこのことは、単に教会堂にまつわる事柄においてだけ適用されていったのではなく、私と高砂教会の様々な事柄においても適用されることになったのである。即ち、私や教会がある時何か大切なものを失ったとしても、それはやがて二倍となって（時には何倍にもなって）返ってくるという確たる信仰が私の内に醸成されたのである。「恢復の信仰」といってもよい。〝回復〟ではない。〝回復〟というのは失われ損なわれたものへの現状復帰を意味する。しかし〝恢復〟という場合、失ったものが現状以上のものとなって返ってくることを意味している。まさにキリストの復活がそうであった。「キリストが復活した」ということは、何も十字架上で死んだナザレのイエスが、もう一度肉体的に生き返ったということではない。それでは回復（原状復帰）にすぎない。そうではなく、霊の体として甦り、「神の右に座す者」となったということである。つまり、ナザレのイエスは復活を通して、神と等しい地位に就き、キリスト（救い主）となったということである。

するると、カネボウの土地が教会総会で否決された日の夕拝の席上、松本（当時は門脇姓）美和姉と内海（当時は豊田姓）なお美姉の二人が突然〝復活〟の預言をしたことと辻褄が合う。それは失われたカネボウの土地の回復を預言したのではなく、霊的精神的物質的な意味において、やがて高砂教会に大いなる恢復が起こることを預言していたのである。それはやがて西畑牧師館の確保と伊保東の牧師館兼迎賓館の建設、更には分裂によって去っていった人々の数よりも何倍もの人々が増し加わりつつある教会成長において、はたまた霊的祝福の著しさにおいて、十分に確証することができるであろう。

以後私には、失敗とそれに伴う損失や喪失に直面しても、決して失望することなく、必ずやこのことがやがて何倍にもなって戻ってくるという強い信仰が生まれた。このことは、私の人生にとっても教会にとっても果てしなく大きな力となっていったのである。それにより、私がしぼませられ、へこませられればられるほど、主なる神は新たな扉を開き、私をして新たなるステージへと引き上げてくれたのであった。

四十三　カリスマ刷新をめぐる七年間の戦い④

――牧師館建設問題で露呈した信仰の根深い対立――

新会堂建設の夢に挫折した私は、続いて牧師館建設のプロジェクトにも思わぬ挫折を見た。まさか、牧師館建設まで潰されるとはまったく予想しなかった。というのは、牧師館建設の提案と共に、〝地元グループ〟の人達は教会を去っていき、これまで教会堂建設のプロジェクトを共に推進してきた〝近代化グループ〟の人達だけが残っていたからである。この〝近代化グループ〟の人達は労働組合運動の経験者も多く、日頃から「人権尊重」とか「生活向上」とかを声高に叫んでいた人達であったので、高砂教会牧師館の劣悪な状況をそのままにしてよいとは思っていない人々だと考えていたからである。

ところがである。なんとその彼らが〝牧師館建設〟には反対してきたのである。教会の後部にある牧師館の一階は、日曜日になると、教会学校やナースリー室として使用され、トイレも牧師家族と教会員の共用となっていた。二階に続く階段は、住宅としては考えられないような長い急な階段となっており（なぜそうなっているかというと、牧師館の二階が礼拝堂の高い天井の上に位置していたからである）、まだ幼い子供達には極めて危険であり、事実時として足を滑らせて怪我をしたのであった。以前ここに居住していた妊娠中の牧師夫人がこの階段を昇降しているうちに足を踏み外して落ち、流産したことがあったということであるが、果たせるかな、美智子にも同じようなことが起こった。それは、娘の恵満がお腹にいて、八カ月が過ぎた頃のことであった。ダダ……ドーンという大きな音がしたので驚いて飛んで行くと、大きなお腹を抱えた美智子が階段下でうずくまっていた。上から二、三段のところから滑り落ちたのであった。「不幸中の幸い」というのは、まさにこういうことをいうのだろうか、ちょうど子供の滑り台のように背中でこすりながら落ちたので、母胎は守られたのであった。もしそうでなく、転げ落ちていたならば、流産はいうまでもなく、妻も重傷を負っていたか、悪くすると死を招いていたかもしれない。そんな危険な階段であった。

その上に、二階は（一部屋は私が書斎として使い、もう一部屋は妻と子供達の寝室となっていたが）雨漏りがひどく、豪雨の晩などは洗面器などをあちこちに並べなければならず、一晩中起きていなければならなかった。こんな酷い有様だったので、牧師館建設に反対する人など誰もいないだろうと、私は高を括っていたのである。しかし、そのような観測はまったく甘いものであることが間もなく判明したのであった。

〝地元グループ〟の人達の捨て身の脱会行動は、知らないところで古参の人達に大きな影響を与えていた。特に〝地元グループ〟の人達との人間的なつながりの大きかった人々は、彼らに対する同情と、カリスマ路線によって若い人達が次々と加わり、教会がどんどん変わっていくことに対する莫たる恐れが生じていたのである。かくて役員会の中でも、西山敏和兄や小嶋田美子姉（医者の奥さんで、〝地元グループ〟の人々と絆が深い）、大西稔男兄が反対をし始め、前項のカネボウ土地購入の時と同様に役員会は真っ二つに分れた。そこで、神学生であったが青年達から支持されて役員に選ばれていた浅原修一兄は、若者らしい義憤に駆られて怒鳴った。「あなた方は牧師館がどんなに酷い状態か知っているんですか。私は以前雨の日に泊まって、ビックリしましたよ。あなた方も一度泊まってみたらどうですか。牧師先生に対して、こんな酷い扱いをしていて信徒として恥ずかしいと思わないのですか」。ムッとして西山兄も怒鳴り返した。「君、言葉を慎んだらどうだ」。しかし浅原君は怯《ひる》まず言い返した。「言葉を慎めですって。あなたこそ慎んで下さい。先ほど、あなたは牧師先生に向かって〝あんた〟呼ばわりしたでしょう。〝あんた〟とは何ですか、〝牧師先生〟と言って下さいよ」。

実は、この激しいやりとりの中に、牧師館建設問題の本質が露呈していたのである。それは、「牧師とは何か」という極めて重要な神学的議論と絡まっていたのである。

一九七〇年頃、キリスト教会でも起こった造反運動のなかで、ルターの「万人祭司説」を歪曲化した「牧師専従者論」とでもいうべき俗論が横行したことがあった。ちょうど、労働組合事務所にいて、組合活動に専念し、その代償として組合からサラリーをもらう活動家と同じような立場が、〝牧師〟という職業だという主張のことである。このような俗論が浸透したせいか、今でもまるで労働組合の専従者のようなタイプの牧師も少なからずいる。その結果はというと、牧師に対する信徒達の尊敬の念は薄れ、一応「先生」と呼ばれはしても、まるで牧師は信徒から雇われている仕え人にすぎず、それゆえに信徒に（特に役員に）気に入られないと追い出される憂き目に遭うこともしばしば起こることになったのである。まさしく、私が着任した頃の高砂教会がそうであった。

このような「牧師専従者論」は極論であるとしても、日本では牧師は清貧に甘んじるべきだという根強い観念が定着している。こんな牧師のイメージによるならば、牧師が人並み以上の家屋に住むなどということは、あってはならないことであり、ましてや牧師自らが牧師館建設を提案することなど言語道断の事柄であった。彼らに愛が欠如していたわけではない。歪んだ牧師像に執着をしていただけである。妻の父三島実郎牧師もよく言っていた。「牧師とは高等乞食だ」と。しかし私は、霊的な眼が開かれ、更には韓国に赴いて〝霊的キリスト教〟に触れることを通して、日本の教会にあまりにも深く浸透している「高等乞食としての牧師像」に強い疑問を抱くようになった。そして遂に、真実な牧師像に辿り着いたのである。

それは、牧師とは神学を修得した専門家というだけでなく、神から選ばれて〝油注がれた者〟として立てられた人物だということである。この点については、前にも書いているので多言を弄しないが、要は、牧師の雇い主は神御自身であり、決して信徒ではないということである。それゆえに牧師の背後には神御自身がいるのであり、神がその牧師をドライブしているのである。そこで、もし牧師が神のドライブに従わないならば、神からの厳しい取り扱いを受けることになり、逆に神のドライブを受けている牧師に信徒達が逆らうならば、今度はその信徒（達）が神からの対処を受けることになるということである。ただし、これは油注ぎをいただいている牧師だけに当てはまるものであり、油注ぎを受けていない牧師については、この限りではないかもしれない。

かくて、歴史上最初に油注がれた人物として聖書に記されているアブラハムに対し、主なる神は告げる。「あなたを祝福する者をわたしは祝福し、あなたをのろう者をわたしはのろう」（創世記一二・三）と。また主イエスも弟子たちに約束する。「私の弟子であるという名のゆえに、この小さい者のひとりに冷たい水一杯でも飲ませてくれる者は、よくいっておくが、決してその報いからもれることはない」（マタイ一〇・四二）。

やがて牧師館建設問題もカネボウ土地購入問題と同じように次第に難航し始めた。約四カ月間の審議を経ても役員会はまとまらず、前回と同様に、表立ってではなかったが、裏で反対運動がなされつつあった。その頃になるとさしもの楽観主義者の私も、容易ならざる事態に陥っていることを察知し、祈りの日々が続いた。そんな中で、またもや主の語りかけがやってきた。それは何と車中で起こったのである。その時のことについて、私は教会月報一九八〇年四月号の「牧師の日記」の中で、次のように記している。

「帰りの電車のなかで、今日の神学校の始業式における溢れる聖霊の恵みに感謝の祈りをしていた時、主は不思議なことを語る。『牧師館建設は教会総会において阻まれる。しかしあなたは自分で牧師館建設を進めなさい』。『けれども主よ、私にはそれだけの経済力はありません』。『私は一人の姉妹の口をとおしておまえに語ったではないか、〝前へ進みなさい。行くべき道はわたしが示す〟と』。『わかりました主よ。お言葉どおりにいたします』。何ともいえない深い平安と喜びが私の心を満たす。」

この主の語りかけがあってから五日後の一九八〇年三月一六日（日）の礼拝後、運命の時がやってきた。「牧師館建設の件」についての臨時教会総会が開催され、暫しの議論の後に、投票がなされた。結果は賛成二十七票、反対十四票、保留一票。三分の二（二十八票）にわずか一票足りず否決。前回のカネボウ土地購入の件に勝ってあまりにも劇的な幕切れとなった。「主よ、あなたの言われたとおりにいたします」と呟いた私は静かに立ち上がって、牧師館は自分が購入する旨を宣した。その刹那「やめろ」と大声で遮ってきた人物がいた。馬道未寿兄であった。彼は役員会でも長浜正義兄、浅原修一兄と共に賛成派の一人であった。しかし直感力の鋭い彼は、このままいくと教会はとんでもないことになるかもしれないという予感を抱いたようだった。しかし構わず私は続けた。満場は唖然として静まり返り、ただ女子高校生達のすすり泣く声のみが聞こえた。

だがほどなく、賛成派の一般信徒達の中から、再度臨時総会の開催を要求する署名運動が始まった。その署名数は総会での賛成票を上回る三十四名にのぼり、役員会に提出された。署名者の人々にとって、三分の二に一票足りないなどというのは何かの間違いであり、しかも本来教会が用意すべきものなのに、手束牧師単独で牧師館を購入するなどということは、あまりにも気の毒で見るに忍びないという思いであったのであろう。しかしその根本には、牧師像を巡る対立、即ち牧師を聖書や神学の専門家を信徒が雇い入れた「専従者」とみなすか、あるいは、神によって立てられた〝油注がれた者〟とみなすかという対立があったのである。その対立は、もっと遡るならば人間中心の信仰（人本主義）か、神中心の信仰（神本主義）かの対立でもあったのである。両者の対立は、同じキリスト者といってもいわゆる〝水と油〟であり、いくら話し合っても融合することが難しく、遂には分裂せざるを得ないものであった。

このことを逸早く理解し、私をかばって戦ってくれたのが、浅原修一神学生だった。彼は元々は加古川ルーテル教会員であったが、カリスマ的信仰に魅かれて讃美夕拝に参加するようになり、やがて高砂教会に一九七八年に転入会をしてきた。その時の彼の口上は、「私は手束先生のカリスマ運動が本当だと思います。どうか弟子にして下さい」であった。彼は私よりちょうどひと回り歳下であったが、若いにも拘わらず、しっかりした人物であり、カリスマ的信仰を急速に身につけていき、私のよき助手となるようになった。ギターを巧みに弾きこなし、ワーシップ礼拝を上手に導き、高校生や青年達を丹念に指導し、まとめ上げていった。彼の指導を受けていた高校生のひとりが、現在主任牧師の新谷和茂師である。その意味で彼は、動乱の時期の高砂教会を支えるべく、神が送り給うた人物と言ってよい。その時期の彼の働きの大きさは、評価しても評価しすぎることはない。私も妻も彼の働きに感心し、全面的に信頼していった。しかしここに油断があり、サタンは彼を巧みに誘っていった。

若いということは、純粋であり、ついつい過激に走り易い。やがて彼はラディカルなカリスマ運動を主張する「リビング・ワード」という団体に魅かれていき、同時に異言を主張する仏教系の新宗教のテープを聴くようになった。彼の顔から、当初の聖い面影は急速に消え、暗く苛立った表情に変わっていった。「どうしたんだろう」と心配していたある聖日礼拝の最中、突然に霊の目が開かれて、彼の頭の上から黒い煙のようなものが出ていて、教会全体を汚染している情景が見えた。「何ということだ」という思いに打ちひしがれて間もなく、彼は教会を去っていった。「立つ鳥跡を濁さず」の諺を地で行くように、批判的言辞を一切封印して静かに去っていった。それが、彼の私に向けてくれた精一杯の恩義の証であったのだろう。今でも彼のことを想い出すたびに、懐かしさと共に、哀しい思いに捕らわれてしまうのは、なぜなのであろうか。

四十四　カリスマ刷新をめぐる七年間の戦い⑤

――見事な神の御計らいを見よ――

私の神学生時代、有為な神学生達はニューヨーク・ユニオン神学校で学ぶことに憧れを抱いていた。その頃の学長はヴァン・デューセンという方であり、パウル・ティリッヒの弟子にあたる碩学《せきがく》であった。そのヴァン・デューセンが、一九六〇年代の初頭、ジョン・シュリルという雑誌記者の質問に答えて、次のような衝撃的な発言をしたという。

「つまり、聖霊を強調しているペンテコステ・ムーブメントは、単にリバイバルの一つであるにとどまらず、現代における一つの革命だということです。これがどれほど重要かというと、この革命が初代の使徒による教会設立やプロテスタントの宗教改革にも匹敵する革命であるといえば、お分かりになると思います」（ジョン・シュリル『異言を語る人々』）。

「カリスマ刷新をめぐる七年間の戦い」のさ中、このくだりを読んだ時、私の心は上気した。「そうか、そうなのか」と何度も心のなかで呟いた。アメリカの最高の知識人のひとりが、世界中を旅行して、ペンテコステ運動を冷徹な神学的眼で視察した結果下したこの結論に、私は震える思いで頷《うなず》いた。というのは、高砂教会のカリスマ刷新を提起するなかで、私が直面したのは旧い信徒達の激しい反発だけではなかった。外部の牧師達の容赦ない批判攻撃にもさらされることになった。これには教会内反対者達のロビー活動によって、間違った状況が流布されたということもあるが、その根本には人本主義（ヒューマニズム）に則った当時の教団の社会派的行き方への強烈なアンチ・テーゼとしてのカリスマ刷新運動に対する強い反感があった。特に、高砂教会前任者の二人の牧師、魚住せつ師（一九六一年—一九六二年代務者）と西原明師（一九五五年—一九六四年）の私への攻撃は熾烈を極めた。魚住せつ師の場合、播州地区の牧師会での私への面と向かった批判攻撃では収まらず、自らの牧する姫路和光教会の「百年史」において、五ページにわたって〝手束批判〟〝カリスマ批判〟を書き綴るという非常識ぶりであった。しかもその記述内容たるや事実誤認と誹謗に満ちたものであり、私は公的文書に記述されたものであるがゆえに看過してはならないと思い、姫路和光教会（当時の主任牧師は魚住師の娘婿渡辺建治師）に厳しく抗議すると共に、「和光教会百年史」の全面的回収を求めた。以来、二年半にわたって往復書簡による論戦がなされ、一九八七年一月十日に妥結を見たのであった（『高砂教会百年史』五〇八—五〇九頁、八三九—八六九頁参照）。

他方、西原明師もまた露骨に介入をし始め、既述したカネボウ土地購入にあたっても、賛成していた旧い信徒達を説得して反対派に転向させる工作などを行った。更にまた、紛争の最中、毎日新聞が「シリーズ宗教」欄でカリスマ運動を推進する高砂教会を好意的に取り扱ったことが気に入らなかったようで、私に対する様々なざん言を取材記者に語ったという。何とかして私を貶めたいという執念を見る思いである。

なぜ彼らは執拗なまでに他教会への内政干渉という、牧師同士の信義にもとる行動をしてはばからなかったのであろうか。私はそれまで彼らへの悪口の一つも言ったことはない。むしろ丁重に扱ってきたつもりである。収穫感謝日には、感謝の手紙と共に金一封を贈ったこともあった。だのになぜ彼らは不当な攻撃をして私を苦しめ続けたのであろうか。この点について、ある時種谷俊一牧師に怒りをもらした時、種谷牧師は即座に答えた。「彼らのヒューマニズムが君のカリスマ的信仰に反発したのであろう」と。そしてこの短い言葉の中に、事の本質が見事に言い表されていた。それはまさに前項でも指摘した人間中心の信仰（人本主義）か神中心の信仰（神本主義）かの対立であり、同じイエス・キリストを信じる者同志といってもとうてい和合できない性質のものだったのである。

そのため、ヒューマニズム的信仰の立場から見ると、カリスマ的信仰というのは、人間の常識を超えた〝神の啓示〟を振りかざしてくる無謀なあり方のようにしか思えなかったであろう。更にその上、魚住牧師も西原牧師も旧い信徒達との肉的な絆が強かった。恐らく自分の子供ないしは弟分や妹分のような気持ちがあったに違いない。それゆえに、彼らが苦しんでいるのを見過ごしにはできないという思いがあったことは容易に想像することができる。彼らにしてみれば、自分達が折角作り上げてきた教会を、とんでもない方向に曲げてしまおうとしている手束の所行は赦せないという憤りがあったことは確かである。彼らにとっては、私という人間は「カリスマ」などという胡散臭《うさんくさ》いものを導入して、自分達が育てた古参の信徒達を苦しめ、追い出してしまう悪党のように映っていたことであろう。それゆえに彼らの言動は、牧師としての良識を大きく超えた不埒《ふらち》極まりないものとなっていった。

その頃、日本ではまだ〝カリスマ運動〟という言葉さえほとんど知られていなかったがゆえに、私の推し進めようとしていた聖霊刷新の働きは、異端とさえみなされていた。そのため、旧い教会員ばかりか、多くの牧師達が反対派に味方したのはやむを得ないことであっただろう。今になれば、このように余裕をもって考えることもできるのではあるが、まだ若かった私は、思わぬ信徒達の造反や何人もの牧師達のヒステリックな批判・攻撃に悩み苦しみ、しばしば意気阻喪し、落ち込んだ。そんな中で、冒頭のヴァン・デューセンの言葉は、私にある決意を与えた。「カリスマ運動が〝神の革命〟であるならば、革命には必ず批判・反発はつきものである。だから反対を受け攻撃されるのは仕方のないことなのだ。ならば、これに耐えて、戦っていくしかない」。

このことを悟った私は、神学という共通の土俵のなかで、彼らと対決することを決心した。それは同時に、魚住牧師や西原牧師が反対派の信徒達に説いてきた論拠を神学的に論駁《ろんばく》することにより、迷っている中間派の信徒達をこちら側につけることをも意図していた。かくて私は、一九七七年四月から教会月報を発行し始め、そこに「カリスマ運動とは何か」という論考を書き綴っていったのである。それは文字どおり、ペンによる戦いであった。反対派の背後にいて反対派を動かしている牧師達との戦いであり、中間派の信徒達の争奪の戦いでもあった。教会内外の反対派との口頭による激しい応酬の合間をぬって、私は懸命に書き続けた。それは同時に、私自身に対するカリスマ刷新の正当さを納得させていく理論武装でもあった。六年後、紛争が終わりを遂げて書く必要がなくなった時、私は筆を折った。そして用済みとなった月報は、教会の資料の一つとして教会の資料棚に保管されて終わるはずであった。

だが、そこにも神の驚くべき恩寵の御手が働いた。この論考がその三年後、キリスト新聞社により一冊の書物として世に出されたのである。『キリスト教の第三の波――カリスマ運動とは何か』という表題の下に。この表題はかのヴァン・デューセンの発言にヒントを得ている。何とこの本は、出版されるや否や予想を遥かに超えて、どんどんと売れていった。三カ月後には売り切れ、増刷となり、やがて一万部を突破していった。クリスチャン人口の少ない日本では、「神学書はよく売れて三千部」といわれている。そんな中で、勇断をもって本書を出版してくれたキリスト新聞社に恩返しができたことを喜んでいる。特に、本書出版のために尽力して下さった中村克己出版局次長への感謝の念は、今でも心の中に深く残っている。

国内でよく売れただけではない。日本語を読む人の多い台湾でも読まれるようになり、それが契機となって台湾伝道旅行に赴くようになった。そしてこの台湾との出会いは、私の人生にこれまた大きな転機をもたらすことになったのである。どのような転機であったかについては、後の機会に詳述したい。

ところで、私は前に〝悪役を演じさせられた男の悲哀〟として西山敏和兄のことを書いている。高砂教会分裂の旗振りという悪役を演じることになってしまった彼の存在が、却って今日の高砂教会の繁栄と成長をもたらすことになったという逆説の祝福である。そして今回の場合も、魚住せつ牧師や西原明牧師の私に対する常軌を逸した執拗な攻撃が、『キリスト教の第三の波』を生み出し、却って日本のカリスマ運動を推進させることになったという逆説の祝福をもたらしているのである。

こう考えていくと、神の摂理の不思議と凄さを覚えざるを得ない。著名なカトリックのシスターである渡辺和子さんは、摂理ということばを「神の御計らい」と言い直しておられるが、誠に適切な表現である。ただ私は「神の御計らい」という表現の上に、「人間の悲劇や不幸をも逆用して遂行される」という形容詞を入れたい。その意味では、教会内の反対派の信徒の方々はもちろんのこと、教会外からの批判・攻撃を容赦なく加えてくれた牧師達の存在も、『キリスト教の第三の波』を世に出すことに大きな役割を負って下さったことになる。その結果、日本におけるカリスマ運動の推進のために多大な貢献をすることになったのである。ならば、彼らこそ私に最大の協力をしてくれた方々なのであり、いくら感謝してもしすぎることはない。決して皮肉な思いからではなく、「有り難うございました」と心から礼を言いたい気持ちである。

けれども正直いって、当座は彼らの批判・攻撃には大いに閉口し、苦悶し、長い間、胃や十二指腸の痛みに堪えながら牧会の業をしなくてはならなかったのも事実である。今でもその後遺症がある。そんな中で、少数ながら励まし支えてくれた方々もいた。どんなに勇気づけられたことだろうか。

教区レベルでは、神学部のクラスメートだった東島勇気牧師（当時、神和教会牧師）だった。「おまえのことをこんな風に言う奴がいるが本当か」と何度か訪ねてきて聞いてくれた。私が説明すると、「よし分かった。俺が黙らせてやる」と教区常置委員会の席上で私を庇《かば》い、不当な発言者に対しては大声で論難してくれた。牧師の子として生まれ育った彼は、「手束、気にするな。おまえに対するやっかみだ。牧師というのは嫉妬と偏見の塊なんだから」と笑いながら励ましてくれた。彼は〝勇気〟という名前の如く、剛気で友情に厚い人物である。

播州地区にもいた。私と同じ年の一九七三年に網干教会に就任してきた指方周一牧師である。確か私よりも二歳ほど年下であったが、先輩風を吹かして、新人牧師を意のままにしようとする古参牧師に対しては、臆せずはっきりとノーを突きつけた。彼もまた高砂教会の内紛に不当に首を突っ込もうとする人々に対して、「内政干渉はやめるべきだ」とはっきりと抗議の意を表した。やがて高砂教会が分裂して、加古川市に「はりま平安教会」ができた時、彼は地区牧師会の席上で、声高らかにこう語った。「手束先生は実に偉い。長年地区全体の懸案だった『加古川に教団の教会を』というビジョンをたったひとりでやってのけてしまったんだから」。この思わぬ発言に、高砂批判をしていた牧師達は下を向き、それ以外の牧師達はなるほどとばかり肯き、私はひとりその温かい言葉を噛みしめて感動にむせんだのである。

二人共決して私のカリスマ的信仰に共鳴していたわけではない。しかし、牧師のくせに陰で企み、一牧師が信念をもって懸命にしようとしていることに足を引っ張ろうとする輩の卑劣さを嫌ったのであろう。東島牧師にしろ指方牧師にしろ、男気のある心根爽やかな人達であり、彼らを想い起こすたびに、私の心は懐かしさと共に嬉しさに溢れるのである。彼らもまた、図らずも日本における聖霊の働きを推進してくれていたのである。何という見事な神の御計らいであっただろうか。

四十五　カリスマ刷新をめぐる七年間の戦い⑥

――「苦悩の冠」を経て戴いた大きな財産――

さて、話を牧師館建設問題に戻そう。教会総会にて、三分の二にたった一票足りずに否決されたことに反発した人々は、再度臨時総会を開催するよう、賛成票の二十七票を上回る三十四名の署名簿を役員会に提出したことについては先述した。この建議書を巡って役員会はまたもや紛糾して、賛否同数となり、議長である私が裁決することになった。そこで私は臨時総会を開催しないことに裁断した。それは、再度臨時総会を開けば、きっと牧師館建設は通るであろうが、そうなると反対派の人々は教会を去るかもしれないという危惧があったからである。その上、私は「あなた自身で牧師館建設を進めなさい」という主の語りかけに従わなければならないと思ったからである。かくて私は自らの手で牧師館建設を実現すべく走り出したのである。

私が牧師館を建てたいと願った場所は、あの失われたカネボウの土地の一角においてであった。私にとって、あの土地は神の約束の地であった。ユダヤ人達が神の約束してくれたカナンの地にあくまでもこだわったように、私にとっても失われたあのカネボウの土地はあくまでも神の約束による〝聖なる地〟であった。そしてその〝聖なる地〟に兵庫県がモデル的住宅を建設し始めていた。その住宅の一軒を牧師館として購入したいと私は切に願った。しかしすぐに壁にぶつかった。私の所得が低くて銀行が融資してくれないことが判明したのである。「さていったいどうすればいいのか」と私は煩悶《はんもん》し、必死に祈った。その時、またもや神の恩寵の手が働き始めたのである。

「それなら、兵庫県の副知事を紹介するから、お願いしたらいい」と、当時阪南大学経済学部教授として兵庫県の仕事をしていた藤井勝也さんが、私を兵庫県庁の副知事室に連れていってくれた。私の事情を一通り聞いた副知事はすぐに住宅部長を部屋に呼び、「この牧師さんが、高砂に今建設中の住宅の購入をしたいと願っているので、便宜を図ってほしい」と指示をすると、「分かりました」と住宅部長は答えた。すると間もなく、不可能と思っていたことが可能となっていったのである。私はこの経験を通して、行政府のトップの持つ権限の凄さをまざまざと見せつけられ、人間社会の裏に潜むからくりを知って、ただただ驚嘆したのであった。そしてこの時、主イエスの言葉「この世の子らはその時代に対しては、光の子よりも利口である」（ルカ一六・八）を思い出したのである。

かくて、牧師館購入の目処が立ちホッとしたのも束の間、定期教会総会前日の四月二十六日、牧師館建設に反対した人々二十三名連記による「脱会文書」が届けられてきた。再度臨時総会を開催しないことに裁定したにも拘わらず「なぜこうなるんだ」と私は大いに憤り困惑した。このタイミングで「脱会文書」（『高砂教会百年史』四五九―四六一頁）を突きつけてくるのは、何か大きな企みが隠れているとしか思えなかった。翌二十七日の聖日礼拝説教で、わたしは第一テモテ四・六―一〇の個所から「信心のための自己訓練」と題して語った。その中で私はオットー・ブルーダーの『嵐の中の教会――ヒットラーと戦った教会の物語』を取り上げた。ナチス政権下のドイツにおいて、小さな村の教会に就任してきた若きグルント牧師は、聖餐式の席上会衆に向かって厳しく迫った。「ナチスの教会支配に服すか、あるいはイエス・キリストこそ真の教会の主であると告白するか。こう告白する者のみ残って聖餐に与って下さい」と。すると、何人かの人達は教会を去っていった。このくだりを語った時、なぜかドッと涙が溢れた。その時私は、決意を固めた若きグルント牧師と、まだ三十五歳だった私の決意とを重ね合わせていたのかもしれない。

その午後に開かれた定期教会総会は、教会の中心的メンバーが去り、寂しく重苦しいものとなると思いきや、不思議にも逆であった。解放感と喜びで満たされ、聖霊が著しく働いているのが分かった。その時のことを、私の教会の最大の山場に苦労を共にし、最もよく支えてくれた上野博兄は次のように述懐している。

「いよいよ総会が始まる。出席メンバーはいつもきている明るい信徒ばかり。総会の時だけ出没する隠れキリシタンなど一人もいない。讃美夕拝のように手を叩いて歌い叫ぶ。清々しい高砂教会の再出発であった」（『ヨルダンの河渡ろう』五五頁）。

けれども、このような分裂の事態を心配した種谷牧師から呼び出しがあり、是非共第二次脱会者達（ロバの会と称していた）と話し合い、何とか和解の道を見いだして欲しい旨の強い要請があった。そこで私は五月十八日にロバの会の代表者達、即ち西山敏和兄、大西稔男兄、小嶋田美子姉、松田徹兄、山下繁兄と面会の時を持った。その場で、私は前夜練りに練って「これならばいける」と考えたギリギリの譲歩案を提示した。そして「是非この案を了承していただき、これからも一緒にやっていただきたい」と頭を下げた。しかし「ロバの会」の代表者達はそんな案では問題にならないとばかり拒絶してきた。「ならばいったいどうしたらよいというのか」と思った私は、彼らの狙いがどこにあるのかを漸《よう》く悟った。私の推察を代弁するかのように、谷口兄や上野兄は「結局、あなた方は手束先生を辞めさせたいんでしょ」と激しく反発した。「そんなことはない。われわれは手束牧師の牧会姿勢を根本的に改めて欲しいだけだ」と彼らは反論した。彼らのこの言葉を信用するならば、彼らの狙いは、まず第一に、その時私個人で進めている牧師館建設をやめさせることであり、第二に聖霊刷新運動をこれ以上進めさせないということに帰結するように思えた。しかしこの二つ共、神の啓示（オプタシア）に背くことであり、主が私達の教会に抱いている計画をぶち壊すことを意味していた。それゆえに、私にはとても受け入れ難いものであった。だが彼らの強行な姿勢の背景には、自分達が教会を出たらたちまちのうちに教会財政は破綻するに違いないという確信と、その結果折しも自費で牧師館を建てようとする手束牧師の目論見は必ずや崩れるはずだ、だから手束牧師とそれを支持する者達も、遂には自分達の前に下るほかはないのだ、というしたたかな計算があったのであろう。それに加えて、多くの牧師達は自分達の味方をしてくれているという自信を持っていたに違いない。

この私の推測を裏書きする出来事が次の瞬間に起こった。意を決して私は、「仕方がありません。それではお別れいたしましょう」と会見の終了を宣言した。その刹那だった。反対者達は「えっ、こんなはずでは」とばかり互いに顔を見合わせた。彼らは呆然として立ち上がり、小嶋田美子姉は「もう高砂教会に来られなくなる」と呟き、泣きながら部屋を出ていった。よほど、高砂教会を愛しておられたのであろう。他の反対者達と違って、幼い時から通っていた教会を出て行かなくてはならないという冷然たる現実の前に、いくら自分自身がそう仕向けたとはいえ、耐えがたい悲しみに襲われたのであろう。その涙のうちに去っていった姿には、さすがの私も惻隠《そくいん》の情を禁じ得なかった。そして今から十四年前、二〇〇三年の七夕の日、彼女はがんで召天していかれた。高砂市民病院に入院しておられるという報に接した私は、かつて小嶋医院で看護師をしていた教会員の荒木徳美姉を通して、早速にお見舞いの花束を贈ったのであった。「田美子先生がお礼をおっしゃってました」という報告をもらったのだが、果たして、その心にはどのような思いが去来していたのであろうか。

かくて、高砂教会をこれまで支えてきた中心的な人達はすべて去っていき、後に残ったのは、そのほとんどが主婦と若人達であった。前年の暮れに脱会した〝羊の会〟は十一名、〝ロバの会〟は二十三名、それに続く数名が加わって約四十名が去り、彼らはやがて合体して、一九八二年、加古川市に「はりま平安教会」を設立していった。他方、高砂教会に残留した人達の中にも動揺が起こり、数名の人達がいつの間にかいなくなった。そしてちょうど四十対四十で両者は新しく出発することになったのである。それは両方の群にとって、険しい荒野の時代への突入を意味した。実はこの苦難の時代こそ、高砂教会にとっては「星の時間」（ステファン・ツヴァイク）であり、この時期を通して、活きて働き給う神を如実に体験したばかりか、将来の高砂教会の復興と成長をもたらす数々の知恵と悟りが与えられた貴重な時であり、教会が真の教会になるためにどうしても通らなくてはならない必要な時だったのである。ヴィクトール・フランクルはそのあまりにも過酷なアウシュヴィッツ強制収容所の体験を通して、外面的な苦難がいかに人間の内面的成長を促すかという「苦悩の冠」を説いてやまないのであるが、まさにその如く、私の若き日の苦難の体験は、その後の私の生涯に計りしれない大きな財産となったのであった。その一端をこれから証したいと思う。

分裂が現実的となった後、私を襲った第一の苦難はまたもや経済的困窮ということであった。購入した牧師館の毎月の平均支払い額は十万円であったが、当時の私の謝儀は二十一万円であった。しかし、経済力のある人達が皆出ていってしまったので、教会会計は大きく落ち込み、会計担当役員となった上野兄の困った顔を見て、私の方から提案してそれまで積み立ててきた私の退職金や退職年金を切り崩して教会通常会計に組み入れていった。それでも私の現実生活は厳しく、どんなに切り詰めても毎月四万〜五万円の赤字を免れなかった。心配した当時住宅会社に勤めていた義弟の山内正一は、「義兄さん、その収入ではやがて行き詰まる。家を売ることを考えた方がよい」と何度も警告してくれた。しかし私はそれに耳を貸さず、神からの啓示に服従することに賭け、朝四時頃目覚めてしまうのを神からの促しと受け止め、書斎でただひとり神に叫び求める祈りを始めたのであった。私がまだ暗いうちから大声で絞りだすように祈るので、隣室の妻や子供達から「目が覚めてしまう」と抗議の声が上がった。しかし私はそれに耳を傾ける余裕はなく、それを無視して祈り続けて二週間ほどたった頃、「あなたは勝利する」という神の声が内側に響いてくるのを覚えた。その時、私の心の中に大きな喜びが湧き起こった。そして両手を上げて、「ハレルヤ、主よ感謝します」と叫んだ。その時から、またもや神の奇跡の御手が働き始めたのである。

「先生、このお金を使ってください」。このように申し出る人々が次々と現れてきた。決して私が要請したわけではない。何も言ってはいないのに、主が人々の思いのうちに働きかけ、まったく自主的に捧げられてきたのである。教会員だけでなく、他の教会の方々からももたらされ、しかもその額たるや何十万円単位の多額なものであり、時には百万円を超えた。「これは夢を見ているのか」と思ったほどである。その総額は三百数十万円に及び、累積赤字を埋めるのには十分であるばかりか、新居の居間に置く食器棚とエレクトーンを揃えてもなお百万円が残った。そして数年後にその百万円を新会堂建設のために捧げることができたのである。

この奇跡の体験は、エリヤをケリテ川のほとりで養った神（列王記上一七章）は、今も生きておられ、主の僕たる者を物質的にも決して困窮させたままでおかれることはないという信仰、別言すれば「主はわたしの牧者であって、私には乏しいことはない」（詩篇二三・一）、という確固たる信念を培ってくれたのであった。「あなたには財運がある」と、かつてある方から言われて驚いたことがあるが、それはあの奇跡の体験を通して、私のうちに根をおろしたものなのであろう。

それにもう一つ。この不思議な体験は、早天祈祷の持つ大きな力を悟らせてくれたことである。朝早く起きて主に叫び求める時、それがどれほど大きな神の御力を喚《よ》びさますものであるかを体験した私は、教会にとっても人生にとってもなくてはならぬものとして確信するに至り、今や高砂教会の牧会上の核心として打ち出されるに至った。そして現在毎朝五十名前後の人々が朝六時からの早天祈祷に集まり、信仰生活の醍醐味を味わっているのだが、そこに至るまでには、その時から二十年以上の歳月を経なければならなかった（個人単位、もしくは教役者間では行われていたのだが）。あの時の素晴らしい体験を起点にして、思いきって教会全体で本格的な早天祈祷会を今のように行っていたならば、もっともっと教会はリバイバルしていたに違いないと思うと、悔やんでもあまりあるものがある。

四十六　カリスマ刷新をめぐる七年間の戦い⑦

──「赦しへの服従」がもたらした大いなる祝福──

自らの手による牧師館建設は、奇跡的にクリアすることができたのであるが、他方教会財政は破綻する寸前に瀕していた。そのような危機的状況のなかで、何とかして教会財政を再建することが当時の教会の緊急課題であった。会員の献金は激減してしまったので、献金以外に収入を確保するために、まず教会の建物を貸し教室にすることを考えた。幸い同じ高砂市内にある曽根教会のオルガニストの入江佐代子さんと出会う機会があり、教会の窮状を話すと「それでは私のよく知る楽器屋さんのエレクトーン教室を開いてはいかがですか」と提案して下さり、早速に頼んでくれた。その親切さは今でも感謝と共に忘れ難い。このエレクトーン教室は数年間続いたのであるが、教会財政を支えるのに役立っただけでなく、その頃まだ幼かった恵満も習うことになり、彼女の内に眠っていた芸術的才能を引き出すことに役立っていったのである。

もう一つの企ては、廃品を集めて、回収業者のところに持って行き、現金に換えてもらうことであった。そこで会員達に訴えて、新聞や雑誌、その他段ボール等を教会の自転車置き場に集め、一杯になると小型トラックで回収業者のところに持って行った。一カ月にせいぜい一万〜二万円にしかならなかったが、それでも重要な収入であった。

私も率先して廃品回収に回った。教会での早天祈祷の後に、教会の隣にあった〝お米屋さん〟から毎朝リヤカーを借り、牧師館の建っている新住宅街から出る夥《おびただ》しい廃品を取りにいった。ここに些《いささ》かなバトルが起こった。新住宅街の西畑と旧会堂のあった浜田町の間には、木曽町という在日韓国・朝鮮人達が多く住む町があった。当然その町には廃品回収で生計を立てている人もいた。恐らくそのうちのひとりであろうが、同じくリヤカーを引いて廃品回収に回っているお婆さんがいた。そのお婆さんと時々出くわした。お婆さんは私を見ると、「この若僧、なんでワシの縄張りを荒らすんだ」という眼で私を睨みつけた。しかしそんなことに構ってはいられない。私が走り出すと、お婆さんも走った。しかしこちらは若い。ゴミステーションに早く着いて、さっさと廃品をリヤカーに積み込んだ。一方、お婆さんの方は、諦めて別なゴミステーションに走っていく。まるで子供同士の陣とり合戦のようなことがしばしば起こった。今思い出しても、懐かしさと共に笑いがこみ上げてくる。

教会財政再建のための廃品回収事業は一年間ほどで終了した。それは教会の自転車置き場に廃品が積んであるのは、どうしても景観上見苦しいし、財政的にも少しずつ安定してきたからであった。だが、一方では脱会者達の攻撃は収まることなく、一層熾烈《しれつ》なものとなっていった。

目論見に失敗し、思いもかけず教会を出る羽目になってしまった「ロバの会」の人達の悔しさは、私達の想像を絶するものがあったようだ。彼らは間もなく、定期教会総会前日に提出してきた脱会文書とは違う、もう一つの糾弾的色彩の濃い脱会文書を作製し、それをわざわざ活版印刷にして関係者だけでなく、広く全国に発送していった（『高砂教会百年史』八三四―八三八頁参照）。その内容たるや、既述した如く「自分達を全面的に義とすることによって私を徹底的に断罪し、牧師失格者として貶めて潰してやろうという強い敵意と悪意が込められていたものであった」。ある神学校では、この書簡が取り上げられて、授業の俎上《そじょう》にまで上がったという。かくして私は、日本のキリスト教界では〝悪名〟轟《とどろ》く〝札つきの牧師〟として名を馳せることになった。かくてその悪い影響力は今日まで尾を引いており、私の働きは知らないところで随分と妨害されることになったのである。けれども、他方では、この経験を通して、私の内には様々な誹謗・中傷に対する免疫力のようなものができ上がったようで、他人の評判や意向に左右されず、自己の信念を敢然として貫いていく生き方を形成するに至ったようだ。「ようだ」と表現しているのは、自分ではそのことをあまり意識しなかったが、多くの人から「あなたはなぜ、そのようにブレずにやっていけるのか」とか、「あなたの何をも恐れない姿勢はどこからくるのか」としばしば問われるからである。

つい最近、私はアレフレッド・アドラーの心理学を分かり易く解説した『嫌われる勇気』（岸見一郎、古賀史健共著）という書物をアマゾンに注文するように事務所の谷元亜衣主事に依頼した。その時、谷元姉は「牧師先生、どうしてこんな本を注文するんですか。先生はもう十分に『嫌われる勇気』をお持ちじゃないですか」と応答してきた。私は一瞬「これは誉め言葉だろうか、それとも皮肉だろうか」と戸惑いつつ苦笑した。確かに私は人一倍「嫌われる勇気」を持ち合わせているのかもしれないと思う。なぜならば、私がこれまでキリスト教界で提起してきた運動は、皆大量の批判や攻撃が十分に予想されるものでありながら、あえて提唱し、結果予想どおりの激しい反対や誹謗に直面してきたからである。「カリスマ運動」然り。「日本民族総福音化運動」然り。「日本を愛するキリスト者の会」然りである。これらの運動は皆、これまでのキリスト教会の大勢となっている行き方に逆らうものであり、言わば「火中の栗を拾う」ような行為であった。もちろん私も人間であるので、他人から嫌われたり除け者にされたりすることは、決して快いことではない。しかし「主の御旨ならば、やるしかない」という毅然として戦う気持ちが常にあった。恐らく周囲の人々は、いつもハラハラしていたことであろう。ある人々はこのような私の生き方を称して「嵐を呼ぶ男」などと揶揄してくれていたが、恐らく「ロバの会」の手束牧師糾弾の書が全国にバラまかれた経験を通して培われた、私なりの開き直りであったのかもしれない。

だが、このような私の「嫌われる勇気」の源泉は、更に神学生時代にまで遡るのかもしれないと最近気づいた。関学神学部の私の尊敬する教授のひとりに、印具徹という方がおられた。歴史神学の教授で〝教会史〟や〝教理史〟の講義をいただいた。また原爆の被爆者でもあられた。その印具教授が授業のなかで、学生達に繰り返し語った一つの言葉がある。かのダンテが語った言葉である。「汝自身の道を行け。しかして人々をして言うにまかせよ」。印具教授はある時、この言葉を黒板にドイツ語で大きく書きだしていわれた。「諸君らは将来は牧師になる人達だ。牧師であることは、そう生易しいことではない。そんな時、このダンテの言葉を想い起こして欲しい」と。以来、私は自らの信念に対して様々な批判・攻撃にさらされる時、このダンテの言葉を思い返していた。恐らく「ロバの会」による糾弾書が全国にバラまかれた時も、このダンテの言葉が私の脳裏に去来していたことであろう。

脱会者達の攻撃は、これで終わったわけではない。彼らはあらゆる手を尽くしたといってよい。私を支持して教会に残った人達に対しても、様々な形で切り崩しが行われた。当時多くいた高校生達は松田徹宅に集められ、西山、松田の両氏から「手束牧師とはこのように酷い人物だ。だから自分達と一緒に教会を出よう」と促しを受けた。その時、一人の高校生がこれに反発し抗議した。「わたしは手束先生が正しいと思います。出ていきません」と。その人物こそ、現在の高砂教会主任牧師の新谷和茂君である。あの時の彼の勇気ある態度表明がなければ、今日の新谷主任牧師はなかったであろうと思う時、重要な場面で、どのような態度をとるか、即ち神の御旨に適った決断をするか否かが、後の人生にどれほど大きな影響を与えていくかを教えている。

更に、教区の「主だった人」からの呼び出しを受けて辞任勧告を受けたりもした。本来ならば、そのような内政干渉がましいことをするような人達ではないのだが、あえてそうしてきたのは、脱会者達のロビー活動がいかに執拗になされていたかを物語っている。かく嵐は吹きすさび、私が辞任したという噂までまことしやかに流れたのであった。

さすがの私も、これでもかこれでもかとなされる攻撃の前に、深く心は落ち込み、彼らに対する怒りや憎しみに身悶えし、飲食ができなくなった。「ならば、この際断食をして祈ろう」と決意した私は、断食祈祷を遂行したのであった。ところが主は祈りの中で思いがけない命令を下してきたのである。「彼らを赦しなさい。そしてその証として、彼らに赦しと詫びの手紙を書きなさい」と。「冗談ではない」と思った。そこで私は、主に向かって反抗した。「そんなことはできません。詫びの手紙をもらいたいのはこちらの方です。何で私の方から」と、何度も何度も主と押し問答を繰り返した。しかし主は一歩も退かず、強く私に赦すことを迫ってきた。そして遂に私は不承不承降参し、主の命令に従うことにしたのであった。

だが、今度は教会の役員達が反対してきた。ある役員は「牧師先生、何を言っているんですか。私達は先生が正しいと思うからついてきたんです。なのに先生の方から赦しと詫びの手紙を書くんですか。やめて下さい」と、私を諌《いさ》めた。また別な役員は「先生がそこまでされても、あの人達はせせら笑うだけですよ。何の意味もありませんよ」と、その無意味さを説いた。そこで私は、これは私の思いではなく、主からの「語りかけ」（オプタシア）であるので、是非共そうさせて欲しいと強く懇願し、やっと了承を得、脱会者ひとりひとりに、詫びと和解の葉書を送ったのであった。

　私が練りに練って、短い文章にまとめ、和解を求めて詫びと赦しを綴って祈りのうちに出した手紙であった。しかしその反応は冷ややかなものであった。聞こえてきたのは「今更こんなものをもらっても遅い」とか、「みんな同じ文章じゃないか」という私の思いを無残にも踏みにじるものであった。だが、私の心は動揺することなく、「主よ、あなた様の御思いどおりいたしました。後はあなた様にお任せいたします」と、晴れやかな思いで満たされていったのである。

　クリスチャンは皆「主の祈り」を、主が教えて下さった祈りのモデルとして大切にしている。ところでマタイ六・九―一五にある「主の祈り」の原型を見ると、それに主イエス御自身のただし書きがついている。「もしも、あなたがたが、人々のあやまちをゆるすならば、あなたがたの天の父も、あなたがたをゆるして下さるであろう。もし人をゆるさないならば、あなたがたの天の父も、あなたがたをゆるして下さらないであろう」という忠告である。このことが意味しているのは、「主の祈り」のというより、私達の祈り全体の最も肝要な点は、人を赦すということにあり、この一点を実践できるか否かが、私達の救いをも左右し、神の祝福をも左右する鍵を握っているということなのである。ということは、私達の赦しの祈りとその実践は、その相手がどう反応するかは関係ないのであり、ひたすら神御自身がそのことを喜ばれるからなのである。私達はついつい相手もまた自分の願っているように応じてくれるか否かを問題にするが、それは往々にして裏切られる。裏切られてもいいのである。主なる神がそのことを何よりも喜んでおられるからである。なぜならば、主なる神は愛と赦しのお方であり、赦す人間を大好きなのであり、上からの恵みと祝福を注がざるを得ないからである。

かくて、脱会者達と和解したいという私の祈りと願いは不発に終わった。しかし主なる神は大いに喜び祝福し、この「赦しへの服従」を契機として、高砂教会はぐんぐんと復興し成長していったのである。たった二年以内に失われた教勢を上回る大きな恢復を得、遂には兵庫教区でも神戸などの大都市部の大教会を追い抜き、一、二を争う教会へと変貌を遂げたのであった。よく新聞などの〝株式市況〟欄では、「大きく底を打ち、反騰に転じた」という表現が使われる場合があるが、まさに私達の教会は二回にわたる分裂によって大きく底を打ったが、しかしここから反騰に転じて今日の高砂教会が成立したのである。その転機をもたらしたのは、ほかならぬ「赦しへの服従」であった。以来私は、様々な場所でリバイバルにとって赦すことの重要さを訴え、次のように言い募り唄い回っている。「赦すアホウに赦さぬアホウ。同じアホなら赦さにゃソンソンソン」と。

あとがき

作家・曽野綾子氏は、その自伝『この世に恋して』の序文の最後を次のように結んでいる。「家族の問題も戦争の体験も、なければない方がいいに決まっています。でも病気も不幸も、人生で与えられたことにはすべて意味がありました。むだなことは一つもなかったことに驚きながら感謝しています」と。

私もこの自叙伝の上巻を上梓するにあたり、同じような思いに捕われている。過ぎし日に直面した、様々な不幸や悲劇と思われた出来事。それゆえに「なぜ、自分にこんな辛いことが」とついつい自己憐憫に陥ってしまったことの中にも、実は大きな意味があったのだという〝気づき〟である。この〝気づき〟こそは、人生にとっても何よりも大事なことではないだろうか。なぜならば、この〝気づき〟こそ、私達の人生に美しい彩りを与え、「人生とは何と素晴らしいものか」という感動をもたらすからである。そして、この感動はやがて感謝に変わっていく。とすると、私達の人生は感謝によって締め括られていくように、創造主によって意図されているのではなかろうか。

このことを体験することのできる最も近道は、私達の創造主は実に恩寵溢れるお方であり、私達の人生にはこのお方の恩寵が燦々と注がれ続けてきたし、これからも注がれ続けていくのだという信仰である。かくて、私はこの自叙伝の表題を「恩寵燦々と」とつけさせていただいた。更に、私の人生には大いなる恩寵が燦々と注がれ続けているという事実を明瞭に確信できたのは、私の聖霊体験とそれに続く聖霊の神秘的導きによるものと一体であり、それゆえに副題として「聖霊論的自叙伝」とさせていただいた。

この自叙伝は、高砂教会の月報「新しい皮袋」に、二〇一〇年六月から二〇一六年六月まで執筆したものに加筆訂正を加えて、まとめたものである。このように一冊の書物として公にするにあたって苦慮したことは、すべて実名で表記してもよいものかどうかということである。恐らくこの自叙伝に、断りもなく実名で載せられていることに対して、不快な思いを持つ方もいるであろう。しかし、熟慮の末、あえて実名で載せることに決意した。それは、この自叙伝が決して脚色したものではなく、事実に基づいた真実であることを強調したいからである。ここでいう〝真実〟とは、起こった出来事に対する〝聖霊論的視点〟からの私の解釈を意味する。「歴史はすべて解釈である」といわれる。それゆえに自叙伝も、一個人の歴史であるから、当然執筆者の解釈が入ってくることは避けられない。だが、ある方々にとっては、「あんな風に解釈され描写されるのは心外だ」と思われるかもしれない。その点については、重々御容赦をいただきたいと思う。本文でも書いているように、私は司馬遼太郎に倣って「裸眼」「複眼」で描くように極力努めたつもりである。自分の好悪の感情に流されることなく、能《あた》う限り公正に書いたつもりである。それにも拘わらず、ある方々には面白からぬ表現があるかもしれない。この場を借りて、前もってお詫びしておきたい。

作家・宇野千代氏は、「私は幸せの種を蒔くために書いている」と語ったという。その言葉の如く、彼女の自叙伝を読むと、読んだ人が皆幸せな気分になるという。私の自叙伝も、是非共そうであって欲しいと願う。ただし、私の場合は、読んだ人が皆「神の恩寵に触れて幸せな気分になる」ということである。

本書の冒頭で「推奨の辞」を書いて下さった大門英樹氏は、この自叙伝を「人生の秘義にかかわる稀少な自叙伝」と評して下さった。この深い洞察と身に余る論評に感謝したい。この意味は、この自叙伝を読む人が人生の奥に横たわっている秘義に触れることにより、そこから新しい人生が創造されていくことになる、ということなのであろうか。もしそうならば、本当に嬉しいことである。そのようなことを意図して執筆を始めたわけではなく、ただ私の人生に起こった神の恩寵の素晴らしさを証したい衝動に駆られて書き続けてきたのだが、結果として読者に生きる勇気と希望をもたらすことになるならば、「男子の本懐」というより「牧師の本懐」である。なぜならば、私の理解によれば、牧師の務めというのは、〝恩寵なる神〟を人々に指し示すことにより、人々に生きる勇気と希望を与えることにあると確信しているからである。

また、本書を出版することに踏み切って下さったキリスト新聞社と、出版に向けていろいろと労苦してくださった友川恵多記者に感謝したい。今から約三十年前の一九八六年、キリスト新聞社は勇断を持って、私の初著『キリスト教の第三の波――カリスマ運動とは何か』を出版して下さったのだが、思いもかけず神学書のベストセラーとなっていった。「夢よ、もう一度」ではないが、本書もまた増刷に次ぐ増刷となっていって、「自叙伝はあまり売れない」というジンクスを破り、キリスト新聞社に恩返しできればと願っている。

更には、いつもながら、私をバックで支えて下さっている高砂教会の兄姉達に感謝したい。特に、毎月の月報に掲載される自叙伝を個人的に家で読んでいるだけではもったいないとばかり、月一度集まっては「味読会」を持って下さっている「シオン会」の人達には、お礼を申し上げたい。あなたがたの企ては、私にとって大きな励ましとなっている。

しかし、「シオン会」以外にも、教会内外に月報を楽しみに読んで下さり、陰ながら応援して下さっている多くの方々がおられることも知っている。それらのおひとりおひとりにも感謝を申し上げたい。ここに上巻「雌伏の時代」を上梓することができたのも、皆さんの応援とお祈りのお陰である。

今もなお私は、自叙伝を月報に書き続けている。できれば数年後には、下巻「雄飛の時代」として、世に出したいと願っている。そのために引き続き執りなし祈っていただければ、幸甚の至りである。

二〇一七年一月

沖縄のホテルにて　手束　正昭

【著者略歴】手束正昭（てづか・まさあき）
1944 年　中国・上海に生まれる。
1946 年　満州にて父親と離別したまま母親と死別。
奇跡的に日本へ生還。
以後、茨城県結城市にて成育。
1960 年　関西学院高等部入学。キリスト教に触れ、入信。
1969 年　関西学院大学神学部修士課程修了（神学修士）。
日本キリスト教団東梅田教会伝道師。
1970 年　関西学院大学神学部助手。傍ら、1971 年より日本キリスト教団芦屋西教会伝道師。
1973 年　日本キリスト教団高砂教会牧師に就任。
1975 年　教会修養会にて聖霊降臨の出来事に遭遇。
以後、カリスマ的信仰に転進。
現　在　日本キリスト教団高砂教会元老牧師。カリスマ刷新運動を推進する「日本キリスト教団聖霊刷新協議会」顧問。「日本民族総福音化運動協議会」総裁。名誉神学博士。牧会学博士。諸教会・諸神学校で特別講師として活躍。
【著　　書】『キリスト教の第三の波』（正・続・余）、『信仰の表現としての教会建築』『命の宗教の回復』『聖なる旅』『続・聖なる旅』（以上、キリスト新聞社）、『ヨシュアの如く生きん』『輝かしい季節の始まり』『あなたはやり直すことができる』『教会成長の勘所』『聖霊の新しい時代の到来』『日本宣教の突破口』（以上、マルコーシュ・パブリケーション）、『朝早く、主に叫べ』（地引網出版）

日本キリスト教団高砂教会
〒 676-0015　兵庫県高砂市荒井町紙町 1-34
TEL. 079（442）4854　FAX. 079（442）4878
URL. http://www.takasago-church.com　E-mail. info@takasago-church.com

編集協力：若月千尋
装　　丁：JESUS COMMUNICATIONS GRAPHICS

恩寵燦々と《おんちょうさんさん》 ――聖霊論的自叙伝―― 上巻「雌伏《しふく》の時代」

2017 年 3 月 24 日　第 1 版第 1 刷発行

著　者　手　束　正　昭
発行所　キリスト新聞社
〒 162-0814　東京都新宿区新小川町 9-1
電話 03(5579)2432
URL. http://www.kirishin.com
E-Mail. support@kirishin.com
印刷所　協友印刷

ISBN978-4-87395-719-7　C0016（日キ販）